Oracle APEX 5.1

Una guía práctica para desarrollar aplicaciones web centralizadas usando Oracle Application Express

por

Ing. Clarisa Maman Orfali

Oracle APEX 5.1

Diseño gráfico: *insertweb.com*

Todo el código SQL y PL/SQL presentados en el libro han sido creados por la autora basándose originalmente en los códigos de la aplicación de ejemplo de Oracle APEX y han sido adaptados al modelo de datos de ejemplo de este libro. Los códigos se encuentran disponibles para su descarga en: www.introduccionaoracleapex5.com

Sobre la Autora

Clarisa Maman Orfali es Fundadora y Directora de ClarTech Solutions, Inc. una empresa dedicada al desarrollo, la consultoría y la capacitación en Tecnologías de la Información localizada en el Sur de California en Estados Unidos.

Ella es Ingeniera en Sistemas de Información graduada de la Universidad Tecnológica Nacional de Buenos Aires, Argentina. Cuenta con más de 17 años de experiencia en el desarrollo de sistemas de información y consultoría IT.

Se introdujo en las tecnologías Oracle en el año 2009 y, posteriormente, descubrió el gran poder de desarrollo de Oracle Application Express (APEX) y desde entonces, su motivación, al igual que su gran pasión, es aprender y compartir sus experiencias con la comunidad entusiasta de APEX, tanto en Latinoamérica como en el resto del mundo de habla hispana.

De hecho, en el año 2014, fue reconocida como una Oracle ACE, por su trayectoria y conocimientos técnicos especializados en el desarrollo con bases de datos Oracle dentro de la comunidad hispanohablante.

Además es Co-Fundadora del Grupo de Usuarios Oracle de Argentina (AROUG) y Fundadora del Grupo Meetup Oracle APEX Latinoamérica y ha participado activamente en la organización y también como Presentadora de grandes eventos populares como el OTN Tour y el Oracle APEX Tour Latinoamérica.

Clarisa es también autora de los primeros libros en español de Oracle Application Express para la comunidad hispanohablante.

Introducción a Oracle APEX 5.0: *Una guía práctica para usuarios de nivel inicial e intermedio para desarrollar aplicaciones web profesionales usando Oracle Application Express 5.0.*

Disponible en Amazon versión Paperback y Kindle.

Integración Sin Costo de JasperReports en Oracle APEX 5.0: *Una guía práctica para aprender a crear reportes personalizados listos para imprimir usando el JasperReports Integration Kit en Oracle APEX 5.0.*

Disponible en Amazon versión Paperback y Kindle.

Además es autora de varios cursos online impartidos en su academia online ClarTech Academy (http://www.clartechacademy.com) sobre Oracle APEX, SQL y otras tecnologías Open Source, entre los que se destacan:

- Introducción a Oracle APEX 5.0
  Contenido: 54 videos con más de 5 horas de contenido.

- Introducción a Oracle APEX 4.2
  Contenido: 62 videos con más de 16 horas de contenido (13 videos adicionales como bono).

- Oracle APEX 4.2 Avanzado
  Contenido: 40 videos con más de 6 horas de contenido.

- Impresión en Oracle APEX 4.2 con JRI
  Contenido: 15 videos con más de 2 horas de contenido.

- Introducción a Oracle SQL
  Contenido: 41 videos con más de 5 horas de contenido.

Descarga de los códigos usados en este libro

Todo el código SQL y PL/SQL presentados en el libro han sido creados por la autora basándose originalmente en los códigos de la aplicación de ejemplo de Oracle APEX y han sido adaptados al modelo de datos de ejemplo de este libro.

Los códigos se encuentran disponibles para su descarga en:
www.introduccionaoracleapex5.com

Contenidos

PARTE III - Ejemplos Prácticos

Introducción

Este libro se trata de Oracle Application Express 5.1 una característica gratuita de la base de datos Oracle que nos permite crear aplicaciones web centralizadas utilizando únicamente nuestro navegador web.

A través de la lectura de este libro, iremos explicando paso a paso todos los conceptos que necesitamos conocer para desarrollar aplicaciones web con esta herramienta.

En mis años de experiencia enseñando a gran diversidad de personas me han dado la gran oportunidad de desarrollar una metodología que maximiza en gran medida el aprendizaje de una nueva herramienta. Por ello, mi sistema se basa en adquirir el aprendizaje con la práctica misma.

Basado en el éxito que he tenido en la estructuración de mis cursos online y de mis publicaciones, hoy quiero compartir un nuevo ejemplo que he desarrollado para aprender paso a paso y desde cero, cómo crear una aplicación web con Oracle Application Express 5.1 y aprender cada uno de los conceptos que surgen en el camino para saber cómo y cuándo aplicar dichos conceptos para el logro de nuestros requerimientos.

Este libro se divide en 3 partes, la primera parte cubriremos todos los conceptos necesarios para el desarrollo de una aplicación básica en Oracle APEX utilizando el modelo de datos de 3 tablas que manejarán la información de libros, autores y categorías de libros.

La segunda parte del libro, nos enfocaremos en la creación de reportes profesionales usando una herramienta Open Source llamada iReport Designer y aprenderemos a llamar a estos reportes desde nuestra aplicación usando el JasperReports Integration Kit.

Finalmente, la tercera parte del libro, corresponde a un compendio de ejemplos prácticos que he desarrollado para la comunidad fan de APEX y lo he actualizado a la última versión de esta herramienta.

Este libro que te presento hoy, pretende ser una guía del "paso a paso" para crear una aplicación web con Oracle APEX y mi intención no es sólo que aprendas a utilizar esta herramienta, sino que con la metodología que utilizo en estas páginas te permita tener una visión clara de lo fácil y potente que es trabajar con Oracle Application Express.

Al finalizar con la lectura de este libro, no sólo habrás aprendido todo lo necesario para crear tus propias aplicaciones, sino que también tendrás el conocimiento y la comprensión suficiente de esta herramienta para explorar nuevas mejoras por tu cuenta.

El camino hacia un aprendizaje óptimo se basa en el estudio continuo y muchas pero muchas horas de práctica. Este libro es simplemente el paso inicial hacia ese camino, luego por tu cuenta, tendrás que seguir investigando y practicando, pues esa, para mí, es la única forma de internalizar los conceptos y lograr llegar a ser expertos en la materia.

Este libro no solo es para principiantes, sino para un nivel inicial a intermedio, tocamos temas diversos y de distinta dificultad, pero no te preocupes cada uno de los ejemplos y los temas prácticos están explicados paso a paso para su total comprensión.

Y como siempre digo a mis estudiantes, ¿estás listo para empezar?

¡Bienvenido al mundo de Oracle Application Express en español!

Parte I

Crear una aplicación web desde cero con Oracle APEX

Capítulo 1

Presentación del Proyecto Final

En este capítulo presentaremos el proyecto final que realizaremos a lo largo de toda la lectura de este libro.

1. PROYECTO FINAL: SISTEMA DEMO LIBROS

El ejemplo de este libro se basa en 3 tablas que manejan los datos de Libros, Categorías de Libros y Autores. En el capítulo 6 estaremos hablando de cada una de las tablas y entendiendo el modelo de datos que usaremos en éste proyecto.

La aplicación que crearemos en este libro nos dará las bases para comprender cómo APEX trabaja a la hora de añadir, modificar, eliminar y visualizar los datos dentro de nuestra base de datos Oracle en la aplicación. Los usuarios pueden navegar por la aplicación a través del menú de navegación principal, compuesto por: Inicio, Categorías de Libros, Autores, Libros, Generar Reportes, Reporte Parametrizado, Gráfico, Calendario de eventos, Mapas, RESTful Services, Carousel Estático y Administración e interactuar fácilmente con la aplicación.

1.1. Página del Escritorio

Aprenderemos a crear una página que se presentará como un Dashboard el cual nos presentará la información en forma gráfica utilizando diferentes tipos de regiones, ya sean de tipo contenido estático, de tipo informe, de tipo gráfico y de tipo plugin.

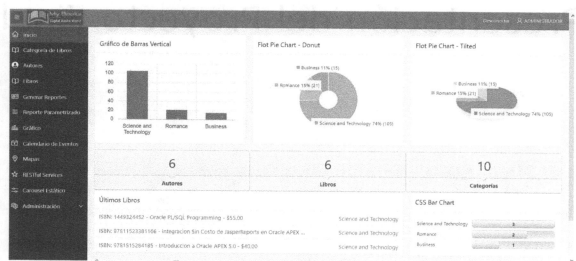

Figura 1.1. *Página del Escritorio de la Aplicación Demo*

Aprenderemos a:

- Entender cómo usar la grilla de 12 columnas del layout del tema
- Crear diferentes regiones en una página
- Instalar y usar el plugin Big Value List
- Instalar y usar el plugin Flot Pie Chart

- Instalar y usar el plugin CSS Bar Chart

- Crear gráficos de tipo Donut, Tilted y Barra Vertical

- Crear un informe clásico con información sumariada

- Crear una región de contenido estático HTML

1.2. Páginas: Categoría de Libros, Autores y Libros

La página de Categoría de Libros nos permite manejar la información referente a las categorías de los libros.

La página de Autores nos permite manejar la información referente a los autores de los libros.

La página de Libros nos permite manejar la información referente a los libros.

Figura 1.2. *Página de los Libros*

Aprenderemos a:

- Entender los tipos de informes: cuadrícula interactiva, informes interactivos, informe clásico e informe y pantalla

- Conocer el asistente para crear una página

- Crear una página usando el asistente de informe con formulario en tabla

- Conocer la barra de herramientas del desarrollador en tiempo de ejecución

- Editar formularios de edición de datos

- Crear una página usando el asistente de la cuadrícula interactiva editable

- Conocer y usar la cuadrícula interactiva y la cuadrícula interactiva editable

- Definir valores de interfaz de usuario por defecto (UI)
- Crear una página usando el asistente informe con formulario con tabla
- Editar el informe interactivo
- Conocer y utilizar los diferentes tipos de elementos en APEX
- Crear informes alternativos
- Crear la vista informe, vista gráfico y la vista ver grupo por
- Crear informe interactivo público
- Entender el estado de sesión en APEX
- Comprender la sintaxis de la URL en APEX
- Conocer los distintos tipos de variables en APEX
- Usar páginas de tipo Cuadro de Diálogo Modal
- Ubicar los diferentes elementos en la página
- Modificar el origen de la consulta SQL del informe interactivo
- Conocer cómo APEX maneja las operaciones de alta, baja y modificación de datos (DML) sin necesidad de escribir una sola línea de código
- Mostrar una imagen dentro de un informe interactivo
- Conocer cómo se guarda una imagen en una tabla en APEX
- Trabajar con variables de sustitución
- Crear procesos con código PL/SQL
- Subir imágenes y archivos a nuestro Espacio de Trabajo
- Personalizar un informe interactivo en modo ejecución usando el botón Acciones
- Crear Acciones Dinámicas
- Filtrar informes interactivos por medio de parámetros en la URL
- Y a mucho más!

1.3. Páginas: Generar Reportes, Reporte Parametrizado, Gráfico

Estas tres páginas manejarán los informes personalizados que desarrollemos usando el JasperReports Integration Kit.

Para construir los Informes en formato PDF usaremos una herramienta Open Source llamada iReport Designer que es muy fácil de utilizar y con ella podremos crear reportes personalizados y muy profesionales.

Figura 1.3. *Página Generar Reportes*

Figura 1.4. *Reporte Personalizado PDF creado con iReport Design*

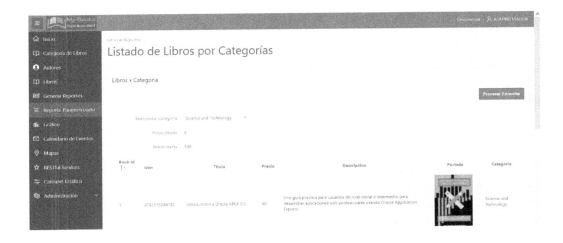

Figura 1.5. *Página Reporte Parametrizado*

Aprenderemos a:

- Descargar el kit de integración
- Aprender a parar y arrancar el servidor GlassFish
- Configurar el data source en GlassFish
- Crear el JDBC Resource
- Crear la variable de entorno en Windows
- Configurar el acceso a la base de datos
- Hacer el deploy de la aplicación de JasperReports Integration en GlassFish
- Descargar e instalar el iReport Designer
- Configurar el Driver ODBC Oracle en iReport
- Crear conexión a la base de datos desde iReport
- Ejecutar scripts de instalación de la aplicación demo
- Instalar y usar la aplicación demo en nuestro espacio de trabajo
- Crear reporte básico en iReport
- Conocer la interfaz gráfica de iReport
- Editar un reporte
- Conocer y usar la paleta de elementos
- Insertar imagen en el reporte
- Trabajar con campos en el reporte
- Llamar el reporte en la aplicación demo del kit para su visualización
- Integrar JasperReports en APEX
- Crear y editar página de reportes
- Editar los atributos de página
- Crear proceso para invocar los reportes
- Crear reporte parametrizado
- Crear parámetro para filtrar el reporte
- Modificar la consulta SQL en el reporte

- Crear proceso para invocar los reportes con parámetros

- Invocar reporte parametrizado desde APEX

- Crear reporte con una columna de tipo imagen

- Trabajar con parámetros para filtrar el reporte

- Crear página en la aplicación para llamar el reporte

- Crear procedimiento para visualizar reporte

- Pasar múltiples parámetros a un reporte

- Crear reporte gráfico en iReport

- Trabajar con parámetros

- Crear gráfico en APEX

- Crear procedimiento para visualizar el gráfico

1.4. Página Calendario de Eventos

En este capítulo veremos cómo podemos crear un calendario de eventos que nos permita visualizar los eventos en distinto color según su tipo.

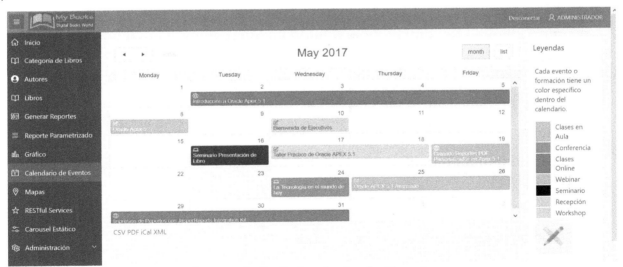

Figura 1.6. *Calendario de Eventos*

Aprenderemos a:

- Representar los eventos en distinto color

- Usar el tooltip del calendario

- Activar la opción arrastrar y soltar

- Crear la funcionalidad de ver y editar eventos del calendario

- Crear la funcionalidad de añadir eventos al calendario

- Aplicar estilos CSS al calendario

- Crear contenido estático HTML para mostrar la leyenda del calendario

1.5. Página Mapas

En este capítulo veremos cómo podemos incorporar mapas de forma muy sencilla en nuestras aplicaciones en APEX.

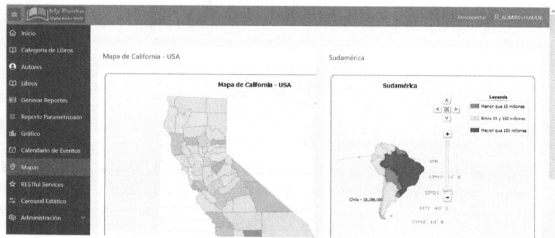

Figura 1.7. *Página Mapas*

Aprenderemos a:

- Crear y personalizar mapas en APEX

- Conocer la sintaxis de la consulta SQL para crear mapas

- Crear un mapa de California - USA en una página usando el asistente para gráficos

- Crear un mapa a partir de una tabla

- Crear una región con el mapa de Sudamérica

- Definir intervalos de valores por medio de series

1.6. Página RESTful Services

En este capítulo aprenderemos a identificar y utilizar un servicio web RESTful en nuestra aplicación en APEX.

Figura 1.8. *Página RESTful Services*

Aprenderemos:

- Identificar un servicio web a utilizar

- Acceder a los servicios RESTful en APEX

- Crear una referencia de servicios web

- Probar el servicio web

- Crear una página con el asistente pantalla e informe basados en servicio web

- Conocer la estructura de un archivo XML con atributos

1.7. Página del Carousel con contenido estático y dinámico

En este capítulo aprenderemos a utilizar la región de tipo Carousel y a comprender los esquemas de colores que son usados en el Tema Universal 42 para poder hacer uso de ellos en nuestras aplicaciones en APEX.

Figura 1.9. *Página Región de Tipo Carousel*

Aprenderemos a:

- Crear una región de tipo Carousel con contenido estático y dinámico

- Crear subregiones que serán las sliders del carousel

- Crear identificadores estáticos de región

- Crear reglas CSS para dar estilo al carousel

- Conocer y utilizar los esquemas de colores generales y de estado del Tema Universal 42

- Crear una plantilla nueva de informe

- Editar la plantilla del carousel

1.8.   Página Administración

En este capítulo aprenderemos a crear la página que será la que administre el control de acceso de los diferentes usuarios a nuestra aplicación APEX.

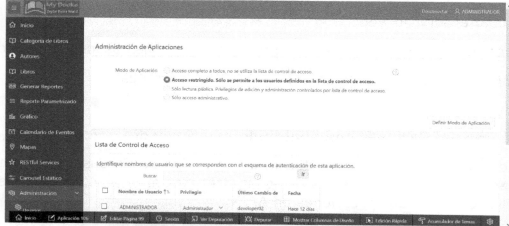

Figura 1.10. *Página de Administración*

Aprenderemos a:

- Crear la página de control de acceso con el asistente

- Añadir usuarios a la lista de control de acceso

- Asociar esquema de autorización a la aplicación

- Asociar privilegios de edición en la aplicación

- Restringir acceso a la página de administración

- Asociar el menú de navegación administración al privilegio de administrador

- Probar los distintos niveles de acceso a la aplicación

1.9. Más contenidos del libro

Además aprenderemos en los distintos capítulos del libro a:

- Conocer qué es Oracle APEX

- Conocer sobre la historia de la herramienta

- Conocer la arquitectura de APEX

- Acceder a una instancia APEX

- Conocer las herramientas para trabajar en el desarrollo del proyecto final

- Cómo descargar e instalar la base de datos Oracle Express Edition 11g R 2 en nuestra PC

- Actualizar APEX 4.0 a la versión 5.1

- Conocer y crear un espacio de trabajo

- Navegar por la interfaz de Oracle APEX

- Conocer el módulo creador de aplicaciones

- Conocer el modulo taller de SQL

- Conocer el módulo desarrollo de equipos

- Conocer el módulo aplicaciones empaquetadas

- Descargar e instalar el JDK

- Configurar la variable JAVA_HOME en Windows

- Deshabilitar el Oracle XML DB Protocol Server

- Cambiar el password del usuario APEX_PUBLIC_USER

- Configurar RESTful Services

- Descargar e Instalar el Servidor GlassFish Open Source Edition

- Configurar usuarios y roles en GlassFish

- Descargar, instalar y configurar el Oracle REST Data Services

- Crear fichero i.war

- Realizar el deploy de Oracle APEX en el servidor GlassFish

- Conocer las herramientas de navegación del desarrollador

- Crear grupos

- Crear usuarios

- Gestionar las asignaciones de grupo
- Configurar las preferencias del espacio de trabajo
- Conocer el modelo de datos del proyecto final: Demo Libros
- Crear objetos con el explorador de objetos del taller SQL
- Conocer lo que es una clave primaria
- Cargar y ejecutar archivos de comandos SQL
- Cargar datos con el taller de datos
- Crear la aplicación de base de datos con el asistente
- Conocer el bloque básico de una aplicación en APEX, la página
- Conocer el diseñador de páginas
- Crear una página global
- Copiar componentes de una página a otra página de la aplicación
- Conocer los componentes compartidos
- Editar ruta de navegación
- Conocer las variables de sustitución para el uso de imágenes
- Importar imagen del logo a nuestro espacio de trabajo
- Insertar logo en la aplicación
- Crear listas de valores estáticas y dinámicas
- Conocer qué es un esquema de autenticación en APEX
- Crear tabla de usuarios
- Crear las funciones en la base de datos de autenticación MY_AUTH y MY_HASH para encriptar las contraseñas
- Encriptar la función MY_HASH con la utilidad Wrapper
- Registrar usuarios en la base de datos
- Asignar a nuestra aplicación nuestro propio esquema personalizado de autenticación
- Crear listas estáticas y dinámicas con imágenes personalizadas
- Crear un asistente de carga de datos para la aplicación
- Consumir RESTful Services Externos en nuestra aplicación
- Crear aplicaciones multilenguaje

- Aprender todo el proceso de traducción de una aplicación

- Desplegar una aplicación APEX en otro espacio de trabajo

- Y mucho más!

2. RESUMEN

En este capítulo hemos visto, de forma general, la aplicación del proyecto final que desarrollaremos desde cero a lo largo de todo el libro.

Las tablas de la base de datos para nuestra aplicación han sido creadas como ejemplo para este trabajo y son, simplemente, 3 tablas relacionadas entre sí que se encargan de almacenar toda la información referente a los libros.

Capítulo 2

Introducción a
Oracle Application Express
(APEX)

En este capítulo haremos una breve introducción a Oracle Application Express, para conocer y comprender su arquitectura, su historia y sus diferentes versiones desde su lanzamiento oficial en el año 2004.

1. ¿QUÉ ES ORACLE APPLICATION EXPRESS?

APEX es una herramienta de desarrollo muy poderosa, usada para crear aplicaciones basadas en la web. Consta de un esquema de la base de datos que contiene un gran número de tablas, vistas y código PL/SQL y está disponible en cada edición de la base de datos Oracle.

Además, Oracle APEX es un completo entorno web RAD, es decir, es una herramienta de desarrollo rápido de aplicaciones web, y no requiere que el cliente disponga de ningún software específico, ya que viene preinstalado dentro de la base de datos. Igualmente, no es necesario tener experiencia previa en programación para crear aplicaciones robustas y poderosas porque Oracle APEX utiliza el lenguaje SQL para desplegar la información que tenemos dentro de la base de datos y, si necesitamos realizar tareas más complejas en nuestras aplicaciones web en APEX, podemos utilizar el código PL/SQL —un lenguaje estructurado y muy fácil de aprender—.

Así, se define como una herramienta de tipo declarativa, basada en asistentes, es decir, nos podemos centrar en el "qué" en vez de en el "cómo". Para darnos cuenta mejor de este concepto, conviene dejar de hacerse preguntas del tipo "¿cómo hago para conectarme a la base de datos?", "¿cómo añado, modifico o elimino un registro de la tabla de mi base de datos?" o "¿cómo genero un gráfico o creo un informe?" porque todos esos "cómo" los solucionará la herramienta. Así que, gracias a ello, nos podemos concentrar en lo realmente importante: la lógica de nuestro negocio, es decir, qué es lo que nosotros necesitamos hacer para cumplir con los objetivos planteados.

2. UN POCO DE HISTORIA

Me sorprendió descubrir que Oracle Application Express (APEX) tiene bastante tiempo de vida, tal vez incluso más de lo que sus usuarios esperan. La primera publicación de APEX, o HTMLDB como se llamaba entonces, data del año 2004, pero su historia se remonta mucho antes, cuando era conocido como Oracle Flows, Oracle Platform y Project Marvel.

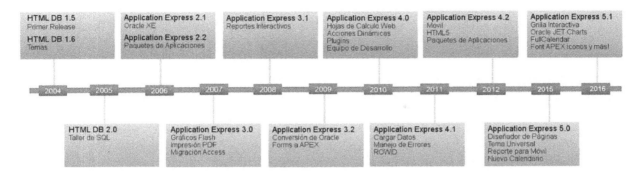

Figura 2.1. *Historia de las versiones de Oracle.*

Desde entonces, se han ido incorporando nuevas características y mejorando las ya existentes en las diferentes versiones, con el fin de ofrecer una mayor funcionalidad. La siguiente es una lista muy breve de dichas versiones y algunas de las características más notables:

- HTMLDB 1.6 (2004): introdujo temas, formularios maestro-detalle, grupos de páginas, bloqueo de página y algunas capacidades multilenguaje.

- HTMLDB 2.0 (2005): introdujo SQL Workshop —es un generador de consultas gráfico—, explorador de objetos de la base de datos (database object browser) y la protección del estado de sesión (session state protection).

- APEX 2.2 (2006): introdujo las aplicaciones empaquetadas, las vistas de diccionario de APEX y el asistente de control de acceso.

- APEX 3.0 (2007): introdujo la impresión en formato PDF con BI Publisher, la migración de Microsoft Access y el caching de página y región.

- APEX 3.1 (2008): introdujo los informes interactivos, capacidades de instalación de solo ejecución y mejoró la seguridad.

- APEX 3.2 (2009): introdujo un ayudante de migración para sistemas basados en Oracle Forms y varias mejoras de seguridad.

- APEX 4.0 (2010): introdujo las aplicaciones de hoja de cálculo (Websheets), acciones dinámicas, plugins, más características en el equipo de desarrollo —antes solo incorporaba bloqueo de página y comentarios de los desarrolladores—, mejora de gráficos y mapas incluidos Gantts, servicios web RESTful, nuevos informes interactivos, mejoras en el generador de aplicaciones y listener APEX.

- APEX 4.1 (2011): introdujo el manejo de errores, ROWID, asistente para la carga de datos, calendario, la hoja de cálculo web, formularios tabulares, plugins, acciones dinámicas y accesibilidad.

- APEX 4.2 (2012): introdujo las aplicaciones móviles, temas responsives y para móvil, HTML charts, ítems de tipo HTML5 como el Date Picker y el Yes/No Flip Toggle Switch, calendarios para móvil, aplicaciones empaquetadas y RESTful Services, entre otras muchas características añadidas.

- APEX 5.0 (2015): esta versión, lanzada en abril de 2015, ha introducido el diseñador de páginas, un tema universal, reportes para móviles, un nuevo creador de aplicaciones, un nuevo calendario y un gran número de nuevas mejoras en las funcionalidades.

- APEX 5.1 (2016): en esta última versión, lanzada en Diciembre del 2016 contamos con un sin número de nuevas características como la Cuadrícula Interactiva, el uso de Oracle JET Charts para los gráficos, la simplificación de asistentes, un nuevo calendario basado en la librería jQuery del Full Calendar, mejoras en el Diseñador de Páginas, actualización en el Tema Universal, actualización de Font Awesome, la incorporación de una librería de Iconos Font APEX, nuevas aplicaciones en la galería de aplicaciones empaquetadas y muchas mejoras en la herramienta.

3. ARQUITECTURA DE ORACLE APEX

El núcleo de Oracle APEX es una colección de paquetes de PL/SQL y cientos de tablas de la base de datos en el que es almacenada toda la metadata relacionada con todas las aplicaciones desarrolladas. Así, Oracle APEX consta de un repositorio de la metadata que almacena las definiciones de las aplicaciones y un motor —el motor de Oracle Application Express— que representa y procesa páginas dentro de la base de datos Oracle.

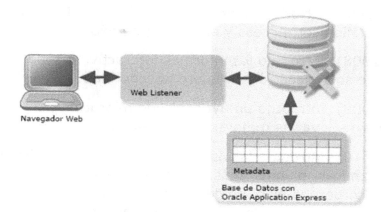

Figura 2.2. *Arquitectura de Oracle APEX.*

Oracle Application Express utiliza una arquitectura sencilla en la que las páginas se generan dinámicamente utilizando metadatos almacenados en la base de datos Oracle, es decir, cuando una petición del navegador llega a la base de datos pasa por el listener, que se conecta a la base de datos y esta, a su vez, entrega al listener la petición para el navegador por medio de los metadatos —para realizar esta operación no necesita de ningún tipo de generación de código o compilación de archivos—. Una vez instalado completamente APEX, se define un localizador de recursos uniforme (URL - Uniform Resorce Locator) para que tanto los desarrolladores como los usuarios finales accedan a Oracle Application Express.

En esta arquitectura simple tenemos, por un lado, el motor de Oracle Application Express corriendo dentro de la base de datos Oracle y, por otro, se encuentra el usuario que accede a las aplicaciones a través de un navegador web.

El Web Listener funciona como un intermediario de comunicaciones entre el explorador Web y los objetos de Oracle Application Express en la base de datos Oracle mediante la asignación de solicitudes del navegador en llamadas de procedimiento almacenado de base de datos.

Hay tres opciones de servidor web que puede ser usado con Oracle Application Express.

3.1. Oracle REST Data Services formalmente llamado "Oracle Application Express Listener" (APEX Listener)

El Oracle REST Data Services está basado en Java y puede instalarse en cualquier servidor web compatible con J2EE y es la opción preferida para usar Oracle Application Express. Es una herramienta gratuita totalmente compatible con Oracle Weblogic Server, Oracle GlassFish Server, y Apache Tomcat. Oracle REST Data Services forma parte de la arquitectura de referencia utilizada para operar el Servicio de la Nube de la Base de Datos Oracle.

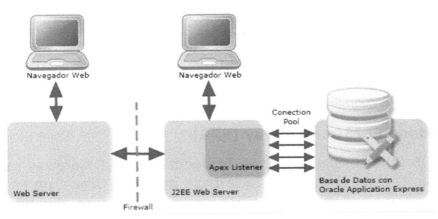

Figura 2.3. *Oracle Application Express usando Oracle REST Data Services.*

El uso de Oracle REST Data Services esta crea una arquitectura que consiste en:

- Un navegador web

- Oracle REST Data Services

- Una Base de Datos Oracle que contiene a Oracle Application Express

<u>Nota:</u> Hay costos de licencias asociados con Oracle WebLogic Server y la edición de Oracle GlassFish Enterprise. La edición de Oracle GlassFish Community es una opción sin costo y es la que utilizaremos en este libro, en el capítulo 4.

3.2. Oracle HTTP Server (Apache) con mod_plsql

El Oracle HTTP Server con mod_plsql puede colocarse en la misma máquina física que la base de datos, o en una máquina física separada. Si Oracle HTTP Server está instalado en la misma máquina física que la base de datos, se incluye Oracle HTTP Server como parte de la licencia de uso limitado incluida con la licencia de la Base de Datos Oracle. De lo contrario, se debe obtener una licencia separada de Oracle HTTP Server.

El uso de Oracle HTTP Server (Apache) con mod_plsql crea una arquitectura que consiste en:

- Un navegador web

- Oracle HTTP Server con mod_plsql

- Una Base de Datos Oracle que contiene a Oracle Application Express

<u>Nota</u>: Mod_plsql está obsoleto a partir de Oracle HTTP Server 12c (12.1.3).

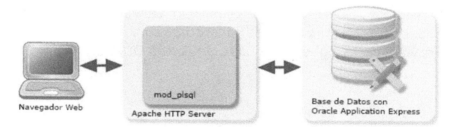

Figura 2.4. *Oracle Application Express usando el Oracle HTTP Server (Apache) con mod_plsql.*

3.3. Embedded PL/SQL Gateway (EPG)

Oracle XML DB Protocol Server con el Embedded PL/SQL Gateway se instala con la Base de Datos Oracle. Proporciona a la base de datos Oracle un servidor web, así como la infraestructura necesaria para crear aplicaciones dinámicas. El EPG se ejecuta en el Oracle XML DB Protocol Server en la base de datos Oracle, e incluye las características principales del mod_plsql.

El EPG consta de una sencilla arquitectura de dos niveles: un navegador Web y una base de datos Oracle que contiene el EPG y Oracle Application Express.

Las ventajas del EPG incluyen:

- Facilidad de configuración

- Incluido en la base de datos

- No hay instalación de servidor independiente

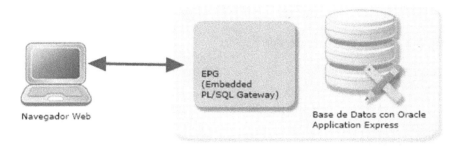

Figura 2.5. *Oracle Application Express usando el Embedded PL/SQL Gateway.*

3.4. Comparación de los diferentes Web Listener

Capacidades	Oracle REST Data Services	Oracle HTTP Server con mod_plsql	Embedded PL/SQL Gateway
Image location	File system	File system	Within the database
Configuration options	GUI interface (Release 2.0.3 or later); Administration pages	Database Access Descriptor (DAD)	Database initialization parameters
Connection Pool settings	JDBC parameters	Min/MaxSpareServers; MaxClients	SHARED_SERVERS; MAX_SHARED_SERVERS
Emit RESTful Web Services	Yes (Release 2.0.3 or later)	No	No
Support multi-databases	Yes, including Oracle RAC	Yes, including Oracle RAC	No
Virus scan files	Yes, with integration of ICAP server	No	No
PDF printing	Yes, included FOP support	No	No
Environment recommendations	All	All	Development only

Tabla 1.1. *Comparación de los diferentes Web Listener*

4. ¿QUÉ NECESITAMOS PARA EMPEZAR?

El objetivo de este libro es aprender a usar Oracle APEX 5.1 y conocer todo el poder de esta herramienta para construir aplicaciones web de forma rápida y eficaz.

4.1. Acceder a una instancia APEX

Para ello necesitaremos disponer de una instancia de Oracle APEX, ya que este libro es netamente práctico. Existen diferentes formas de tener acceso a APEX y dependerá del nivel de conocimiento y habilidades que tengamos en Oracle el emplear una u otra alternativa.

Los escenarios más comunes son:

- Registrarse y obtener una cuenta de APEX hospedada en Oracle en http://apex.oracle.com. Es gratis para aplicaciones NO productivas y se trata de la mejor forma de empezar a aprender sobre el producto, ya que no necesitamos preocuparnos por la instalación de la base de datos ni de Application Express.

- Si ya tenemos una base de datos Oracle instalada localmente en nuestra PC, podemos descargar e instalar Oracle APEX 5.1 dentro de nuestra instancia. Simplemente vamos a la página principal de Oracle APEX en http://otn.oracle.com/apex y descargamos la versión 5.1 del software (esta tarea lo realizaremos en el capítulo 3).

- Si no tenemos instalada una base de datos Oracle pero nos gustaría instalar una localmente, realizaremos la instalación desde cero y la preparación del entorno de trabajo con la arquitectura EPG en el capítulo 3 y posteriormente la Instalación de Oracle REST Data Services con el Servidor GlassFish en el capítulo 4.

4.2. Navegador web

- Firefox
- Chrome
- Internet Explorer

4.3. SQL Developer

Todos los ejercicios y scripts se pueden ejecutar directamente en la interface de APEX. Sin embargo, si elegimos instalar o tener acceso a una instancia local de una base de datos Oracle, podemos disponer fácilmente del SQL Developer, que nos ayudará en gran medida para trabajar con los objetos de dicha base de datos.

SQL Developer es una herramienta gráfica gratuita provista por Oracle que podemos descargar desde la página principal de Oracle Technology Network (OTN por sus siglas en ingles) en http://otn.oracle.com/sqldeveloper.

Usando el SQL Developer podemos ver los objetos de la base de datos, editar los registros o filas de datos, desarrollar y probar procedimientos almacenados en código PL/SQL y probar consultas SQL, entre otras muchas acciones más.

Durante el transcurso del desarrollo de las actividades de la práctica del libro, estaremos usando el SQLPlus para ingresar las sentencias SQL y ejecutar los scripts de instalación. Queda por parte del lector elegir cuál herramienta le es más cómodo para trabajar.

5. COMUNIDAD APEX

Después de varios años de APEX en el mundo del desarrollo de aplicaciones web para la base de datos Oracle, los desarrolladores y entusiastas de APEX disponen de una gran comunidad para compartir y aprender sobre la herramienta.

5.1. apex.oracle.com

Este sitio, como mencionamos antes, es el sitio donde puedes solicitar una instancia gratuita de APEX para estudio.

Figura 2.6. *Oracle.apex.com - Solicitar una Instancia Gratuita*

5.1.1   Oracle.apex.com/community

Este sitio está construido con APEX y es el mejor lugar para encontrar información sobre esta poderosa herramienta. Puedes encontrar información de empresas que brindan servicios de consultoría, alojamiento, aplicaciones comerciales, libros publicados, historias de éxitos, enlaces de interés, etc.

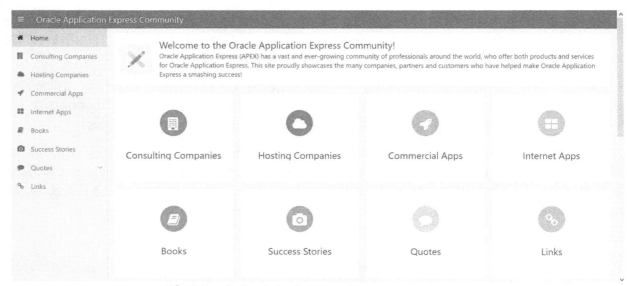

Figura 2.7. *Oracle.apex.com/community*

5.2. OTN Latinoamérica

En este sitio contamos con una sección exclusiva para Oracle Application Express donde podemos descargar la herramienta, (esto lo veremos en el siguiente capítulo), disponemos de toda la documentación oficial, enlaces para la comunidad y mucho más!

http://www.oracle.com/technetwork/es/developer-tools/apex/overview/index.html

5.3. apex.world

Es una aplicación creada para toda la comunidad fan de APEX donde podemos descargar plugins, conocer las últimas novedades de la comunidad, y participar en discusiones en los foros, además de conocer los cursos que se ofrecen y también tiene una bolsa de trabajo.

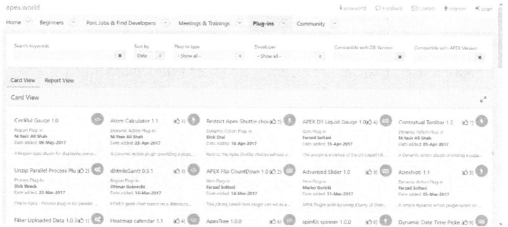

Figura 2.8. *apex.world*

5.4. Grupos de Usuarios Oracle

Otro camino excelente para estar conectado con lo último es ser parte del Grupo de Usuarios de tu país. Lamentablemente no tenemos cubierto aun todos los países de Latinoamérica, pero estoy segura que a medida que pase el tiempo tendremos más grupos abriéndose para la comunidad.

Accede a este enlace para encontrar el Grupo de Usuarios de tu país: *http://www.oracle.com/technetwork/es/community/user-groups/index.html*

5.5. Grupos Meetup

Existen hasta el momento 34 Grupos Meetup por el mundo de Oracle APEX. En el año 2014 he creado el Grupo Meetup de Latino América, donde realizamos webinars y compartimos lo que aprendemos entre todos los miembros.

Si bien el grupo en el mapa se visualiza en California - USA, es porque allí es donde vivo, pero el grupo lo he creado para todos los fans de APEX de habla hispana del mundo entero!.

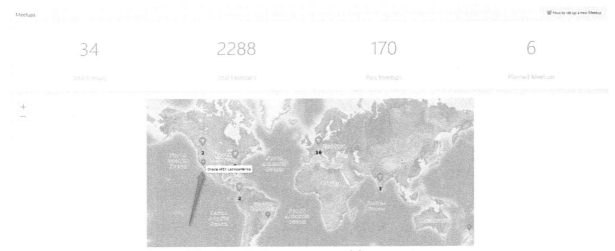

Figura 2.9. *apex.world - meetup*

Aquí te dejo el enlace para que puedas visitar el grupo: *https://www.meetup.com/es/Oracle-APEX-Latinoamerica/*

Figura 2.10. *Meetup Oracle APEX Latinoamérica*

5.6. Redes Sociales: Twitter y LinkedIn

Hoy en día que nos movemos tanto por las redes sociales, es también un muy buen lugar para poder crear grupos de discusión y crear conexiones. Puedes seguir en Twitter el hashtag #orclapex para tener interacciones en vivo con la comunidad de APEX.

Existe un grupo oficial en LinkedIn llamado Oracle Application Express (APEX) que puedes unirte para iniciar discusiones sobre APEX:
https://www.linkedin.com/groups/8263065

6. APLICACIÓN DEMO CMO

Además quiero dejarte el acceso a una aplicación demo que tengo realizada en APEX con ejemplos prácticos de todo lo que fui escribiendo en mi blog. Puedes visitarla en el siguiente enlace:
https://apex.oracle.com/pls/apex/f?p=103897

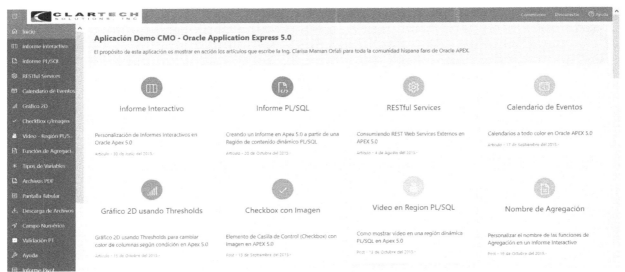

Figura 2.11. *Aplicación Demo CMO*

7. RESUMEN

En este capítulo hemos visto una breve introducción a Oracle Application Express, así como su historia y las versiones que ha tenido el producto a lo largo de los años. Además, hemos conocido brevemente la arquitectura de Oracle Application Express y la gran comunidad que disponemos para compartir y aprender.

Capítulo 3

Instalar APEX usando la arquitectura PL/SQL Gateway Embebido

En este capítulo aprenderemos a crear nuestro propio entorno de desarrollo local utilizando la arquitectura del Embedded PL/SQL Gateway (EPG). Además crearemos un espacio de trabajo en APEX y navegaremos por los cuatro módulos principales de APEX.

1. CÓMO DESCARGAR E INSTALAR LA BASE DE DATOS ORACLE EXPRESS EDITION 11G RELEASE 2

Asumiendo que estamos trabajando en Windows 10 Enterprise, que es el sistema operativo utilizado para realizar las prácticas de este libro, para descargar la Base de Datos Oracle Express Edition 11g Release 2 hay que realizar las siguientes acciones:

1. Ingresamos la siguiente dirección en nuestro navegador para descargar la base de datos Oracle Express Edition 11g Release 2:

   http://www.oracle.com/technetwork/database/database-technologies/express-edition/downloads/index.html

2. Aceptamos el acuerdo de licencia.

3. Hacemos clic con en el enlace "Oracle Database Express Edition 11G Release 2 for Windows x64" (dependiendo si el sistema operativo es 32bit o 64bit).

4. Ingresamos nuestro nombre de usuario y la contraseña. Si no estamos registrados en el sitio oficial de Oracle, nos podemos dar de alta gratuitamente y, posteriormente, continuar con los pasos para descargar la base de datos.

5. Guardamos el archivo OracleXE112_Win64.zip en nuestro ordenador.

6. Una vez descargado, lo descomprimimos y lanzamos el asistente que se encuentra dentro de la carpeta DISK1 llamado setup.exe, para comenzar de ese modo con la instalación.

7. Seguimos los pasos del asistente para instalar la base de datos en nuestro sistema operativo.

Durante la instalación, el asistente pedirá la confirmación de la contraseña del usuario SYS y SYSTEM y habrá que guardarlo porque será utilizado más adelante, cuando realicemos la actualización de Oracle APEX.

Una vez realizada la instalación, en mi caso, en mi entorno local, en el que utilizado el puerto 8080 para desplegar APEX, podemos conectarnos a nuestro entorno APEX, desde un navegador web, por medio de la siguiente URL:

http://localhost:8080/apex

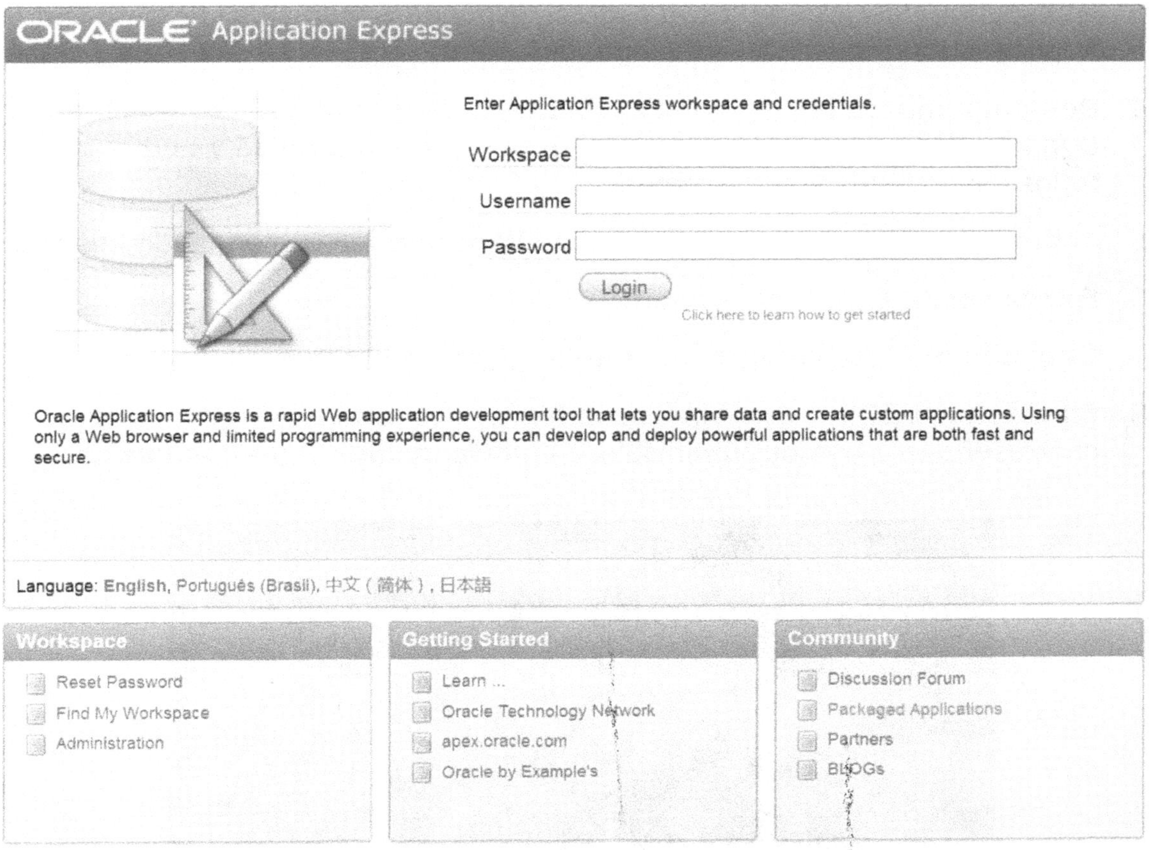

Figura 3.1. *Pantalla de bienvenida APEX 4.0.*

La base de Datos Oracle 11g XE viene con Oracle APEX preinstalado en su versión 4.0.

1.1. Actualizando Oracle APEX 4.0 a la versión 5.1

Para poder hacer uso de todas las nuevas características que presenta Oracle APEX en su versión 5.1 necesitamos realizar la pertinente actualización de la herramienta en nuestra base de datos.

Utilizaremos la arquitectura del Embedded PL/SQL Gateway y tendremos en cuenta los siguientes pasos:

1. Descargamos la última versión de Oracle Application Express desde el Oracle Technology Network
   http://www.oracle.com/technetwork/developer-tools/apex/downloads/index.html

2. Aceptamos el acuerdo de la licencia.

3. Como podemos observar, tenemos la opción de seleccionar todos los lenguajes o descargarlo sólo en inglés. Al querer trabajar con la herramienta

en español, descargaremos el que corresponde a todos los idiomas: Oracle Application Express 5.1 - All languages.

4. Descomprimimos el archivo apex_5.1.zip y guardamos su contenido en c:/apex. Es importante que esta carpeta no esté duplicada y que contenga todos los archivos y subcarpetas.

5. Abrimos una ventana de comandos de Windows (CMD) como administrador.

6. Escribimos cd C:/apex y <enter>.

7. Estando en C:\apex> escribimos sqlplus /nolog y <enter>.

8. En el prompt SQL>, escribimos connect sys as sysdba e ingresamos la contraseña que hemos suministrado cuando instalamos la base de datos.

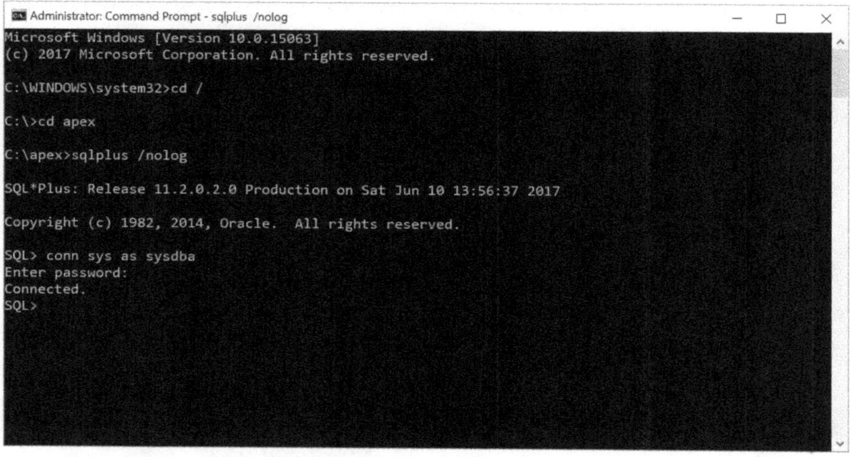

Figura 3.2. *Conexión a la base de datos Oracle XE.*

9. Luego ingresamos la siguiente sentencia para crear el tablespace que usará APEX.

```
CREATE TABLESPACE APEX
DATAFILE 'C:\oraclexe\app\oracle\oradata\XE\apex_01.dbf'
SIZE 200M REUSE AUTOEXTEND ON NEXT 10M MAXSIZE 1000M LOGGING
EXTENT MANAGEMENT LOCAL
SEGMENT SPACE MANAGEMENT AUTO;
```

10. Instalamos Oracle APEX ejecutando el siguiente script y pasándole los argumentos como se muestra a continuación:

`@apexins.sql` tablespace_apex tablespace_files tablespace_temp images

Donde:

  o **tablespace_apex** es el nombre del tablespace que contiene todos los objetos para el usuario de Oracle Application Express.

- o **tablespace_files** es el nombre del tablespace que contiene todos los objetos para los archivos del usuario de APEX.

- o **tablespace_temp** es el nombre del tablespace temporal de la base de datos.

- o **images** es el directorio virtual para las imágenes de APEX. Oracle recomienda utilizar /i/ para futuras actualizaciones.

Para instalar APEX, necesitamos ubicarnos dentro de la carpeta en la que se encuentra el script de instalación, en `C:\apex>`, y ejecutar lo siguiente:

```
SQL> @apexins APEX TEMP /i/
```

En la documentación de Oracle se utiliza como ejemplo el uso del tablespace SYSAUX tanto para el tablespace de APEX como para los archivos.

Hay muchas razones por las que no es recomendable utilizar este tablespace para la instalación de APEX, como el hecho de que el SYSAUX es un importante tablespace de la base de datos en sí mismo. Así, resulta más fácil manejar el tamaño y crecimiento del tablespace si es uno creado específicamente para APEX, el DBA puede limpiar viejas versiones de APEX, etc.

El proceso de instalación puede tardar alrededor de 10 minutos, por lo que, simplemente, habrá que tener algo de paciencia y, una vez concluida, se mostrará el mensaje de que se ha desconectado de la base de datos Oracle XE 11g.

Cuando Oracle APEX se instala se crean 3 usuarios:

- **APEX_050100** - La cuenta que posee el esquema y los metadatos de Oracle Application Express.

- **FLOWS_FILES** - La cuenta que es propietaria de los archivos cargados.

- **APEX_PUBLIC_USER** - La cuenta con privilegios mínimos que se utiliza para la configuración de Oracle Application Express con Oracle REST Data Services u Oracle HTTP Server y mod_plsql.

11. Volvemos, entonces, a iniciar sesión en el SQL*Plus con las credenciales de SYS DBA y actualizamos la contraseña del usuario ADMIN de APEX (esta debe cumplir la reglas de complejidad, por lo que debe contener, al menos, un carácter de puntuación: (!"#$%&()``*+,-/:;?_).

```
SQL> @apxchpwd.sql
```

12. Ejecutamos el script de configuración del PL/SQL Gateway.

```
SQL> @apex_epg_config.sql C:\
```

13. A continuación, ejecutamos el script de actualización del directorio virtual de imágenes de APEX.

```
SQL> @apxldimg.sql C:\
```

14. Desbloqueamos las siguientes cuentas:

```
SQL> ALTER USER anonymous ACCOUNT UNLOCK;

SQL> ALTER USER xdb ACCOUNT UNLOCK;

SQL> ALTER USER apex_public_user ACCOUNT UNLOCK;

SQL> ALTER USER flows_files ACCOUNT UNLOCK;
```

15. Configuramos algunos parámetros de la base de datos para APEX.

```
SQL> SHOW PARAMETER job_queue_processes

SQL> ALTER system SET job_queue_processes=20 scope=both;

SQL> SHOW PARAMETER shared_servers

SQL> ALTER system SET shared_servers=20 scope=both;
```

16. Habilitamos el XML DB HTTP server.

```
SQL> SELECT DBMS_XDB.GETHTTPPORT FROM dual;

EXEC dbms_xdb.sethttpport(8080);
```

Habilitamos las conexiones remotas HTTP (opcional):

```
EXEC dbms_xdb.setListenerLocalAccess(l_access => FALSE);
```

17. Habilitamos el Network Services (ACL) para conceder acceso a cualquier host para APEX_050100.
Nota: En la documentación de Oracle el nombre del esquema aparece en minúscula apex_050100. Si ejecutamos el script en el SQLPlus, tendremos un error indicándonos que el usuario no existe: 01435. 00000 - "user does not exist". Esto parece ser un bug en la documentación de esta versión, y para solucionarlo lo que necesitamos hacer es colocar el nombre del esquema (usuario) todo en mayúsculas, quedando el script como vemos a continuación:

```
DECLARE
  ACL_PATH  VARCHAR2(4000);
BEGIN
  -- Look for the ACL currently assigned to '*' and give
APEX_050100
  -- the "connect" privilege if APEX_050100 does not have the
privilege yet.
```

```
    SELECT ACL INTO ACL_PATH FROM DBA_NETWORK_ACLS
     WHERE HOST = '*' AND LOWER_PORT IS NULL AND UPPER_PORT IS NULL;

    IF                    DBMS_NETWORK_ACL_ADMIN.CHECK_PRIVILEGE(ACL_PATH,
  'APEX_050100',
        'connect') IS NULL THEN
         DBMS_NETWORK_ACL_ADMIN.ADD_PRIVILEGE(ACL_PATH,
         'APEX_050100', TRUE, 'connect');
    END IF;

  EXCEPTION
    -- When no ACL has been assigned to '*'.
    WHEN NO_DATA_FOUND THEN
    DBMS_NETWORK_ACL_ADMIN.CREATE_ACL('power_users.xml',
      'ACL that lets power users to connect to everywhere',
      'APEX_050100', TRUE, 'connect');
    DBMS_NETWORK_ACL_ADMIN.ASSIGN_ACL('power_users.xml','*');
  END;
  /
  COMMIT;
```

18.Instalamos Oracle Application Express en español y, para ello, configuramos la variable NLS_LANG de nuestro sistema operativo.

```
C:\> set NLS_LANG=American_America.AL32UTF8
```

Nos dirigimos al directorio *apex/builder/es* y abrimos el SQL*Plus como sys dba.

```
SQL> ALTER SESSION SET CURRENT_SCHEMA = APEX_050100;
```

```
SQL> @load_es.sql
```

Una vez finalizado el script escribimos EXIT y cerramos la ventana de comando CMD.

2. ESPACIO DE TRABAJO

2.1. ¿Qué es un espacio de trabajo o workspace?

Un espacio de trabajo es un concepto muy importante para APEX. Mientras que un tablespace puede definirse como un contenedor de datos de la base de datos, el espacio de trabajo (workspace) sería un contenedor para aplicaciones y datos de APEX.

Por lo general, un espacio de trabajo está relacionado con un esquema de la base de datos, entonces un Espacio de Trabajo es como un contenedor virtual privado que permite a múltiples usuarios trabajar dentro de la misma instalación de Oracle

Application Express pero manteniendo sus objetos, sus datos y sus aplicaciones en forma privada, esto se torna muy ventajoso porque nosotros tenemos una sola instancia de la base de datos y nos permite correr infinidad de aplicaciones dentro de una misma base de datos.

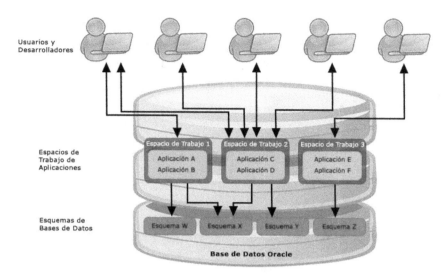

Figura 3.3. *Espacios de Trabajo en APEX (Workspaces).*

2.2. Crear un espacio de trabajo para nuestra aplicación

1. Abrimos una sesión en nuestro navegador web preferido y en la barra de direcciones escribimos: *http://localhost:8080/apex/apex_admin* para acceder al panel de control del administrador.

2. En la casilla del usuario, ingresamos "ADMIN" y en la casilla de la contraseña ingresamos la contraseña que usamos cuando ejecutamos el script (apxchpwd.sql) y nos conectamos como Administrador.

Figura 3.4. *Inicio de Sesión en Oracle APEX 5.1.*

3. Hacemos clic en el icono "Gestionar Espacios de Trabajo".

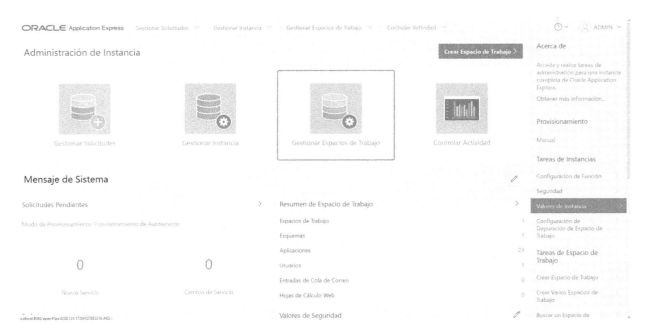

Figura 3.5. Página Administración de la Instancia

4. Dentro del recuadro de "Acciones de Espacio de Trabajo", seleccionamos la opción "Crear Espacio de Trabajo".

5. En el asistente Crear Espacio de Trabajo:

- En el paso Identificar Espacio de Trabajo:

    - Nombre del Espacio de Trabajo: LIBRO_APEX

    - Hacemos clic en el botón "siguiente".

- En el paso Identificar Esquema, configuramos los siguientes datos para crear un esquema en la base de datos. Es decir, un conjunto de metadatos que son usados por la base de datos.

    - ¿Desea volver a utilizar un esquema existente? No.

    - Nombre de esquema: LIBRO_APEX

    - Contraseña del esquema: libroapex

    - Cuota de espacio (MB): 100 (aceptamos el valor que aparece por defecto)

    - Hacemos clic en el botón "siguiente".

- En el paso Identificar Administrador, creamos un usuario que será el administrador del espacio de trabajo donde estará nuestro sistema de gestión académica. Este administrador tendrá el poder de manejar el espacio de trabajo para crear las aplicaciones, identificar usuarios y otras tareas de administración.

- Usuario administrador: CLARISA (*colocar su nombre de usuario propio*)

- Contraseña del administrador: libroapex

- Correo electrónico: abc@miemail.com (se debe incluir un correo propio y activo)

- Hacemos clic en el botón "siguiente"

• En el último paso, Confirmar solicitud, verificamos los datos ingresados y hacemos clic en el botón "Crear Espacio de Trabajo" y seguidamente hacemos clic en el botón Listo.

6. En la parte superior derecha, nos desconectamos del espacio de trabajo INTERNAL por medio del botón "desconectar".

3. CONOCIENDO LA INTERFAZ DE ORACLE APEX

Abrimos una sesión en nuestro navegador web y en la barra de direcciones escribimos: http://localhost:8080/apex

Ingresamos las credenciales correspondientes:

• Nombre del Espacio de Trabajo: LIBRO_APEX

• Usuario: CLARISA (*nombre de usuario usado al crear el Espacio de Trabajo*)

• Contraseña: xxxxxxxx (*ingresamos nuestra password*)

Y hacemos clic en el botón "Conectar".

Figura 3.6. *Pantalla de conexión a Oracle APEX 5.1.*

Cambiamos la contraseña por una nueva —como, por ejemplo, apex2017— e ingresamos a nuestro espacio de trabajo recién creado, en el que visualizaremos el entorno de desarrollo de Oracle Application Express 5.1, comúnmente llamado "Página de Inicio de APEX".

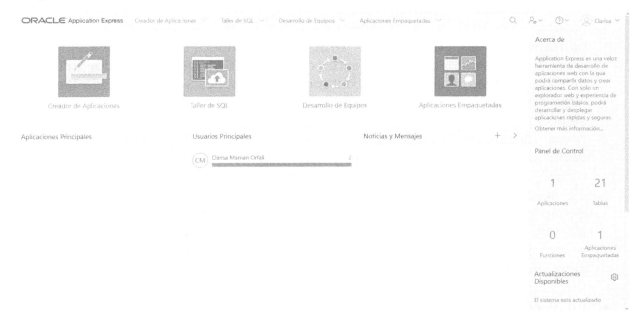

Figura 3.7. *Página de inicio de Oracle APEX, en un entorno desarrollo.*

La Interfaz de APEX se divide en cuatro grandes módulos:

- Creador de Aplicaciones.

- Taller de SQL.

- Desarrollo de Equipos.

- Aplicaciones Empaquetadas.

3.1. Módulo Creador de Aplicaciones

El módulo creador de aplicaciones nos permite desarrollar diferentes tipos de aplicaciones web, además de "importar aplicaciones" y gestionar cada una de ellas por medio del "panel de control". Además, en este módulo podemos llevar un control referente a las "utilidades" del espacio de trabajo.

Por medio del asistente de Oracle APEX podemos crear dos tipos de aplicaciones: las aplicaciones de bases de datos (para Escritorio y Móviles) y las de hoja de cálculo web.

No obstante, para entender las diferencias entre ellas necesitamos primero comprender su definición:

- Una aplicación de base de datos es una colección de páginas vinculadas entre sí mediante pestañas, botones o enlaces de hipertexto. Las páginas de la aplicación comparten, asimismo, un estado de sesión común y de autenticación. Para originar una aplicación de base de datos, el desarrollador de aplicaciones ejecuta asistentes para crear páginas en forma declarativa y todo lo referente a la navegación. Las páginas individuales se organizan utilizando contenedores que reciben el nombre de "regiones". Estas "regiones" pueden contener texto, código PL/SQL personalizado, informes, gráficos, mapas, calendarios, contenido de servicios web o formularios. Esos últimos se componen de campos, conocidos como elementos, que pueden ser seleccionados de una multitud de tipos integrados tales como: campos de texto, áreas de texto, grupos de radio, listas de selección, casillas de verificación, selectores de fecha y lista emergente de valores, entre muchos otros. Los desarrolladores también pueden crear sus propios tipos de elementos personalizados utilizando plugins. El estado de sesión (o contexto de aplicación) se gestiona de forma transparente y la presentación de la interfaz de usuario está separada de la lógica de la aplicación, lo que permite a los desarrolladores gestionar la apariencia de una aplicación con sólo seleccionar un tema (theme) diferente.

- En cuanto a la creación de las aplicaciones de hoja de cálculo web, los usuarios finales pueden gestionar datos estructurados y no estructurados sin la ayuda de los desarrolladores y sin tener conocimientos de programación SQL. De hecho, las secciones de página contienen datos no estructurados que se pueden editar con un editor WYSIWYG (What You See Is What You Get) que en español sería "lo que ves es lo que obtienes". Los grid o cuadrículas de datos permiten a los usuarios gestionar los datos estructurados y sin la necesidad de escribir consultas SQL. Además, usando cuadros de diálogo en tiempo de ejecución, los usuarios pueden agregar columnas, cambiar el nombre de las mismas y modificar las validaciones. Cada página y fila de datos de la cuadrícula de datos permiten añadir archivos, etiquetas, notas y enlaces. Igualmente, las páginas pueden contener secciones, informes y tablas de datos y todo lo que se pueda vincular entre sí mediante la navegación. En conclusión, las aplicaciones de hojas de cálculo web son páginas web interactivas y muy dinámicas que combinan texto con datos.

Diferencia entre aplicaciones de bases de datos y aplicaciones de hoja de cálculo web

Como bien hemos comentado previamente, con Oracle Application Express podemos crear aplicaciones de bases de datos y aplicaciones de hoja de cálculo web utilizando el asistente para la creación de aplicaciones. La principal diferencia entre estos dos tipos de aplicaciones es el público destinatario ya que, mientras que las aplicaciones de bases de datos están dirigidas a los desarrolladores de aplicaciones, las de hoja de cálculo web están diseñadas para los usuarios finales que no tienen experiencia en el desarrollo.

Figura 3.8. *Módulo creador de aplicaciones.*

Para acceder a ellas, y como puede observarse fácilmente, el primer icono "Crear" nos permite desarrollar aplicaciones de bases de datos tanto de escritorio como móviles, aplicaciones de hoja de cálculo web y aplicaciones empaquetadas.

3.2. Módulo Taller de SQL

El módulo taller de SQL nos proporciona herramientas con las que podemos ver y gestionar objetos de la base de datos.

Figura 3.9. *Módulo taller de SQL.*

Por ejemplo, el explorador de objetos nos muestra todos los objetos de nuestro esquema de la base de datos, es decir podemos ver tablas, vistas, índices, secuencias, tipos, paquetes, procedimientos, funciones, disparadores, enlaces de bases de datos, vistas materializadas y sinónimos.

Y, como podemos tener más de un esquema asignado a nuestro espacio de trabajo, en el lateral derecho nos permite seleccionar el esquema por defecto para la sesión del Taller SQL.

Figura 3.10 *Definir esquema por defecto para el Taller SQL.*

3.3. Módulo Desarrollo de Equipos

El módulo de desarrollo de equipos facilita la gestión del proceso de desarrollo de aplicaciones. Utilizamos esta herramienta para realizar un seguimiento de las funciones, tareas, etapas y bugs. En el caso de que queramos capturar los comentarios del usuario usamos los "comentarios".

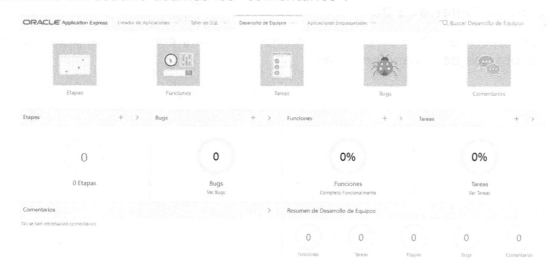

Figura 3.11. *Módulo desarrollo de equipos.*

3.4. Módulo Aplicaciones Empaquetadas

Las aplicaciones empaquetadas son un conjunto de aplicaciones de productividad del negocio, como también ejemplos de uso de diferentes componentes de APEX, que se instalan fácilmente con solo unos clics, pueden utilizarse como soluciones de producción para mejorar los procesos de negocio y están respaldadas por Oracle mientras no se desbloqueen.

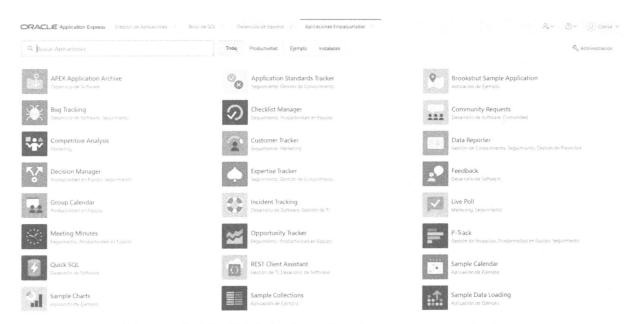

Figura 3.12. *Módulo de aplicaciones empaquetadas.*

4. RESUMEN

En este capítulo hemos visto cómo descargar e instalar Oracle APEX 5.1 en nuestro ordenador utilizando la arquitectura del Embedded PL/SQL Gateway, que es el entorno de desarrollo para APEX.

Hemos aprendido también lo que es un espacio de trabajo en APEX y cómo crear uno para desarrollar nuestra aplicación. Una vez creado este espacio de trabajo, hemos visto brevemente los cuatro módulos que conforman la página de inicio de Oracle Application Express: el creador de aplicaciones, el taller de SQL, desarrollo de equipos y las aplicaciones empaquetadas.

Capítulo 4

Instalar Oracle REST Data Services

En este capítulo veremos cómo desplegar nuestra instalación de Oracle APEX en un Servidor GlassFish Open Source Edition usando la arquitectura del Oracle REST Data Services.

1. INTRODUCCION

Oracle Application Express 5.1 requiere de Oracle REST Data Services release 2.0 o superior.

Para trabajar en la aplicación demo de este libro instalaremos el Servidor GlassFish Open Source.

Previo a ellos necesitamos realizar varias tareas adicionales.

1.2. Descargar e Instalar el JDK

Ingresamos a la página de Oracle para descargar el JDK.

http://www.oracle.com/technetwork/java/javase/downloads/index.html

Hacemos clic en el icono de Java, aceptamos el acuerdo de licencia, y seleccionamos el que corresponda a nuestro S.O., en mi caso descargaré el de 64bits. (*Windows x64: jdk-8u131-windows-x64.exe*) en el escritorio y luego instalamos el JDK siguiendo el asistente.

Vamos a configurar la variable de entorno en Windows para poder ejecutar el JAVA sin tener que escribir toda la ruta donde se encuentra el ejecutable.

1.3. Configurar la variable JAVA_HOME en Windows

1. Hacemos clic con el botón derecho del ratón sobre el icono de Inicio de Windows y luego seleccionamos System

2. Hacemos clic en el enlace advanced system settings (lateral izquierda)

3. Hacemos clic en el botón Environment Variables

4. En el recuadro System Variables, hacemos clic en el botón New

5. Ingresamos el nombre de la variable como JAVA_HOME

6. Ingresamos el valor de la variable como el path de instalación para el Java Development Kit, por ejemplo: C:\Program Files\Java\jdk1.8.0_131

7. Hacemos clic en OK

8. En el recuadro System Variables, seleccionamos la variable Path y hacemos clic en el botón Edit

9. Hacemos clic en el botón New y agregamos %JAVA_HOME%\bin

Figura 4.1. *Editar Variable de Entorno en Windows*

10. Hacemos clic en OK

11. Cerramos todas las ventanas modales, haciendo clic en OK.

1.4. Deshabilitar el Oracle XML DB Protocol Server

En el capítulo 3 hemos instalado Oracle Application Express usando la arquitectura del Embedded PL/SQL Gateway y ahora para usar el Oracle REST Data Services, necesitamos deshabilitar el Oracle XML DB Protocol Server.

Ingresamos a una ventana de comandos del SQL con credenciales de SYS as DBA e ingresamos la siguiente instrucción:

```
SQL> EXEC DBMS_XDB.SETHTTPPORT(0);
```

1.5. Cambiar el Password de APEX_PUBLIC_USER

Ingresamos a una ventana de comandos SQL con las credenciales de SYS as DBA e ingresamos las siguientes sentencias SQL.

```
SQL> ALTER USER APEX_PUBLIC_USER IDENTIFIED BY nueva_password;
```

Con la siguiente consulta vemos el estatus de la cuenta recién modificada en OPEN

```
SQL> SELECT username, account_status FROM dba_users;
```

Nota: Debemos tener presente que por defecto en el profile de la base de datos Oracle 11g el parámetro PASSWORD_LIFE_TIME está configurado en 180. Si estamos usando La base de Datos Oracle 11g con Oracle Application Express, esto es causa de que el password de APEX_PUBLIC_USER expire a los 180 días. Como resultado nuestra instancia de Oracle Application Express comenzará a ser inutilizable hasta que no cambiemos el password.

1.6. Configurar RESTful Services

Abrimos una ventana de comandos SQL y nos conectamos con las credenciales de SYS as DBA y ejecutamos el siguiente script:

```
SQL> @C:\apex\apex_rest_config.sql
```

Nota: Indicamos la ruta donde tenemos la instalación de APEX.

Ingresamos las contraseñas para los usuarios: APEX_LISTENER y APEX_REST_PUBLIC_USER y cerramos la ventana.

1.7. Descargar e Instalar el Servidor GlassFish Open Source Edition

Ingresamos al siguiente link para descargar GlassFish Server: https://javaee.github.io/glassfish/download

Hacemos clic en Download

Paso 0: Pre-requisito, tener instalado JDK 7 o superior para instalar GlassFish 4.1.2 (Instalado el JDK 8 u131 y configurado anteriormente)

Paso 1: Descargar GF 4.1.2 Full Plattform - glassfish-4.1.2.zip en nuestro escritorio.

Paso 2: Copiamos la carpeta zip en el C: y la descomprimimos. Al realizar esta operación se instala el servidor con un dominio predefinido, llamado domain1. (Podemos eliminar la carpeta .zip)

Paso 3: Iniciar GlassFish

Abrimos una ventana de comandos CMD y nos posicionamos en el directorio C:/glassfish4/bin/

Ingresamos el siguiente comando para iniciar el servidor: `asadmin start-domain`

Al abrir el navegador web e ingresar en la barra de direcciones http://localhost:8080/ podemos ver que el Servidor está actualmente iniciado.

Para ingresar a la consola de administración del servidor, en la barra de direcciones del navegador ingresamos: http://localhost:4848/

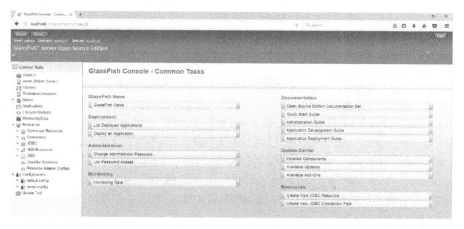

Figura 4.2. *Consola de Administrador del Servidor GlassFish*

1.8. Configurar Usuarios y Roles en GlassFish

Una vez dentro de la consola de administración de GlassFish podremos ver a la izquierda un menú lateral.

Nos dirigimos a *Configurations > default-config > Security* y se muestra la pantalla de seguridad.

Marcamos con un check para habilitar la opción *Default Principal To Role Mapping* y guardamos haciendo clic en el botón Save.

Posteriormente vamos a *Configurations > default-config > Security > Realms > file* y hacemos clic en el botón de *Manager Users* donde vamos a crear un usuario admin y otro usuario manager para el Oracle REST Data Services.

Primero creamos el usuario admin con la siguiente configuración:

- User ID: adminlistener
- Group List: Admin
- Password: ingresamos una password

Luego creamos el manager con la siguiente configuración:

- User ID: managerlistener
- Group List: Manager
- Password: ingresamos una password

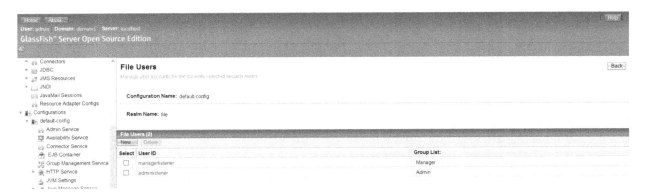

Figura 4.3. *Página File Users - Consola de Administración de GlassFish*

1.9. Imágenes APEX

Localizamos la carpeta images de la instalación de APEX y copiamos todo su contenido, en el caso usado para este libro la instalación de APEX se encuentra en C:\apex\images.

Buscamos la siguiente localización dentro del directorio de glassfish4:

C:\glassfish4\glassfish\domains\domain1\docroot

Y creamos una carpeta llamada i, luego dentro de esa carpeta pegamos todo el contenido de la carpeta images de APEX.

1.10. Descargar e Instalar Oracle REST Data Services

Para que APEX pueda desplegarse en GlassFish necesitamos descargar el Oracle REST Data Services desde el sitio web de Oracle.

http://www.oracle.com/technetwork/developer-tools/rest-data-services/downloads/index.html

Aceptamos el acuerdo de licencia y descargamos el archivo zip en nuestro escritorio. En el momento de escribir este libro la versión del Oracle REST Data Services es 3.0.9.

Una vez finalizada la descarga, copiamos el archivo en la ubicación que deseamos en nuestra PC y lo descomprimimos.

En nuestro caso lo vamos a descomprimir dentro del directorio C: y vamos a cambiarle el nombre a ords.

1.11. Configurar Oracle REST Data Services

Cuando se instala el Oracle REST Data Services, los archivos de configuración se instalan en la carpeta /temp/apex de Windows y esa ubicación no es el mejor lugar para disponer de esos archivos, por ello vamos a crear una carpeta que albergue esos archivos de configuración dentro del directorio ords y la llamaremos config y en propiedades de la carpeta le damos acceso de escritura.

Por otro lado, por defecto el context root para acceder a Oracle Application Express por medio de Oracle REST Data Services es ords, si queremos cambiar el nombre y que sea APEX, necesitamos renombrar el archivo ords.war que se encuentra dentro del directorio ords por apex.war.

Abrimos una ventana de comandos CMD como administrador y nos dirigimos al directorio ords donde hemos descomprimido los archivos del Oracle REST Data Services y ejecutamos la siguiente línea de comandos:

C:\ords>**java -jar apex.war configdir C:\ords\config** [enter]

Ahora vamos a configurar los detalles de conexión de la base de datos:

C:\ords>**java -jar apex.war install advanced**

[--- RESULTADO DE LA EJECUCION DE LA LINEA DE COMANDOS ---]

```
Enter the name of the database server [localhost]:
Enter the database listen port [1521]:
Enter 1 to specify the database service name, or 2 to specify the
database SID [1]:2
```

Enter the database SID [xe]:
Enter 1 if you want to verify/install Oracle REST Data Services schema or 2 to skip this step [1]:1
Enter the database password for ORDS_PUBLIC_USER:
Confirm password:
Please login with SYSDBA privileges to verify Oracle REST Data Services schema.

Enter the username with SYSDBA privileges to verify the installation [SYS]:
Enter the database password for SYS:
Confirm password:
Enter the default tablespace for ORDS_METADATA [SYSAUX]:APEX
Enter the temporary tablespace for ORDS_METADATA [TEMP]:TEMP
Enter the default tablespace for ORDS_PUBLIC_USER [USERS]:APEX
Enter the temporary tablespace for ORDS_PUBLIC_USER [TEMP]:TEMP
Enter 1 if you want to use PL/SQL Gateway or 2 to skip this step.
If using Oracle Application Express or migrating from mod_plsql then you must enter 1 [1]:1
Enter the PL/SQL Gateway database user name [APEX_PUBLIC_USER]:
Enter the database password for APEX_PUBLIC_USER:
Confirm password:
Enter 1 to specify passwords for Application Express RESTful Services database users (APEX_LISTENER, APEX_REST_PUBLIC_USER) or 2 to skip this step [1]:1
Enter the database password for APEX_LISTENER:
Confirm password:
Enter the database password for APEX_REST_PUBLIC_USER:
Confirm password:

INFO: Updated configurations: defaults, apex, apex_pu, apex_al, apex_rt
Installing Oracle REST Data Services version 3.0.9.348.07.16
... Log file written to C:\ords\logs\ords_install_core_2017-02-07_142616_00094.log
... Verified database prerequisites
... Created Oracle REST Data Services schema
... Created Oracle REST Data Services proxy user
... Granted privileges to Oracle REST Data Services
... Created Oracle REST Data Services database objects
... Log file written to C:\ords\logs\ords_install_datamodel_2017-02-07_142628_00875.log
Completed installation for Oracle REST Data Services version 3.0.9.348.07.16. Elapsed time: 00:00:13.735

Enter 1 if you wish to start in standalone mode or 2 to exit [1]:2

C:\ords>

1.12.Crear Fichero i.war

Es momento de crear nuestro fichero i.war el cual almacenará los datos del directorio /i/ de nuestro APEX instalado. En nuestro caso, Oracle APEX lo tenemos instalado en la ruta C:\apex\.

Ejecutaremos el siguiente comando:

```
C:\ords>java -jar apex.war static C:\apex\images

[--- RESULTADO DE LA EJECUCION DE LA LINEA DE COMANDOS ---]

WAR Generation complete

WAR location      : C:\ords\i.war

Context path      : /i

Static resources : C:\apex\images

Ensure the static resources are available at path: C:\apex\images

on the server where the WAR is deployed

C:\ords>
```

Nota: Es importante destacar que el i.war que se ha creado dentro de la carpeta ords solo contiene las referencias a las imágenes de la instalación de APEX, por ello, es importante no cambiar la ubicación de la instalación de APEX ni tampoco renombrar la carpeta de APEX.

1.13.Deploy de Oracle APEX en el Servidor GlassFish

Ingresamos a la consola de administración de GlassFish y a la izquierda en el menú lateral, hacemos clic en Applications y luego hacemos clic en Deploy y seleccionamos el archivo apex.war y luego hacemos clic en ok.

context root: apex
description: Oracle REST Data Services

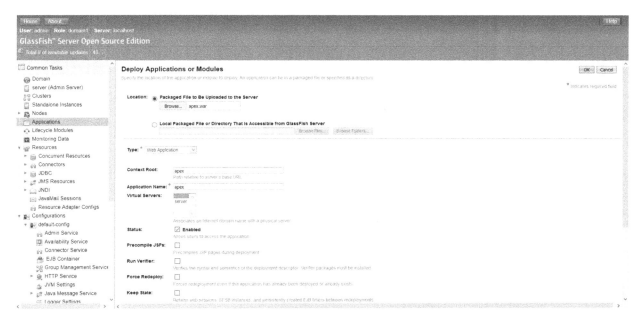

Figura 4.4. *Deploy de APEX en un Servidor GlassFish*

Hacemos lo mismo para el i.war, pero en context root lo dejamos en blanco.

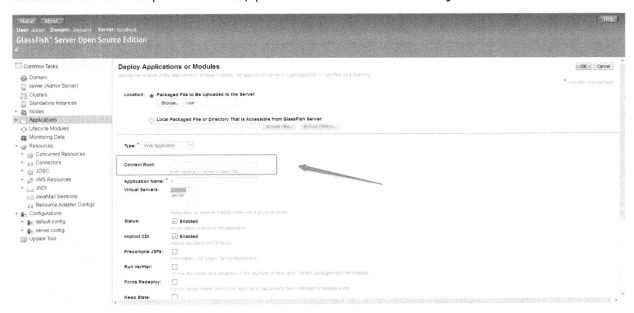

Figura 4.5. *Deploy de i.war en GlassFish*

Por último verificamos que todas las cuentas estén OPEN, para ello desde el SQL Plus o una ventana de comandos SQL iniciamos sesión como SYS as DBA e ingresamos la siguiente consulta:

```
SQL> select username, account_status from dba_users;
USERNAME                         ACCOUNT_STATUS
------------------------------   ------------------------------
APEX_PUBLIC_USER                 OPEN
```

```
APEX_LISTENER                    OPEN
APEX_REST_PUBLIC_USER            OPEN
SYS                              OPEN
SYSTEM                           OPEN
ANONYMOUS                        OPEN
ORDS_PUBLIC_USER                 OPEN
LIBRO_APEX                       OPEN
```

Una vez que hemos verificado las cuentas ya podemos ir al panel de administrador de GlassFish y hacemos clic en el enlace Launch (de la aplicación APEX) y seleccionamos el primer link http://[nombre_host]:8080/apex

Podemos ver que la página de inicio de Sesión de APEX aparece.

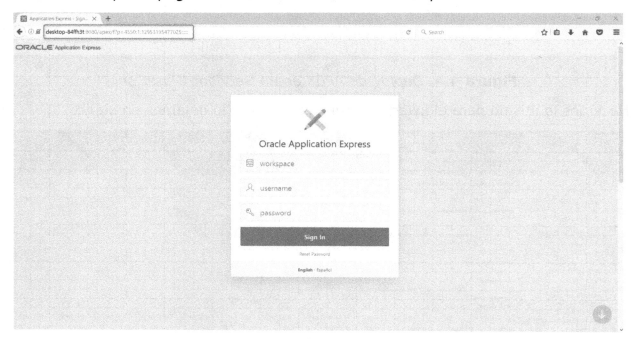

Figura 4.6. *Inicio de Sesión en APEX sobre GlassFish, puerto 8080.*

1.14. Crear un Servicio de Windows para GlassFish en Windows 10

Como estamos trabajando en un entorno Windows, podemos observar que cada vez que apagamos nuestra PC se baja el Servidor. Si recordamos cuando queremos arrancar el servidor, tenemos que abrir una ventana de comandos CMD y ubicarnos en la carpeta donde se encuentra el script para arrancar el servidor.

Por ejemplo en el caso de nuestro ejemplo, lo tenemos instalado en:

```
C:\>glassfish4\bin>
```

Para subir el servidor escribimos la siguiente línea de comandos:

```
C:\>glassfish4\bin>asadmin start-domain
```

Y de ese modo se arranca el servidor.

Ahora paramos el servidor:

```
C:\>glassfish4\bin>asadmin stop-domain
```

Ahora bien, continuamente tendríamos que subir el servidor cada vez que iniciemos Windows.

Para evitar esto, podemos crear un servicio en Windows para que se inicie el servidor automáticamente cada vez que iniciemos Windows.

En Windows podemos usar el sub-comando asadmin **create-service** para crear un servicio de Windows que reinicie el Domain Administration Server (DAS)

Después que el servicio fue creado, debemos iniciar el servicio usando Windows Services Manager o Windows Services Wrapper.

Abrimos una ventana de comandos CMD como administrador, y nos ubicamos dentro de la carpeta **glassfish4/bin**.

Llamamos al asadmin:

```
C:\>glassfish4\bin>asadmin [ENTER]

asadmin> create-service [ENTER]
```

El comando **create-service** crea dos archivos, uno es un EXE y el otro es un archivo de configuración XML que podemos utilizar para instalar o desinstalar el servicio a nuestra voluntad. Si navegamos en el explorador de Windows, podremos ver estos archivos que se han creado dentro de la siguiente ruta:

```
C:\glassfish4\glassfish\domains\domain1\bin

domain1Service.exe

domain1Service.xml
```

En el caso que tengamos más de un dominio que queramos instalarlos como servicios es bueno saber el servicio que corresponde a cada dominio, para ello vamos a modificar lo que está dentro de las etiquetas <name> y <description> que es lo que se mostrará en el Windows Services Manager.

Reemplazamos este código:

```
<service>
```

```
<name>domain1 GlassFish Server</name>

<description>GlassFish Server</description>

</service>
```

Por este otro código, que nos permite tener más información sobre el nombre del dominio y la descripción:

```
<service>

<name>GF Domain1</name>

<description>Windows service for the GlassFish Domain1
domain</description>

</service>
```

Guardamos y cerramos el archivo.

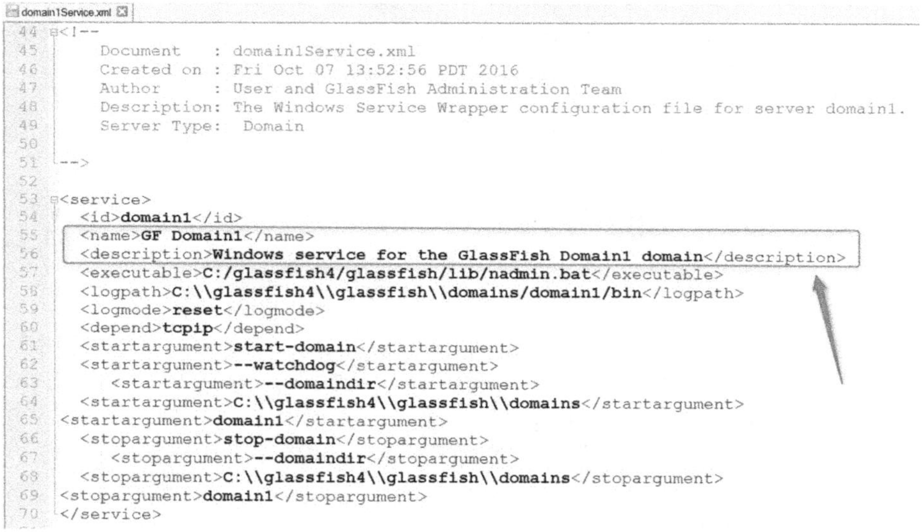

```
domain1Service.xml
<!--
    Document    : domain1Service.xml
    Created on  : Fri Oct 07 13:52:56 PDT 2016
    Author      : User and GlassFish Administration Team
    Description: The Windows Service Wrapper configuration file for server domain1.
    Server Type:  Domain

-->

<service>
  <id>domain1</id>
  <name>GF Domain1</name>
  <description>Windows service for the GlassFish Domain1 domain</description>
  <executable>C:/glassfish4/glassfish/lib/nadmin.bat</executable>
  <logpath>C:\\glassfish4\\glassfish\\domains/domain1/bin</logpath>
  <logmode>reset</logmode>
  <depend>tcpip</depend>
  <startargument>start-domain</startargument>
  <startargument>--watchdog</startargument>
     <startargument>--domaindir</startargument>
  <startargument>C:\\glassfish4\\glassfish\\domains</startargument>
<startargument>domain1</startargument>
  <stopargument>stop-domain</stopargument>
     <stopargument>--domaindir</stopargument>
  <stopargument>C:\\glassfish4\\glassfish\\domains</stopargument>
<stopargument>domain1</stopargument>
</service>
```

Figura 4.7. *Archivo de configuración domain1Service.xml*

Necesitamos ahora desinstalar el servicio que está actualmente e instalar el nuevo servicio usando **domain1Service.exe**

Abrimos una ventana de comandos CMD como administrador y nos ubicamos dentro de la carpeta bin del dominio, y ejecutamos los siguientes comandos:

```
C:\> cd \glassfish4\glassfish\domains\domain1\bin

C:\glassfish4\glassfish\domains\domain1\bin> domain1Service.exe
uninstall
```

```
C:\glassfish4\glassfish\domains\domain1\bin> domain1Service.exe
install

C:\glassfish4\glassfish\domains\domain1\bin>
```

Veamos el Servicio como se visualiza en Windows Services Manager. Escribimos en el botón Inicio "Services" para acceder a la app de Servicios en Windows 10. Se abre la app de Services y podemos ver el servicio creado, allí podemos también seleccionar si queremos que el servicio se inicie automáticamente o en forma manual.

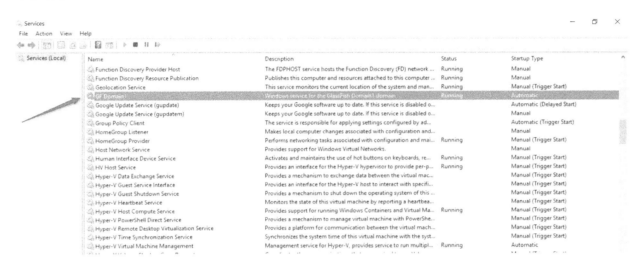

Figura 4.8. *Servicio GF Domain1 de Windows creado*

De este modo tenemos funcionando nuestro servicio de Windows para levantar el Servidor automáticamente.

2. RESUMEN

En este capítulo hemos visto cómo instalar Application Express sobre la arquitectura del Oracle REST Data Services. Además hemos instalado y configurado el Web Listener Open Source GlassFish para que se pueda desplegar APEX en él.

Cabe aclarar que esta implementación mostrada en este capítulo es una instalación básica para aprendizaje y desarrollo de la herramienta y no para aplicaciones en Producción, ya que se deberá tener en cuenta las normas de seguridad y la infraestructura adecuada a cada organización.

La implementación de Java EE ofrece una mayor funcionalidad, como la configuración basada en línea de comandos, seguridad mejorada, caché de archivos y servicios web RESTful, todas estas características no se podrían tener sin este tipo de implementación.

Capítulo 5

Configurar el Espacio de Trabajo
y gestionar los Usuarios

En este capítulo aprenderemos a crear los diferentes tipos de usuarios que nos ofrece Oracle Application Express y a configurar nuestro Espacio de Trabajo para desarrollar nuestra aplicación demo.

1. HERRAMIENTAS DE NAVEGACIÓN DEL DESARROLLADOR

Disponemos de una sección en la cabecera de numerosas páginas de Oracle Application Express que se presenta como una barra de navegación para desarrolladores. Esta incluye la página de Inicio del Espacio de Trabajo, la página de Inicio del Creador de Aplicaciones y la página principal de la aplicación en el Diseñador de Páginas, en la vista Componente y en los Componentes Compartidos.

Las Herramientas de Navegación se componen de:

- Un Campo de Búsqueda Global

- Un Menú de Administración

- Un Menú Ayuda

- Un Menú Cuenta

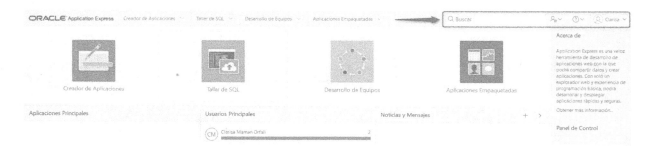

Figura 5.1. *Herramientas de Navegación*.

1.1. Campo de Búsqueda Global

Este campo soporta expresiones regulares.

1.2. Menú Administración

El icono situado a la derecha del Campo de Búsqueda Global mostrará el Menú Administración mediante el contorno de una persona con una llave. Al hacer clic en este menú aparecerán las siguientes opciones:

- Gestionar Servicio: presenta un submenú de opciones en la página de Gestionar Servicio

- Gestionar Usuarios y Grupos

- Controlar Actividad

- Paneles de Control

- Cambiar Mi Contraseña

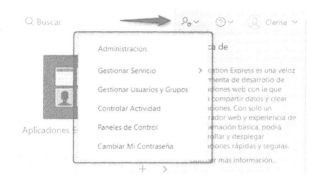

Figura 5.2. *Menú Administración.*

Al hacer clic en la opción "Administración" abre la página correspondiente del Espacio de Trabajo, que podremos gestionar.

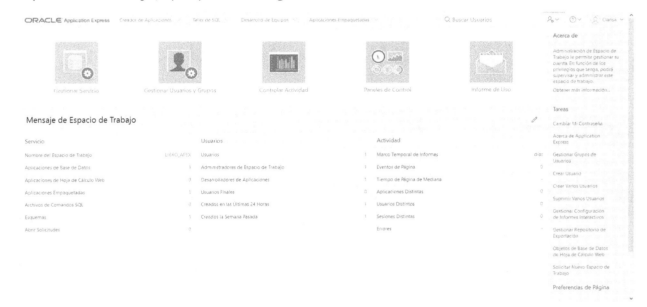

Figura 5.3. *Página de Administración del Espacio de Trabajo.*

1.3. Menú Ayuda

Muestra los accesos directos a los apartados de Documentación, Foro de Discusión, OTN y Acerca de.

1.4. Menú Cuenta

El menú Cuenta muestra el nombre de usuario, la denominación del espacio de trabajo actual y el rol que tiene ese usuario. Si la Single Sign On (SSO) está habilitada, también aparece el enlace Cambiar Espacio de Trabajo.

Los controles fundamentales de este menú incluyen:

- Editar Perfil: podemos editar el nombre y apellido del usuario, subir o elegir una imagen para el perfil, cambiar la dirección de correo electrónico (si SSO no está habilitada) y restablecer la contraseña.

- Preferencias: es posible cambiar el esquema predeterminado, el formato de fecha predeterminado y controlar cómo el Creador de Aplicaciones ejecuta las aplicaciones.

- Desconectar: permite salir del espacio de trabajo actual.

Figura 5.4. *Menú Cuenta.*

2. CREAR GRUPOS

Los grupos de usuarios permiten limitar el acceso a distintas partes de una aplicación. Los grupos de usuarios no son portables en diferentes esquemas de autenticación y son principalmente útiles si se utiliza la autenticación de credenciales de cuenta de Application Express.

2.1. Crear un Grupo

1. Hacemos clic en el Menú Administración y luego en el icono "Gestionar Usuarios y Grupos".

2. Hacemos clic en el enlace "Grupos".

3. Hacemos clic en el botón "Crear Grupo de Usuarios"

4. En la sección Detalles del Grupo:

   - Nombre de Grupo: Dev

   - Descripción: Grupo de Desarrolladores

   - Permisos de Grupo: seleccionar todos y pasar al cuadro de la derecha

5. Hacer clic en el botón Crear Grupo

Figura 5.5. *Página Gestionar Usuarios y Grupos - Grupos.*

3. CREAR USUARIOS

Para no trabajar en el desarrollo de la aplicación demo con el usuario ADMIN que se creó cuando instalamos APEX, vamos a aprender a crear dos diferentes tipos de usuarios, uno de tipo desarrollador sin privilegios de administrador y uno de tipo usuario final.

Los **administradores del espacio de trabajo** pueden crear y modificar aplicaciones y objetos de base de datos y además, gestionar cuentas de usuario, grupos y servicios de desarrollo.

Los **desarrolladores** pueden crear y modificar aplicaciones y objetos de la base de datos.

Los **usuarios finales** no tienen privilegios de desarrollo y solo pueden acceder a las aplicaciones que no utilicen un esquema de autenticación externo.

3.1. Crear Usuario de Tipo Desarrollador

1. Hacemos clic en el Menú Administración y luego en el icono "Gestionar Usuarios y Grupos".

2. Hacemos clic en el botón "Crear Usuario".

3. En la sección Identificación de Usuario:

   - Usuario: dev01

   - Dirección de Correo Electrónico: miemail@dominio.com

4. En Privilegios de Cuenta:

   - Esquema por Defecto: LIBRO_APEX

   - Esquemas Accesibles (nulo para todos)
     Nota: *Podemos introducir una lista de esquemas delimitada por dos puntos de los esquemas en los que tenga permiso este desarrollador cuando utilice el Taller SQL. La lista de esquemas introducidos aquí restringe el usuario a un subjuego del juego completo de esquemas provisionados para el espacio de trabajo y determina los esquemas de usuario que ve el usuario en el Taller SQL.*

- El usuario es administrador de espacio de trabajo: No

- El usuario es un desarrollador: Sí

- Acceso al Creador de Aplicaciones: Sí

- Acceso al Taller de SQL: Sí

- Acceso a Desarrollo de Equipos: Sí

- Definir Disponibilidad de Cuenta: Desbloqueado

5.   En Contraseña:

- Contraseña: dev01 (*Las contraseñas son sensibles a mayúsculas/minúsculas*)

- Confirmar Contraseña: dev01 (*recordemos que en instancias en producción el password debe cumplir ciertas reglas de seguridad*)

- Requerir Cambio de Contraseña en el Primer Uso: No

- Asignaciones de Grupo: Resaltar el Grupo Dev.
  Nota: El usuario pertenece a los grupos resaltados. Para agregar un usuario al grupo, hacemos clic en el nombre para resaltarlo. Para eliminar un grupo, volvemos a hacer clic para borrar el resaltado. Las asignaciones de grupos permiten a los desarrolladores controlar el acceso a las características y funciones específicas por grupos. Esta funcionalidad está incorporada en Creador de aplicaciones y funciona mejor (y es más cómoda) con autenticación basada en cookie. Sin embargo, esta funcionalidad de grupo de usuarios no es portable en otros esquemas de autenticación.

6.   Hacemos clic en el botón "Crear Usuario".

3.2. Crear Usuario Final

1. Hacemos clic en el Menú Administración y luego en el icono "Gestionar Usuarios y Grupos".

2. Hacemos clic en el botón "Crear Usuario".

3. En la sección Identificación de Usuario:

- Usuario: User01

- Dirección de Correo Electrónico: miemail@dominio.com

4. En Privilegios de Cuenta:

- Esquema por Defecto: LIBRO_APEX

- Esquemas Accesibles (nulo para todos)

- El usuario es administrador de espacio de trabajo: No

- El usuario es un desarrollador: No

- Acceso al Creador de Aplicaciones: No

- Acceso al Taller de SQL: No

- Acceso a Desarrollo de Equipos: Sí

- Definir Disponibilidad de Cuenta: Desbloqueado

5. En Contraseña:

- Contraseña: test01

- Confirmar Contraseña: test01

- Requerir Cambio de Contraseña en el Primer Uso: No

- Asignaciones de Grupo: Sin Resaltar ningún grupo

6. Hacemos clic en el botón "Crear Usuario".

Figura 5.6. *Página Gestionar Usuarios y Grupos - Usuarios.*

4. ASIGNACIONES DE GRUPO

En esta sección visualizamos en un Informe los usuarios y a qué grupo pertenecen.

Figura 5.7. *Página Gestionar Usuarios y Grupos - Asignaciones de Grupo.*

5. PREFERENCIAS DEL ESPACIO DE TRABAJO

Iniciamos sesión con el usuario Administrador para configurar las preferencias del Espacio de Trabajo; todas estas configuraciones afectarán todas las aplicaciones que se encuentren alojadas en él.

1. Hacemos clic en el Menú de Administración > Gestionar Servicio > Definir Preferencias de Espacio de Trabajo

2. Se abre la página de las Preferencias del Espacio de Trabajo

3. En la sección Control y Bloqueo de Cuenta: Desactivar

   Realizamos una selección para determinar si las cuentas de usuario final de Application Express pueden estar vencidas o bloqueadas. Esta función se aplica sólo a las cuentas de usuario final creadas utilizando la interfaz de gestión de usuarios de Application Express. Las opciones disponibles incluyen:

   - Activar

   - Desactivar

   Esta función proporciona seguridad de autenticación adicional para las aplicaciones. Si seleccionamos **Activar**, las contraseñas de la cuenta de usuario vencerán después de un período de tiempo configurable, las cuentas se bloquearán después de un número configurable de fallos de autenticación y las contraseñas de la cuenta se pueden definir para que venzan después del primer uso.

   Si el administrador de Application Express para esta instalación ha definido el valor de entorno Requerir Bloqueo y Vencimiento de Cuenta de Usuario en Sí, esto significa que la función se debe activar para todos los espacios de trabajo y el elemento mostrará Activar y el administrador del espacio de trabajo no lo puede cambiar.

4. En la sección Creador de Aplicaciones:

   - Activar Creador de Aplicaciones: Sí

   Aquí especificamos si deseamos activar el uso y desarrollo del Creador de aplicaciones para el espacio de trabajo actual. Podemos seleccionar Sí o No.

   Este valor también controla la disponibilidad de las aplicaciones empaquetadas para el espacio de trabajo actual.

5. En la sección del Taller de SQL:

   - Activar Taller de SQL: Sí

   - Edición de PL/SQL: Permitir Edición de Unidad de Programa PL/SQL

Esta función está diseñada para evitar que los programadores cambien código PL/SQL directamente desde el diccionario de datos. Si seleccionamos No Permitir Edición de Unidad de Programa PL/SQL, los desarrolladores podrán crear y sustituir las unidades de programa PL/SQL mediante los archivos de comandos o el procesador de comandos SQL.

- Activar Servicios RESTful: Sí

- Prefijo de Ruta de Acceso: LIBRO_APEX
  Aquí especificamos el prefijo de la ruta de acceso URI que se va a utilizar para acceder a los servicios RESTful en el espacio de trabajo actual. El valor del prefijo de la ruta de acceso por defecto es el nombre del espacio de trabajo.

6. En la sección Desarrollo de Equipos:

- Activar Desarrollo de Equipos: Sí

- Activar Repositorio de Archivos: Sí

  Este atributo solo se puede modificar si la configuración de función "Activar Repositorio de Archivos de Desarrollo de Equipos" en la administración interna de Application Express se ha definido en "Sí".

- Tamaño Máximo de Archivos (en MB): 15 (este es el valor por defecto)

Figura 5.8. *Página Definir Preferencias de Espacio de Trabajo.*

Finalizada estas operaciones, nos desconectamos de nuestro espacio de trabajo y volvemos a iniciar sesión con la nueva cuenta de usuario de tipo desarrollador, que será el que empleemos a partir de ahora para trabajar en todos los capítulos del libro.

El usuario "User" lo usaremos más adelante para visualizar la aplicación demo con la vista de un usuario final.

6. RESUMEN

En este capítulo hemos aprendido a gestionar los diferentes tipos de usuarios y grupos en Application Express, como también a conocer la barra de administrador que está disponible en las páginas de APEX. Finalmente hemos configurado las diferentes opciones en las Preferencias del Espacio de Trabajo como un usuario Administrador.

Capítulo 6

Crear el modelo de datos usando el Taller de SQL

En este capítulo conoceremos el modelo de datos a utilizar para el desarrollo de nuestra aplicación demo. Se basa en el ejemplo que he desarrollado para mi video curso online "Introducción a Oracle APEX 5.0", pero lo he actualizado a la versión 5.1 de APEX.

Y Además aprenderemos a crear los objetos de la bases de datos y para ello emplearemos diferentes utilidades que nos provee el módulo del Taller SQL de APEX.

1. PROYECTO FINAL: DEMO LIBROS

La aplicación de ejemplo que desarrollaremos se refiere a un modelo de datos de 3 tablas que guardan la información de libros, autores y categorías de libros.

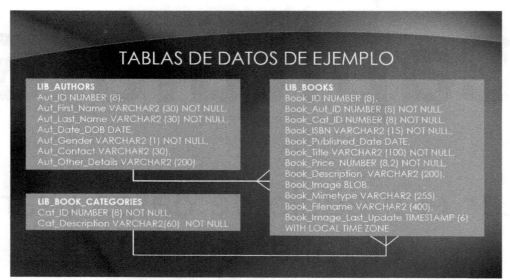

Figura 6.1. *Modelo de Datos para la Aplicación Demo.*

LIB_AUTHORS

```
Aut_ID NUMBER (8),
Aut_First_Name VARCHAR2 (30) NOT NULL,
Aut_Last_Name VARCHAR2 (30) NOT NULL,
Aut_Date_DOB DATE,
Aut_Gender VARCHAR2 (1) NOT NULL,
Aut_Contact VARCHAR2 (30),
Aut_Other_Details VARCHAR2 (200)
```

LIB_BOOKS

```
Book_ID NUMBER (8),
Book_Aut_ID NUMBER (8) NOT NULL,
Book_Cat_ID NUMBER (8) NOT NULL,
Book_ISBN VARCHAR2 (15) NOT NULL,
Book_Published_Date DATE,
```

```
Book_Title VARCHAR2 (100) NOT NULL,
Book_Price NUMBER (8,2) NOT NULL,
Book_Description VARCHAR2 (200)*,
Book_Image BLOB,
Book_Mimetype VARCHAR2 (255),
Book_Filename VARCHAR2 (400),
Book_Image_Last_Update TIMESTAMP (6) WITH LOCAL TIME ZONE
```

LIB_BOOK_CATEGORIES

```
Cat_ID NUMBER (8) NOT NULL,
Cat_Description VARCHAR2(60) NOT NULL
```

1.1. Tareas a Realizar

- Crear la tabla de LIB_BOOK_CATEGORIES mediante el uso del Explorador de Objetos del Taller de SQL

- Ejecutar Script de creación de las tablas LIB_BOOKS y LIB_AUTHORS mediante el uso de los Archivos de Comandos SQL (Scripts SQL)

- Cargar los Datos en las 3 tablas usando la utilidad "Taller de Datos" para la carga de datos usando "Datos de Texto"

Si bien el modelo de datos es muy básico, he dividido las tareas de creación y carga de datos para poder explorar las distintas alternativas que tenemos a la hora de utilizar el Taller de SQL.

2. CREAR OBJETOS CON EL EXPLORADOR DE OBJETOS

Con esta herramienta podemos tanto visualizar como crear y editar los objetos de la base de datos.

Vamos a crear nuestra primera tabla LIB_BOOK_CATEGORIES de la siguiente manera:

1. Accedemos a nuestro Espacio de Trabajo y, una vez iniciada la sesión, veremos la Página de Inicio de Oracle APEX.

2. Hacemos clic en el icono "Taller de SQL".

3. Acto seguido, hacemos clic en "Explorador de Objetos".

4. Dentro del Explorador de Objetos, hacemos clic en el botón + situado en la esquina superior derecha, y seleccionamos Tabla desde el drop-down menú. De esta forma, abrimos el asistente para la creación de la tabla.

5. En el primer paso del asistente, denominado "Columnas":

- Nombre de la Tabla: LIB_BOOK_CATEGORIES
- Check en Mantener Mayúsculas/Minúsculas
- Nombre de Columna: CAT_ID
  - Tipo: NUMBER
  - Precisión: 8
  - Escala: 0
  - No Nulo: Check
- Nombre de Columna: CAT_DESCRIPTION
  - Tipo: VARCHAR2
  - Precisión: -
  - Escala: 60
  - No Nulo: Check
- Clic en el botón Siguiente

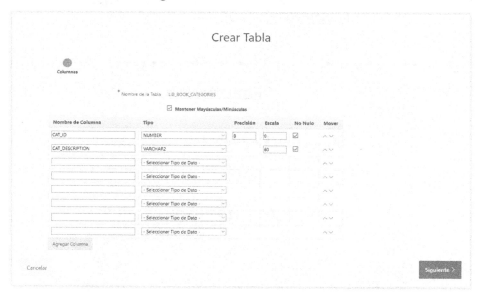

Figura 6.2. *Cómo definir la tabla y sus columnas.*

6. En el paso "Clave Primaria":

- Clave Primaria: Rellenado a partir de Nueva Secuencia
- Nombre de la Restricción de Clave Primaria: LIB_BOOK_CATEGORIES_PK
- Clave Primaria: CAT_ID(NUMBER)

- Nombre de la Secuencia: LIB_BOOK_CATEGORIES_SEQ
- Clic en el botón "Siguiente".

Figura 6.3. *Definiendo la Clave Primaria.*

¿Qué es una Clave Primaria?

Una clave primaria permite identificar de forma única a las filas de una tabla.

Si seleccionamos "rellenar la clave primaria desde una nueva secuencia", nos solicitará que introduzcamos el nombre de la nueva secuencia, pero si seleccionamos "rellenar la clave primaria desde una secuencia existente", nos solicitará que seleccionemos la secuencia ya creada. Ambos métodos producen la generación de un disparador en la tabla.

También podemos seleccionar "no rellenar la clave primaria", y este es el único método que te permite definir una clave primaria compuesta (es una clave primaria formada por más de una columna).

7. En la pantalla de "Clave Ajena" se establece una relación entre las columnas de una tabla y una clave primaria o única de otra tabla. En este caso, no necesitamos crear ninguna clave ajena (FK) en esta tabla por lo que, simplemente, hacemos clic en el botón "Siguiente".

8. La pantalla de "Restricciones" nos permite añadir restricciones de tipo Único y de tipo Comprobar o llamadas de control en la definición de la tabla. Cuando se hace clic en el botón "Agregar", las restricciones se agregarán en la parte superior de la pantalla. Se pueden agregar tantas restricciones en la tabla como se necesiten y, posteriormente, continuar con el asistente. En esta tabla no necesitamos colocar ninguna restricción por lo que hacemos clic en el botón "Siguiente".

8.1. Restricciones de tipo Único: El valor debe ser único e irrepetible.

8.2. Restricciones de tipo Comprobación: Usamos este tipo de restricción cuando queremos que una columna albergue cierto tipo de datos como, por ejemplo, STATUS IN ('OPEN', 'CLOSED', 'PENDING').

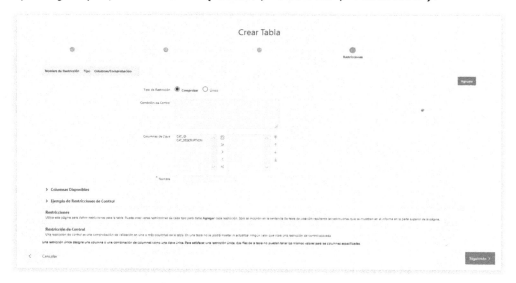

Figura 6.4. *Definición de Restricciones.*

9. En el último paso del asistente, Confirmar, verificamos los datos y hacemos clic en el botón "Crear Tabla".

Una vez creada la tabla el asistente se cierra y volvemos al Explorador de Objetos donde podemos visualizar la tabla recién creada.

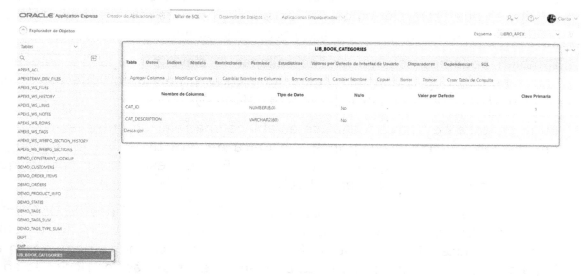

Figura 6.5. *Tabla LIB_BOOK_CATEGORIES creada.*

3. CARGAR Y EJECUTAR ARCHIVOS DE COMANDOS SQL (SQL SCRIPTS)

Esta herramienta nos permite crear, cargar, manejar y ejecutar archivos de comandos SQL. Estos scripts son similares a los que utilizamos en SQL*PLUS, aunque hay que saber que si escribimos los scripts con SQL*PLUS, Oracle APEX ignorará su sintaxis.

Para cargar un script dentro del repositorio de scripts accedemos al Taller de SQL:

1. Hacemos clic en el icono "Archivos de Comandos SQL".

Figura 6.6. *Taller de SQL - Archivos de Comandos SQL.*

2. Hacemos clic en el botón "Cargar >", situado a la derecha de la pantalla.

3. Hacemos clic en el botón "Browse…" para seleccionar el archivo que deseamos cargar.

4. En la ventana emergente, localizamos el archivo *cap06scriptcreaciontablas.sql* y hacemos clic en el botón "Cargar".

En este punto ya tenemos disponible el script para poder editarlo o ejecutarlo:

Figura 6.7. *Repositorio Archivos de Comandos SQL.*

5. Ejecutamos el script haciendo clic en el icono "ejecutar"

6. Hacemos clic en el botón Ejecutar Ahora.

Figura 6.8. *Pantalla para Ejecutar Ahora el Script.*

7. Para ver los resultados, hacemos clic en el icono de la lupa "Ver Resultados".

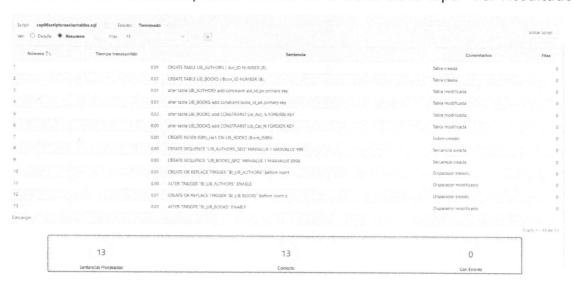

Figura 6.9. *La vista de Resumen de los resultados de la ejecución del script.*

Nos muestra un resumen de las sentencias ejecutadas y si han sido ejecutadas correctamente o si hubo algún error.

En este punto ya tenemos creadas las 3 tablas de nuestro modelo de datos:

Figura 6.10. *Tablas del Modelo de Datos del Proyecto Final.*

4. CARGAR DATOS CON EL TALLER DE DATOS

En esta sección vamos a cargar los datos de las 3 tablas creadas y para ello desde el Taller de SQL hacemos clic en el icono "Utilidades" y, seguidamente, en el enlace "Taller de Datos".

En nuestro proyecto —trabajaremos con datos ficticios—, un archivo de carga de tipo texto por cada una de las tablas.

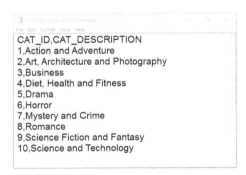

Figura 6.11. *Datos de Carga para la Tabla LIB_BOOK_CATEGORIES*

Cada archivo contiene una fila que corresponde a los títulos de cada columna y debajo de ellos, podemos ver cada fila como un registro que incorpora todos los datos que se cargarán en la tabla. En este caso, todos los campos aparecen separados por comas.

1. Accedemos al "Taller de Datos" desde Utilidades del Taller de SQL.

2. Seleccionamos el enlace "Datos de Texto" en el sector de Carga de Datos.

87

3. En la pantalla del asistente Destino y Método, seleccionamos:

   - Cargar en: Tabla Existente

   - Cargar de: Archivo de Carga (Separado por Comas o Delimitado por Tabuladores)

   - Clic en el botón "Siguiente".

4. En la pantalla Propietario y Nombre de la Tabla, seleccionamos:

   - Propietario de Tabla: <nombre_esquema>, como por ejemplo, LIBRO_APEX

   - Nombre de la Tabla: LIB_BOOK_CATEGORIES

   - Clic en el botón "Siguiente".

5. En la pantalla Detalles de Archivo, seleccionamos:

   - Archivo: Clic en el botón "Browse" para seleccionar el archivo de texto lib_book_categories.txt.

   - Separador: colocamos la coma (,)

   - Delimitado Opcionalmente por: en blanco

   - Check en la casilla: La primera file contiene nombres de columnas

   - Juego de Caracteres de Archivo: Unicode (UTF-8)

   - En Globalización: (dejamos los valores por defecto)

   - Clic en el botón Siguiente

6. En la pantalla Asignación de Columna verificamos los nombres de columnas y sus respectivos tipos de datos y, seguidamente, hacemos clic en el botón "Cargar Datos".

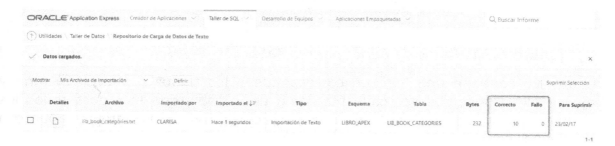

Figura 6.12. *Datos Cargados sin fallas en la tabla lib_book_categories.*

Volvemos al Taller de Datos, seleccionamos el enlace "Datos de Texto" en el sector de Carga de Datos y realizamos la carga correspondiente de las demás tablas en el siguiente orden:

Lib_authors.txt y Lib_books.txt

Figura 6.13. *Visualización de los datos de la tabla lib_books.*

5. RESUMEN

En este capítulo hemos visto cómo podemos crear las tablas de la base de datos utilizando el Modulo del Taller de SQL. Para hacerlo, usamos el Explorador de Objetos y el Asistente de Creación de tablas.

También hemos aprendido a cargar y ejecutar script a través de la herramienta de Archivos Comandos SQL y, para cargar los datos en las tablas, hemos trabajado con el Taller de Datos.

Capítulo 7

Crear la Aplicación de Base de Datos "Demo Libros"

En este capítulo aprenderemos a crear la estructura base para nuestra aplicación web de base de datos y emplearemos para ello el asistente para la creación de Aplicaciones de Bases de Datos.

Desarrollaremos, también, el concepto de Página en Oracle APEX y conceptos relacionados e, igualmente, crearemos una Página Global para nuestra aplicación y copiaremos componentes entre las distintas páginas.

1. CREAR LA APLICACIÓN DE BASE DE DATOS

Llegó el momento tan esperado: crear nuestra primera aplicación. Al comienzo, esta estará completamente en blanco, sin datos ni componentes, ya que todo se irá creando y trabajando conforme avancemos en este libro.

Para empezar, deberemos situarnos en la página de inicio de APEX y hacer clic en el módulo Creador de Aplicaciones.

Figura 7.1. *Pantalla de Inicio de Oracle APEX.*

Iniciaremos, así, el proceso de creación de una aplicación de base de datos con Oracle Application Express.

El siguiente paso será hacer clic en el icono "Crear" para que se abra la ventana correspondiente. Entonces elegiremos el tipo de aplicación que queramos crear:

Figura 7.2. *Asistente Crear una Aplicación.*

1. Hacemos clic en el icono "Escritorio".

2. En la pantalla Nombre del asistente, configuramos los siguientes valores:

   - Interfaz de Usuario: Escritorio
   - Esquema: LIBRO_APEX
   - Nombre: Demo Libros
   - Aplicación: (número asignado por el asistente)
   - Tema: Universal Theme (42)
   - Estilo de Tema: Vita (Accesibilidad Probada)
   - Hacemos clic en el botón "Siguiente".

3. En la pantalla Páginas del asistente, aceptamos la página en blanco creada:

   - Página: 1
   - Nombre: Inicio
   - Tipo: En Blanco
   - Modo de Página: Normal
   - Tipo de Origen: -
   - Origen: -
   - Página Principal: -

Figura 7.3. *Pantalla Páginas del Asistente Crear Aplicación.*

   - Clic en el botón "Siguiente".

4. En la pantalla Componentes Compartidos del asistente, seleccionar:

   - Copiar Componentes Compartidos de Otra Aplicación: No

- Hacemos clic en el botón "Siguiente".

5. En la pantalla Atributos, configurar lo siguiente:

- Esquema de Autenticación: Cuentas de Application Express
- Idioma: Español (Estados Unidos) (es-us) *(Aquí seleccionar su territorio)*
- Preferencia de Idioma de Usuario Derivada de: Idioma Primario de la Aplicación
- Formato de Fecha: dejar en blanco.
- Formato de Fecha-Hora: dejar en blanco.
- Formato de Registro de Hora: dejar en blanco.
- Formato de Zona Horaria de Registro de Hora: dejar en blanco.
- Hacemos clic en el botón "Siguiente".

6. En la pantalla Confirmar, verificar la información y hacer clic en el botón "Crear Aplicación".

Figura 7.4. *Página de Inicio de la Aplicación recién creada.*

En este momento nuestra aplicación está vacía por lo que, si la ejecutamos haciendo clic en el icono "Ejecutar Aplicación", aparecerá la página de inicio de sesión. Deberemos, entonces, escribir el nombre y la contraseña de nuestro usuario ADMIN, correspondiente a nuestro Espacio de Trabajo LIBRO_APEX.

Figura 7.5. *Página de Inicio de Sesión.*

Figura 7.6. *Ejecución de la aplicación recién creada.*

En este momento ya tenemos creada la base de nuestra aplicación para empezar a trabajar sobre ella.

1.1. ¿Qué es una Página?

En primer lugar, es importante definir la página de APEX como el bloque de construcción básico de una aplicación. Es decir, es la composición más básica que presenta una aplicación en APEX.

Cada página puede tener botones y campos (denominados elementos) que se agrupan en contenedores llamados Regiones. Las páginas también pueden tener lógica de la aplicación (o procesos). Por otra parte, podemos pasar de una página a la siguiente mediante la navegación condicional; realizar cálculos (llamados cómputos) y validaciones (como editar los *checks*); y visualizar informes, calendarios y gráficos.

Igualmente, podemos ver, crear y editar los controles que definen una página mediante el acceso al Diseñador de Páginas.

Para acceder al Diseñador de Páginas de una página existente realizamos lo siguiente:

1. En la página de inicio de nuestro Espacio de Trabajo, hacemos clic en "Creador de Aplicaciones" y, acto seguido, aparecerá la página de inicio correspondiente.

Figura 7.7. *Página de Inicio del Creador de Aplicaciones.*

2. Seleccionar nuestra aplicación recién creada, "Demo Libros", para que se abra su página de inicio.

Figura 7.8. *Página de Inicio de la Aplicación.*

Dentro de la página de inicio de nuestra aplicación se encuentra el acceso directo para poder ejecutarla. En este momento solo está compuesta por dos páginas: la página de "1 – Inicio" y la "101 - Página de Conexión". Esta última se crea automáticamente a través del asistente y es la que nos permite iniciar la sesión.

2. SOBRE EL DISEÑADOR DE PÁGINAS

El diseñador de páginas es un completo entorno de desarrollo integrado (IDE) creado para maximizar la productividad de los desarrolladores en el mantenimiento de páginas de la aplicación (fue una nueva característica incluida en la versión 5.0 y que ahora en la versión 5.1 ha tenido muchas mejoras).

Para acceder al Diseñador de Página, desde la página de inicio de la aplicación, hacemos clic en el icono que representa la página de Inicio.

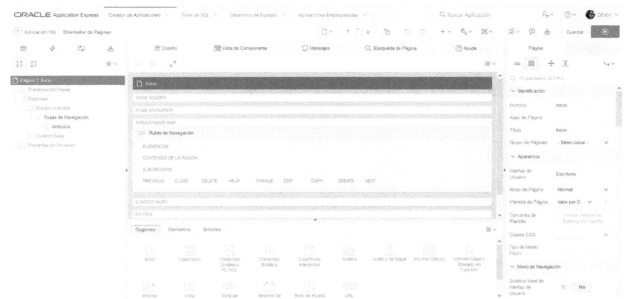

Figura 7.9. *Visualización del Diseñador de Página.*

El diseñador de páginas se divide en tres paneles:

2.1. Panel Izquierdo

El panel izquierdo muestra regiones, elementos de página, botones, la lógica de la aplicación (por ejemplo, cálculos, procesos y validaciones), acciones dinámicas, bifurcaciones y los componentes compartidos como nodos en un árbol.

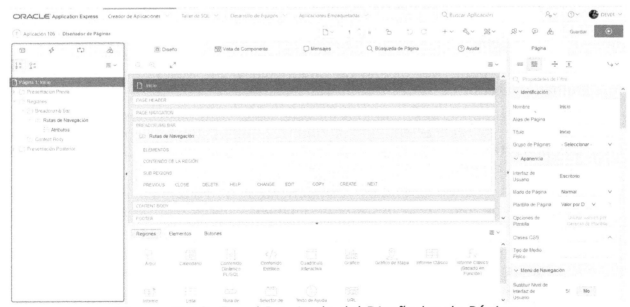

Figura 7.10. *Panel Izquierdo del Diseñador de Página.*

Cada grupo de componentes del árbol están basados en la secuencia de eventos o cómo procesa el motor de Oracle Application Express cuando la página es presentada. Esta organización nos permite comprender mejor cuándo se procesa un componente.

El panel de vista de árbol cuenta con cuatro pestañas:

- Presentación: muestra regiones, elementos de página, botones de página, componentes de la página y la lógica de la aplicación como nodos en un árbol.

- Acciones dinámicas: recoge las acciones dinámicas definidas en la página. Mediante la creación de una acción dinámica podemos definir comportamientos complejos por parte del cliente en forma declarativa y sin la necesidad de conocer programación en JavaScript.

- Procesamiento: permite visualizar la lógica de la aplicación definida en la página.

- Componentes Compartidos de Página: presenta los Componentes Compartidos asociados a la página.

2.2. Panel Central

El panel central en el diseñador de páginas contiene cinco pestañas:

- Diseño: el diseño de cuadrícula es una representación visual de las regiones, los elementos y los botones que definen una página. Se pueden añadir nuevas regiones, elementos y botones en una página si, simplemente, los seleccionamos de la Galería situada en la parte inferior de la página. También se puede ajustar el tamaño de cuadrícula de diseño utilizando los divisores de ventana. Como alternativa, podemos hacer clic en el botón "Ampliar" para agrandar el panel del Diseño de Cuadrícula y en "Restaurar" para volver al tamaño anterior.

- Vista de Componentes: (mejora en esta versión) muestra los elementos y la lógica de la aplicación en la interfaz de usuario según el tipo de componentes. Se trata de una vista similar a la utilizada en versiones anteriores de APEX.

- Mensajes: Cuando creamos componentes o editamos atributos en el Diseñador de Página, la pestaña de Mensajes notifica errores y advertencias que hay que abordar.

- Búsqueda de Página: se encuentra a la derecha de la pestaña de Mensajes. Utilizamos esta pestaña para buscar todos los metadatos de la página, incluyendo regiones, elementos, botones, acciones dinámicas y columnas, entre otros.

- Ayuda: aparece a la derecha de la pestaña de Búsqueda de Página y muestra la ayuda en texto según el atributo que está seleccionado en el panel de edición de Propiedades de Página, situado en el panel derecho.

Figura 7.11. *Panel Central del Diseñador de Página.*

Al tratarlo más en detalle, se observa que la pestaña Diseño nos permite personalizar el tipo y cantidad de información que se muestra, además de ofrecer la posibilidad de suprimir, mover y copiar componentes seleccionados. Así, podemos ocultar regiones que están vacías solo seleccionando dicha opción y, si queremos volver a verlas de nuevo, simplemente deberemos desmarcar la opción.

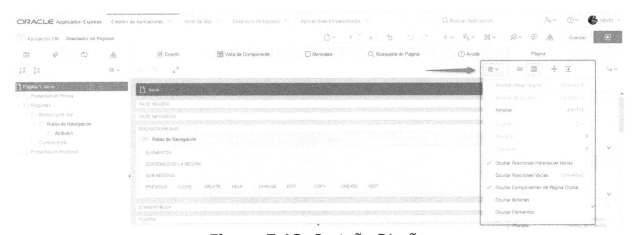

Figura 7.12. *Pestaña Diseño.*

También ofrece la posibilidad de mover, copiar y reordenar regiones, elementos y botones simplemente arrastrando y soltando. Es decir, se pueden añadir nuevas regiones, elementos y botones arrastrándolos desde la Galería y colocándolos en la posición deseada en la página. Al mover los componentes a una nueva posición —como, por ejemplo, si queremos situarlos en la misma línea en la que encuentra otro elemento— tenemos que llevarlo al lugar que queramos y esperar hasta que el diseño de cuadrícula cambie y muestre los resultados.

Las principales características del Diseño de Cuadrícula incluyen:

- Los menús contextuales: podemos hacer clic con el botón derecho del ratón en un componente o controlar qué se muestra en el menú contextual.

- Acceso rápido al Editor de Propiedades: es posible seleccionar uno o varios componentes para mostrar los atributos correspondientes en el Editor de Propiedades del panel derecho.

- Arrastrar y soltar: se puede crear o mover, copiar y cambiar el orden de las regiones, elementos y botones simplemente arrastrando y soltando.

- La información sobre herramientas: podemos ver la información de un componente colocando el puntero del ratón sobre él o acceder, de la misma forma, a una descripción de la información básica (*tooltip*) relativa al tipo de región, de elemento, etc.

2.2.1. Galería

La Galería se encuentra en la parte inferior del panel Diseño y posee tres pestañas: Regiones, Elementos, y Botones. Por defecto, solo aparecen los controles y componentes soportados pero, cuando se pasa el cursor sobre un control o componente, aparece un *tooltip* con la información básica que lo describe. Igualmente, podemos agregar nuevos controles y componentes a una página seleccionándolos en la Galería y arrastrándolos y soltándolos en el Diseño de Cuadrícula.

Figura 7.13. *Galería.*

2.3. Panel Derecho

El panel derecho muestra el Editor de Propiedades. Utilizamos este panel para editar las propiedades de los componentes seleccionados en el panel vista de árbol o en el Diseño de Cuadrícula de la página.

Al seleccionar los diferentes componentes, tanto si es en vista de árbol como de Diseño de Cuadrícula, el Editor de Propiedades se actualiza automáticamente para reflejar la selección actual. Los atributos, por su parte, se organizan en grupos funcionales que describen su propósito —los atributos obligatorios muestran un triángulo rojo en la esquina superior izquierda por encima de la etiqueta correspondiente—.

Igualmente, podemos controlar la cantidad de información que se muestra con el uso de los siguientes botones, situados en la parte superior del panel:

- Mostrar Común: muestra únicamente aquellos atributos cuyo valor por defecto ha cambiado o son comúnmente editados.

- Mostrar Todo: muestra todos los atributos (por defecto).

- Reducir Todo: muestra solo los títulos de cada grupo.

- Ampliar Todo: muestra todos los atributos de cada grupo.

- Ir a Grupo: selecciona el primer atributo en el grupo que elegimos.

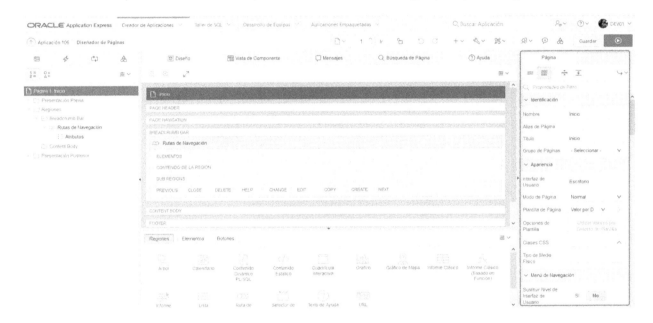

Figura 7.14. *Panel Derecho del Diseñador de Páginas.*

3. PÁGINA GLOBAL

Antes de dar forma a nuestra aplicación, vamos a crear un tipo especial de página denominada Página Global.

Una Página Global es una especie de página maestra en la que colocaremos los diferentes componentes que queramos que aparezcan en todas las páginas de nuestra aplicación. Es decir, si sabemos que hay un componente que queremos mostrar y utilizar en todas las páginas, es conveniente situarlo en la Página Global ya que, en caso de querer modificarlo, solo habría que realizar el cambio una vez — aunque se hará efectivo en todas las páginas—.

Para entender su funcionamiento vamos a crear una Página Global y le agregaremos un componente que será visible en todas las páginas de nuestra aplicación.

3.1. Crear una página global

1. Accedemos a la página de inicio de la aplicación (Figura 7.4)

2. Hacemos clic en el botón "Crear Página", que abre la ventana como un *pop-up* con el Asistente de Creación de Páginas.

3. Seleccionamos Página Global.

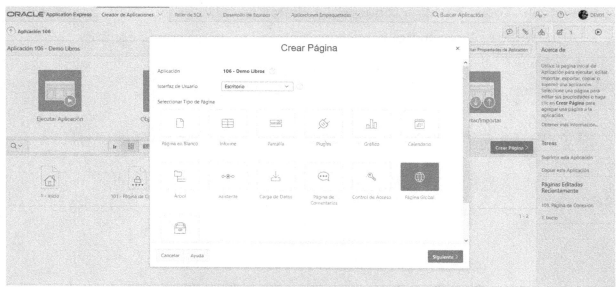

Figura 7.15. *Diferentes tipos de Páginas en APEX, con la Página Global seleccionada.*

4. Hacemos clic en el botón "Siguiente".

5. Número de Página: 0

6. Hacemos clic en el botón "Crear".

Todos los componentes que se muestren en esta página aparecerán también en todas las páginas de nuestra aplicación, salvo en aquellas que indiquemos expresamente que no deseamos que se muestre.

Un ejemplo práctico del uso de la Página Global puede ser el siguiente. Cuando creamos la aplicación como tal se creó también la página de Inicio con un componente llamado Ruta de Navegación, que permite navegar por las diferentes páginas de la aplicación. Para no tener que incorporar la Ruta de Navegación a cada página y disponer de ella para cualquier cambio, copiaremos este componente de la página 1 y lo llevaremos a la página 0.

Así, conseguiremos que se vea en todas las páginas y cualquier cambio que necesitemos realizar lo haremos una única vez desde la Página Global.

3.2. Copiar componentes de una página a otra

1. Accedemos a la página de inicio de la aplicación.

2. Hacemos clic en el icono "Inicio".

3. Seleccionamos el componente "Rutas de Navegación" dependiente de la Región *Breadcrumb Bar* desde el panel izquierdo en la pestaña Presentación y, con el botón derecho del ratón, elegimos la opción "Copiar en Otra Página" para que se abra la ventana "Copiar Región".

Figura 7.16. *Menú Contextual.*

4. En Página:

   • En Página: 0

   • Hacemos clic en el botón "Siguiente".

5. En Nueva Región:

   • Nombre de la Región: Menú Principal

   • Hacemos clic en el botón "Copiar".

Después de refrescar la página podemos observar en el panel izquierdo de la ficha de Presentación dos regiones de Breadcrumb Bar, la región original y la región proveniente de la página global llamada Menú Principal [Página Global].

Ahora eliminamos la Ruta de Navegación de la página de Inicio y para ello seleccionamos el componente Rutas de Navegación y hacemos clic con el botón derecho del ratón para que aparezca la opción "Suprimir" y hacer clic en ella.

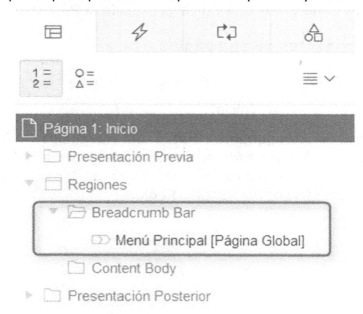

Figura 7.17. *Menú Principal - Breadcrumb Bar.*

4. RESUMEN

En este capítulo hemos visto cómo crear una aplicación de bases de datos, además de comprender el sentido y la utilidad de una página de APEX. Seguidamente, hemos recorrido brevemente el Diseñador de Páginas, con respectivas mejoras que se ha implementado para el desarrollo de aplicaciones en esta última versión y hemos trabajado sobre la ubicación y la funcionalidad de los diferentes paneles.

Por otra parte, hemos creado la página global de nuestra aplicación —y entendido su utilidad— y hemos aprendido a copiar objetos de una página a otra dentro de nuestra aplicación.

Capítulo 8

Crear los Componentes Compartidos de la Aplicación

En este capítulo aprenderemos a crear algunos de los diferentes tipos de componentes compartidos que incorporaremos a las páginas de nuestra primera aplicación desarrollada en Oracle Application Express.

1. COMPONENTES COMPARTIDOS

Trabajaremos en la creación de:

- Rutas de Navegación
- Listas de Valores (LOV) Estáticas y Dinámicas
- Imágenes (Logo)

Para crear estos componentes debemos acceder a los Componentes Compartidos de la aplicación.

1. Accedemos a la página de inicio de la aplicación "Demo Libros" (Aplicación 106).

2. Hacemos clic en el icono de "Componentes Compartidos"

Podemos observar 9 secciones:

- Lógica de Aplicación
- Seguridad
- Otros Componentes
- Navegación
- Interfaz de Usuario
- Archivos
- Referencias de Datos
- Informes
- Globalización

En este libro no cubriremos cada una de las secciones de los Componentes Compartidos ideados para el desarrollo de aplicaciones web con Oracle APEX, ya que el ejemplo propuesto como proyecto final no incorpora todos los componentes que APEX propone.

Figura 8.1. *Página Componentes Compartidos.*

Para la creación o modificación de las Rutas de Navegación trabajaremos con la sección referente a la Navegación, mientras que para la creación de las Listas de Valores (LOV) accederemos a la sección Otros Componentes y para colocar una imagen de logo en nuestra aplicación lo haremos a través de la sección Archivos.

2. SECCIÓN NAVEGACIÓN

2.1. Rutas de Navegación (*Breadcrumbs*)

Las rutas de navegación proporcionan una navegación jerárquica hasta un número infinito de niveles que se representan por medio de una plantilla. Tras crear una ruta de navegación se pueden definir sus entradas, que se asocian a las páginas y también identifican una página principal.

Igualmente, las rutas de navegación se pueden mostrar en una página agregando una región de ruta de navegación mediante el asistente de creación de regiones.

En cualquier caso, la ruta de navegación es muy útil para el usuario porque le indica en qué página está navegando en cada momento y le permite volver y acceder a otras páginas de la aplicación.

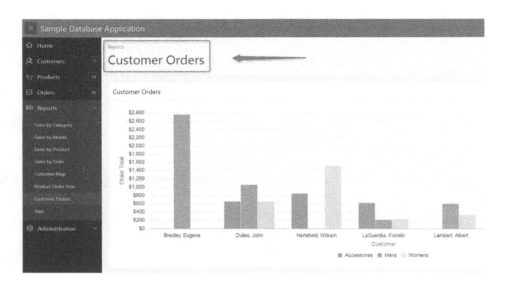

Figura 8.2. *Ejemplo Ruta de Navegación.*

2.2. Modificar Ruta de Navegación

1. Accedemos a la página de inicio de la aplicación.

2. Hacemos clic en el icono de "Componentes Compartidos".

3. En la sección Navegación, hacemos clic en "Rutas de Navegación".

4. Hacemos clic en el icono "Ruta de Navegación".

5. Hacemos clic en el botón "Editar Nombre de Ruta de Navegación".

6. En Ruta de Navegación:

   - Nombre de Ruta de Navegación: Menú Principal
   - Hacemos clic en el botón "Aplicar Cambios".

Figura 8.3. *Ruta de Navegación Menú Principal.*

Nuestra ruta de navegación solo tiene una entrada en este momento: la página de Inicio. Aunque conforme vayamos creando las demás páginas indicaremos, en el asistente de creación, que agregue nuevas entradas a la ruta de navegación del Menú Principal.

3. SECCIÓN ARCHIVOS

3.1. Variables de Sustitución para el uso de las Imágenes

APEX tiene tres tipos de variables de sustitución para poder utilizar las imágenes:

- Por un lado se encuentra la variable #IMAGE_PREFIX#, que es el *path* virtual del directorio "images", que por defecto es "/i/". Aunque podemos cambiarlo para tener nuestro propio directorio de imágenes en otro lugar que no sea el virtual o en algún servidor. Por ello, empleamos esta variable de sustitución para poder referenciar la ubicación.

- Por otro lado, tenemos la variable #APP_IMAGES#, que indica las imágenes que están guardadas en la base de datos y asociadas a una aplicación —solo ella las puede usar—.

- Por último, existe la variable #WORKSPACE_IMAGES#, que indica que las imágenes permanecen guardadas también en la base de datos, pero no están asociadas a ninguna aplicación sino a un Espacio de Trabajo (*Workspace*) —y cualquier aplicación que se encuentre dentro de dicho Espacio de Trabajo puede hacer uso de estas imágenes—.

3.2. Importar Imagen del Logo a nuestro Espacio de Trabajo

Para insertar el logo en nuestra aplicación es necesario tener disponibilidad de la imagen y, para ello, podemos utilizar la opción Archivos de Aplicación Estáticos o los Archivos de Espacio de Trabajo Estáticos.

3.2.1. Archivos de Aplicación Estáticos

Los Archivos de Aplicación Estáticos solo están disponibles en la aplicación actual y utilizamos la variable de sustitución #APP_IMAGES# para hacer referencia a un archivo, en este caso a una imagen.

3.2.2. Archivos de Espacio de Trabajo Estáticos

Los Archivos de Espacio de Trabajo Estáticos están disponibles en todas las aplicaciones de un determinado espacio de trabajo. En este caso, utilizaremos la variable de sustitución #WORKSPACE_IMAGES# para hacer referencia a la imagen.

1. Accedemos a la página de inicio de la aplicación.

2. Hacemos clic en el icono de "Componentes Compartidos".

3. En la sección Archivos, hacemos clic en el enlace "Archivos de Espacio de Trabajo Estáticos".

4. Hacemos clic en el botón "Cargar Archivo".

5. Archivo: Browse logo.png

6. Juego de Caracteres de Archivo: Unicode (UTF-8)

7. Descomprimir Archivo: No

8. Hacemos clic en el botón "Cargar".

Figura 8.4. *Imágenes de nuestra aplicación.*

3.3. Insertar Logo en nuestra aplicación

1. Entramos en la página de inicio de la aplicación.

2. Hacemos clic en el botón "Editar Propiedades de Aplicación".

3. En la ficha Interfaz de Usuario, en la sección Logotipo:

- Tipo de Logotipo: Imagen
- Logotipo: `#WORKSPACE_IMAGES#logo.png`
- Atributos de Logotipo: `alt="Demo Libros" title="Demo Libros"`
- Hacemos clic en el botón "Aplicar los Cambios".

Figura 8.5. Logotipo *de la Aplicación usando una Imagen.*

4. SECCIÓN OTROS COMPONENTES

4.1. Lista de Valores (LOV)

Las Listas de Valores presentan al usuario una lista con los posibles valores que puede incorporar en un determinado campo. Es decir, una lista de valores es una definición estática o dinámica utilizada para visualizar un tipo específico de elemento de página, como por ejemplo listas de valores emergentes, una lista de selección, una casilla de control, un grupo de botones de radio o listas de selección múltiple. Estas listas se pueden utilizar tanto en elementos de página como en campos de informe para hacer referencia a una lista de valores. En cualquier caso, controlan los valores mostrados y limitan la selección del usuario.

Existen dos tipos de listas de valores:

- Lista Estática: Una lista de valores estática se basa en valores de visualización y de retorno predefinidos.

- Lista Dinámica: Las listas dinámicas están basadas en una consulta SQL definida por el usuario que selecciona valores de una tabla.

4.1.1. Crear Lista de Valores Estática

1. Accedemos a la página de inicio de la aplicación.

2. Hacemos clic en el icono de "Componentes Compartidos".

3. En la sección Otros Componentes, hacemos clic en el enlace "Lista de Valores".

4. Hacemos clic en el botón "Crear".

5. En Origen:

- Crear Lista de Valores: Nuevo

- Hacemos clic en el botón "Siguiente".

6. En Nombre y Tipo:

- Nombre: GENERO

- Tipo: Estático

- Hacemos clic en el botón "Siguiente".

7. En Valores Estáticos o de Consulta:

- Secuencia: 1
  - Valor de Visualización: Mujer

  - Valor de Retorno: F

- Secuencia: 2

  - Valor de Visualización: Hombre

  - Valor de Retorno: M

8. Hacemos clic en el botón "Crear Lista de Valores".

4.1.2. Crear Lista de Valores Dinámica

1. Accedemos a la página de inicio de la aplicación.

2. Hacemos clic en el icono de "Componentes Compartidos".

3. En la sección Otros Componentes, hacemos clic en el enlace "Lista de Valores".

4. Hacemos clic en el botón "Crear".

5. En Origen:

   - Crear Lista de Valores: Nuevo
   - Hacemos clic en el botón "Siguiente".

6. En Nombre y Tipo:

   - Nombre: BOOK_CATEGORIES
   - Tipo: Dinámico
   - Hacemos clic en el botón "Siguiente".

7. En Valores Estáticos o de Consulta:

   - Consulta (SELECT DISPLAY_VALUE, RETURN_VALUE FROM...);

   ```
   select CAT_DESCRIPTION as display_value, CAT_ID as
   return_value
   from LIB_BOOK_CATEGORIES
   order by 1
   ```

8. Hacemos clic en el botón "Crear Lista de Valores".

Figura 8.6. *Lista de Valores (LOV) - Estática y Dinámica.*

5. RESUMEN

En este capítulo hemos analizado y creado algunos de los componentes compartidos que usaremos en nuestra aplicación (para organizarnos en el desarrollo de la misma), siguiendo una metodología en la construcción que pueda emplearse también en el desarrollo de otras aplicaciones web.

Capítulo 9

Crear y personalizar Informes y Formularios

En este capítulo navegaremos por algunos de los diferentes tipos de Informes que APEX nos ofrece, aprenderemos a crear el informe y formulario que gestionará a las categorías de libros, una cuadrícula interactiva que gestionará a los autores y un informe interactivo que manejará los libros de nuestra aplicación demo.

Igualmente, a lo largo del capítulo explicaremos cómo entender la sintaxis de la URL en APEX —un importante concepto en APEX— y conoceremos qué es un estado de sesión, qué son los elementos en APEX, sus tipos y usos, como también a conocer los diferentes tipos de variables que disponemos en APEX, además de cómo podemos hacer uso de acciones dinámicas para darle mayor funcionalidad a nuestros informes interactivos, y finalmente aprender a filtrar informes interactivos por medio de parámetros en la URL.

1. ENTENDIENDO LOS TIPOS DE INFORMES

Al crear una aplicación de base de datos, podemos crear cuatro tipos de informes básicos: cuadrícula interactiva, un informe interactivo, un informe con pantalla basado en una tabla o un informe clásico. La principal diferencia entre estos diferentes tipos de informes es el alcance y la forma en que los usuarios finales pueden personalizar la apariencia de los datos mediante la búsqueda, filtrado, clasificación, selección de columnas, resaltado y otras manipulaciones de datos.

- Cuadrícula Interactiva

- Informe Interactivo

- Informe Clásico

- Informe y Pantalla

1.1   Cuadrícula Interactiva

Una cuadrícula interactiva presenta a los usuarios un conjunto de datos en un informe personalizable. En una cuadrícula interactiva editable, nosotros podemos agregar, modificar y actualizar el conjunto de datos directamente en la página. Funcionalmente, una cuadrícula interactiva incluye la mayoría de las capacidades de personalización disponibles en los informes interactivos, además de la capacidad de reorganizar el informe interactivamente con el ratón.

Además como usuarios podemos bloquear, ocultar, filtrar, frisar, resaltar y ordenar columnas individuales con los menús Acciones y Título de Columna. Por otro lado, también podemos personalizar directamente la apariencia de una cuadrícula interactiva. Como usuarios avanzados también podemos definir divisiones y agregaciones en las columnas. Otras tareas que se pueden realizar es utilizar el ratón para cambiar el tamaño del ancho de una columna y arrastrar y colocar columnas en diferentes lugares de la cuadrícula. Tanto el Asistente para la creación de aplicaciones como el Asistente para crear páginas admiten la creación de cuadrículas interactivas.

La siguiente imagen es un ejemplo de una cuadrícula interactiva.

Figura 9.1. *Ejemplo de Cuadrícula Interactiva.*

1.2 Informe Interactivo

Un informe interactivo es el resultado formateado de una consulta SQL. Tanto el asistente para la creación de aplicaciones como el asistente para crear páginas admiten la creación de informes interactivos. Podemos elegir una tabla en la que se basará el informe o podemos proporcionar una sentencia SELECT personalizada o una función PL/SQL que devuelva una instrucción SELECT. Los informes interactivos sólo se admiten para aplicaciones de escritorio. Como usuarios finales podemos personalizar el diseño del informe y los datos mostrados mediante la selección de opciones en el menú Acciones.

La siguiente imagen es un ejemplo de un informe interactivo.

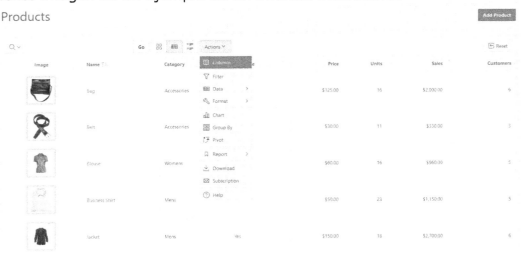

Figura 9.2. *Ejemplo de Informe Interactivo.*

Como desarrolladores podemos restringir las capacidades disponibles para los usuarios finales (como por ejemplo deshabilitar la descarga). Cuando el usuario final visualiza el informe, la funcionalidad de informe es la misma en todos los informes de la aplicación.

Al ver un informe interactivo, si somos usuarios finales podemos personalizar cómo y qué datos se muestran. De manera predeterminada, los informes interactivos incluyen una barra de búsqueda, un menú Acciones, los menús de encabezado de columna y los iconos Editar en la primera columna de cada fila. Mediante las opciones del menú Acciones, como usuarios podemos modificar el diseño del informe ocultando o exponiendo columnas específicas y aplicando filtros, resaltando y ordenando. También podemos definir divisiones de control, agregaciones, gráficos y agregar nuestros propios cálculos. Una vez personalizado, el informe se puede guardar como un informe privado o público.

Al definir un informe interactivo podemos:

- Incluir varios informes interactivos por página (nueva característica de la versión 5.0)
- Mostrar 100 columnas utilizando columnas de informe.
- Incluye 999 filas por filtro de encabezado de columna (si no se especifica un LOV personalizado en los atributos de columna)

1.3 Informe Clásico

Un informe clásico también es el resultado formateado de una consulta SQL. Podemos elegir una tabla en la que se base el informe o proporcionar una sentencia SELECT personalizada o una función PL/SQL que devuelva una instrucción SELECT. Con la excepción del ordenamiento y el filtrado simple, como usuarios finales no podemos personalizar un informe clásico. Tanto el asistente para la creación de aplicaciones como el asistente para crear páginas admiten la creación de informes clásicos.

La siguiente imagen es un ejemplo de un informe clásico.

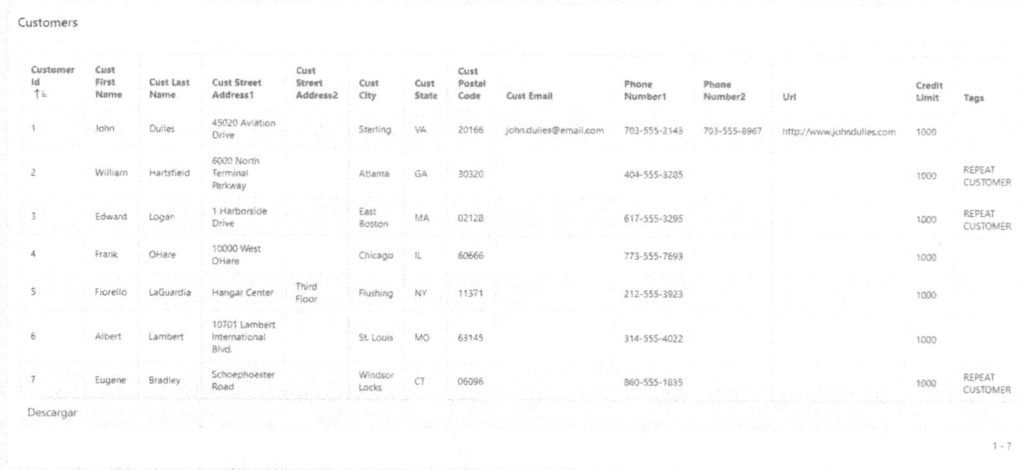
Customers

Customer Id	Cust First Name	Cust Last Name	Cust Street Address1	Cust Street Address2	Cust City	Cust State	Cust Postal Code	Cust Email	Phone Number1	Phone Number2	Url	Credit Limit	Tags
1	John	Dulles	45020 Aviation Drive		Sterling	VA	20166	john.dulles@email.com	703-555-2143	703-555-8967	http://www.johndulles.com	1000	
2	William	Hartsfield	6000 North Terminal Parkway		Atlanta	GA	30320		404-555-3285			1000	REPEAT CUSTOMER
3	Edward	Logan	1 Harborside Drive		East Boston	MA	02128		617-555-3295			1000	REPEAT CUSTOMER
4	Frank	OHare	10000 West OHare		Chicago	IL	60666		773-555-7693			1000	
5	Fiorello	LaGuardia	Hangar Center	Third Floor	Flushing	NY	11371		212-555-3923			1000	
6	Albert	Lambert	10701 Lambert International Blvd.		St. Louis	MO	63145		314-555-4022			1000	
7	Eugene	Bradley	Schoephoester Road		Windsor Locks	CT	06096		860-555-1835			1000	REPEAT CUSTOMER

Descargar

1 - 7

Figura 9.3. *Ejemplo de Informe Clásico.*

Los informes clásicos admiten la capacidad general de búsqueda de palabras claves, la capacidad de especificar el número de filas que se muestran y el ordenamiento básico de columnas.

1.4 Informe y Formulario

Este tipo de Informe nos permite crear un informe y un formulario basado en una tabla. Podemos seleccionar un tipo de informe para determinar si el informe es una cuadrícula interactiva, un informe interactivo o un informe clásico. Los usuarios hacen clic en un icono Editar para acceder a la pantalla (formulario) y editar los datos del registro seleccionado.

Tanto el asistente para crear aplicaciones como el asistente para crear páginas admiten la creación de una combinación de informes y formularios. La principal diferencia entre el asistente para la creación de aplicaciones y el asistente para crear páginas es la cantidad de personalización. El asistente para crear aplicaciones nos permite seleccionar el tipo de informe (es decir, la cuadrícula interactiva, el informe interactivo o el clásico) y la tabla. Además de seleccionar el tipo de informe, el asistente para crear página también nos permite especificar si deseamos incluir y configurar la ruta de navegación o el menú de navegación y seleccionar las columnas y el orden en que se muestran.

A continuación se muestra un ejemplo de una cuadrícula interactiva y una pantalla.

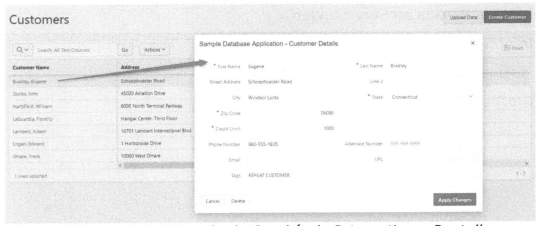

Figura 9.4. *Ejemplo de Cuadrícula Interactiva y Pantalla.*

2. ASISTENTE CREAR PÁGINA

Desde la página de inicio de nuestra aplicación, hacemos clic en el botón Crear Página.

Aparece el asistente "Crear Página" que nos habilita distintos tipos de páginas que podemos crear en APEX:

- Página en Blanco
- Informe
- Informe Interactivo
- Cuadrícula Interactiva
- Informe Clásico
- Informe con formulario en tabla
- Informe Basado en Servicio Web
- Pantalla
  - Informe con formulario en tabla
  - Cuadrícula Interactiva Editable
  - Maestro/Detalle de una Sola Página
  - Maestro/Detalle de Dos Páginas
  - Pantalla Basada en Tabla
  - Pantalla Basada en Procedimiento
  - Pantalla Basada en Consulta SQL
  - Pantalla Basada en Servicio Web
  - Informe y Pantalla Basados en Servicio Web
- Plugins
- Gráfico
    - Área
    - Barra
    - Burbuja
    - Combinación
    - Indicador Dial
    - Anillo
    - Embudo
    - Gantt
    - Línea
    - Línea con Área

- o Gráfico de Mapa
- o Tarta
- o Polar
- o Radial
- o Rango
- o Dispersión
- o Stock
- Calendario
- Árbol
- Asistente
- Carga de Datos
- Página de Comentarios
- Control de Acceso
- Página Heredada
  - o Pantalla Tabular
  - o Maestro/Detalle Heredado
  - o Gráfico AnyChart
  - o Página de Resumen
  - o Calendario Heredado

Figura 9.5. *Asistente Crear Página.*

En este libro no vamos a cubrir todos los tipos de páginas que se pueden trabajar en APEX porque sería muy extenso, sin embargo, aprenderemos a utilizar las más usadas en APEX.

Seguidamente vamos a trabajar con la creación de un Informe Clásico con su respectivo formulario de edición de datos para la tabla LIB_BOOK_CATEGORIES. Posteriormente trabajaremos con la creación de una cuadrícula interactiva para la tabla LIB_AUTHORS, la nueva característica de Oracle APEX 5.1 y aprenderemos a gestionarla. Finalmente trabajaremos en la creación de un Informe Interactivo con su respectivo formulario de edición de datos para gestionar la tabla LIB_BOOKS.

3. PÁGINA CATEGORIAS DE LIBROS

3.1. Crear Página Categoría de Libros usando el asistente Informe con formulario en tabla

En esta práctica vamos a crear una página con el asistente que será del tipo Informe con formulario en tabla. Para hacerlo:

1. Accedemos a la página de inicio de la aplicación.

2. Hacemos clic en el botón "Crear Página"

3. Interfaz de Usuario: Escritorio

4. Seleccione un tipo de página: Informe o Pantalla (la opción se presenta en las dos secciones)

5. Seleccionamos: Informe con formulario en tabla

6. En Atributos de Página:

   • Tipo de Informe: Informe Clásico

   Entre las opciones se incluyen las siguientes:

   • Cuadrícula Interactiva: *crea una cuadrícula interactiva de solo lectura.*

   • Informe Interactivo: *crea un informe interactivo.*

   • Informe Clásico: *crea un informe clásico basado en plantilla.*

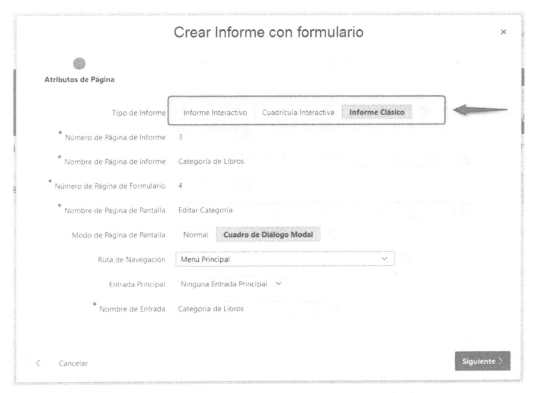

Figura 9.6. *Crear Informe con Formulario.*

- Número de Página de Informe: 3
- Nombre de Página de Informe: Categoría de Libros
- Número de Página de Formulario: 4
- Nombre de Página de Pantalla: Editar Categoría
- Modo de Página de Pantalla: Cuadro de Diálogo Modal
- Ruta de Navegación: Menú Principal
- Entrada Principal: Ninguna Entrada Principal
- Nombre de Entrada: Categoría de Libros
- Hacemos clic en el botón "Siguiente".

7. En Menú de Navegación:

- Preferencia de Navegación: Crear nueva entrada del menú de navegación.
- Nueva Entrada de Menú de Navegación: Categoría de Libros
- Entrada de Menú de Navegación Principal: - No se ha seleccionado ningún principal -.
- Hacemos clic en el botón "Siguiente".

8. En Origen de Datos:
   - Propietario de Tabla/Vista: LIBRO_APEX
   - Nombre de Tabla/Vista: LIB_BOOK_CATEGORIES (tabla)
   - Seleccionar Columnas que Mostrar en Informe: pasar todas las columnas al cuadro de la derecha
   - Hacemos clic en el botón "Siguiente".

9. En Página de Pantalla:

   - Tipo de Clave Primaria: Seleccionar Columnas de Clave Primaria
   - Seleccionar Columnas que Incluir en Formulario: CAT_DESCRIPTION
   - Columna de Clave Primaria 1: CAT_ID (Number)
   - Origen de Columna de Clave Primaria 1: Disparador Existente
   - Hacemos clic en el botón "Crear".

Nuestro Informe/Formulario de Categoría de Libros ha sido creado exitosamente y, para ejecutar la página y ver los resultados, hacemos clic en el botón ejecutar ▶, situado en la barra de Navegación del Desarrollador, debajo del perfil del usuario.

Figura 9.7. *Informe Clásico con Formulario para gestionar las Categorías de Libros.*

Antes de continuar en la edición de la página necesitamos conocer la Barra de Herramientas del Desarrollador.

3.2. Barra de Herramientas del Desarrollador en Tiempo de Ejecución

Cuando se ejecuta una aplicación de escritorio en el Creador de Aplicaciones, aparece la barra de herramientas del Desarrollador en Tiempo de Ejecución en la parte inferior la página. Con ella podemos editar rápidamente la aplicación actual, ir a la página que actualmente se está ejecutando o ver el estado de sesión.

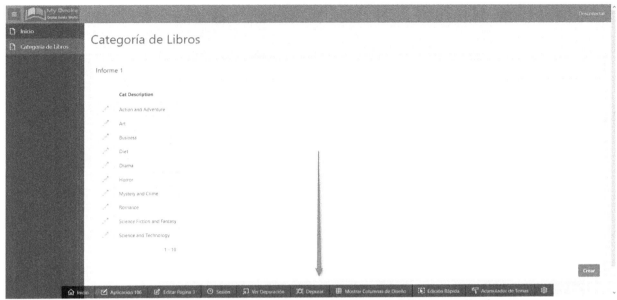

Figura 9.8 *Barra de Herramientas del Desarrollador*

- Inicio: nos lleva a la página de inicio de Oracle Application Express.

- Aplicación 106: con ella accedemos a la página de inicio de la aplicación que estamos trabajando.

- Editar Página 3: permite el acceso al diseñador de páginas correspondiente a la página que se está ejecutando.

- Sesión: nos muestra la información del estado de sesión de la página actual.

- Ver Depuración: recoge los informes de la depuración.

- Depurar: nos permite alternar la página entre depuración y sin modo de depuración.

- Mostrar Columnas de Diseño: cambia entre Mostrar Columnas de Diseño y Ocultar Columnas de Diseño. Esta opción solo se aplica si se utiliza un diseño de cuadrícula y la página tiene más de una columna.

- Edición Rápida: nos lleva al modo de edición rápida solo seleccionando el componente deseado para acceder instantáneamente a su Diseñador de Página.

- Acumulador de Temas: nos permite personalizar fácil y rápidamente la apariencia de una aplicación con el selector de color y el establecimiento de valores. (veremos más adelante en el desarrollo de este libro un ejemplo de su uso).

Figura 9.9. *Acumulador de Temas.*

En esta nueva versión tenemos la opción de cambiar las opciones de plantilla en vivo, es decir, mientras ejecutamos nuestra página en APEX podemos cambiar dichos atributos y podemos ir viendo los cambios en vivo, de igual manera que podemos hacerlo cuando cambiamos los colores usando el Theme Roller!

Veamos un ejemplo simple, ejecutemos la página de las categorías de libros y hacemos clic en "Quick Edit" que se encuentra en la barra de herramientas de los desarrolladores, en mi caso en la parte inferior de la pantalla:

Al activar la edición rápida se activará el icono de herramientas de la región de Lista, pulsamos en el icono y se abrirá una ventana modal con las opciones de la plantilla que estamos usando actualmente en la Lista:

Figura 9.10. *Edición de opciones de plantilla en vivo.*

De esta forma podemos hacer todos los cambios que necesitemos en la plantilla y sin perder tiempo podemos ver los resultados en ejecución, una utilidad muy valiosa que tenemos disponible en la versión actual.

3.2.1. Barra de Opciones

Se encuentra en el extremo derecho y se asemeja a un engranaje mecánico. Podemos personalizar la forma de visualizar en pantalla la barra de herramientas para desarrolladores utilizando las siguientes opciones:

1. Ocultar Automáticamente

2. Solo Mostrar Iconos

3. Posición de Visualización:

   - Superior
   - Izquierda
   - Inferior (por defecto)
   - Derecha

La barra de herramientas del desarrollador en tiempo de ejecución solo se muestra si se configura así en las propiedades de la aplicación. Es decir, en la ficha Disponibilidad, hay que indicar el Estado: Disponible con Barra de herramientas de Desarrollador.

1. Accedemos a la Página de Inicio de la aplicación y hacemos clic en el botón Editar Propiedades de Aplicación:

2. En la ficha Disponibilidad:

- Estado (*): Disponible con Barra de Herramientas de Desarrollador
- Estado de Creación: Ejecutar y Crear Aplicación

3. Hacemos clic en el botón Aplicar Cambios (si no teníamos habilitada la barra de herramientas)

(*) Las opciones en Estado incluyen:

- Disponible: La aplicación está disponible sin restricciones.

- Disponible con barra de herramientas del desarrollador: La aplicación está disponible para su uso. Para los desarrolladores, la barra de herramientas del desarrollador se incluye en cada página. Es necesario que como desarrolladores estemos conectados al creador de aplicaciones en la misma sesión del explorador.

- Disponible Solo para Desarrolladores: La aplicación está disponible para los usuarios que tienen privilegios de desarrollador.

- Acceso Restringido: La aplicación está disponible para los desarrolladores especificados en Limitar a Lista de Usuarios Separados por Comas.

- No Disponible: La aplicación no se puede ejecutar ni editar. Aparece el mensaje para aplicación no disponible cuando los usuarios intentan acceder a la aplicación.

- No Disponible (Estado mostrado con PL/SQL): La aplicación no se puede ejecutar ni editar.

- No Disponible (Redirigir a URL): La aplicación no se puede ejecutar. El usuario se enlaza a la URL introducida en Mensaje para aplicación no disponible.

Figura 9.11. *Configurar Mostrar u Ocultar Barra de Herramientas del Desarrollador.*

3.3. Informe/Formulario para la gestión de las categorías de libros

Hemos creado la página de categorías de libros la cual está conformada por un Informe Clásico y un formulario para la edición de datos.

Ejecutamos la Página y se presenta nuestro Informe Clásico, compuesto por dos columnas: la clave primaria y la descripción.

La clave primaria es una imagen de lápiz con un enlace que al hacer clic en él se abre la ventana modal del formulario para editar la columna descripción que es la única que tenemos disponible para edición.

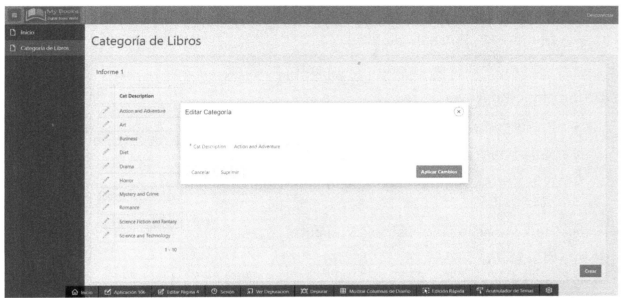

Figura 9.12. *Página 3 Informe Clásico / Página 4 Ventana Modal Formulario*

Este Informe es el más básico que presenta APEX, en el cual las personalizaciones que puede realizar el usuario son mínimas.

4. PÁGINA AUTORES

4.1. Crear Página Autores usando el asistente Cuadrícula Interactiva Editable

En esta práctica vamos a crear una página que mostrará la información de la tabla LIB_AUTHORS. Para hacerlo:

1. Accedemos a la página de inicio de la aplicación.

2. Hacemos clic en el botón "Crear Página"

3. Interfaz de Usuario: Escritorio

4. Seleccione un tipo de página: Pantalla

5. Seleccionamos: Cuadrícula Interactiva Editable

6. En Atributos de Página:

   - Tipo: Cuadrícula Interactiva

   - Número de Página: 5

   - Nombre de la Página: Autores

   - Modo de Página: Normal

   - Ruta de Navegación: Menú Principal

   - Entrada Principal: Ninguna Entrada Principal

   - Nombre de Entrada: Autores

   - Hacemos clic en el botón "Siguiente".

7. En Menú de Navegación:

   - Preferencia de Navegación: Crear nueva entrada del menú de navegación.

   - Nueva Entrada de Menú de Navegación: Autores

   - Entrada de Menú de Navegación Principal: - No se ha seleccionado ningún principal -.

   - Hacemos clic en el botón "Siguiente".

8. En Origen del Informe:

   - Edición Activada: Sí

   - Tipo de Origen: Tabla

   - Propietario de Tabla/Vista: LIBRO_APEX

   - Nombre de Tabla/Vista: LIB_AUTHORS (tabla)

   - Columna de Clave Primaria: AUT_ID (Number)

   - Seleccionar Columnas: Todas resaltadas en el recuadro de la derecha

   - Hacemos clic en el botón "Crear".

Nuestra cuadrícula interactiva ha sido creada con éxito. Ejecutamos la página para ver los resultados:

Figura 9.13. *Cuadrícula Interactiva Editable - Tabla LIB_AUTHORS*

4.2. Usando la Cuadrícula Interactiva

La cuadrícula interactiva es una de las nuevas características de la versión 5.1 de APEX. Podemos pensar en ella como la combinación del informe interactivo y la pantalla tabular (presente en la versión 5.0 y en esta versión la podemos ver en "Página Heredada" del asistente de creación de Páginas).

De forma predeterminada, todas las cuadrículas interactivas tienen una barra de búsqueda, el menú Acciones y el botón Restablecer.

Todas las cuadrículas también tienen menús de título de columna, a los que los usuarios acceden haciendo clic en el nombre o encabezado de una columna.

Con los menús Acciones y Título de Columna, nosotros podemos ocultar, filtrar, frisar, resaltar, ordenar y crear divisiones de control en columnas individuales. Además podemos definir agregaciones, que aparecen en la parte inferior de la columna o del grupo de columnas.

Por otra parte, podemos graficar rápidamente los datos con la función Gráfico. Esta característica es útil para la visualización rápida de datos o incluso para la presentación y responde inmediatamente a los cambios en los datos.

Finalmente podemos revertir rápidamente nuestras modificaciones con la función Restablecer, o realizar una reversión incremental con la función Flashback. En los casos de un conjunto de datos altamente dinámico, podemos utilizar la función Actualizar para extraer la última versión de los datos de la base de datos.

4.3. Cuadrícula Interactiva Editable

En la página de Autores hemos creado una cuadrícula interactiva editable.

Las cuadrículas interactivas editables poseen la misma funcionalidad de las cuadrículas interactivas regulares, - cuando la edición esta desactivada - además de algunas funciones adicionales en la interfaz y los menús de personalización.

Podemos agregar, editar, eliminar y actualizar gran parte de los datos subyacentes en una cuadrícula editable.

Si bien una cuadrícula interactiva regular nos proporciona un conjunto de datos que podemos buscar, ordenar y personalizar; con una cuadrícula interactiva editable podemos seleccionar, agregar y cambiar el contenido de una cuadrícula en tiempo real, similar a trabajar con un software de hoja de cálculo.

Celdas editables

Podemos cambiar el contenido de una celda individual en tiempo real haciendo doble clic en una celda.

También podemos alternar el botón *Editar* para habilitar la usabilidad del teclado para ediciones de gran tamaño. Por ejemplo, en lugar de seleccionar y hacer clic en cada celda de la cuadrícula, podemos utilizar la tecla Tab para mover el enfoque hacia la derecha y la combinación de teclas Shift + Tab para mover el enfoque hacia la izquierda de las celdas de una fila.

Filas editables

Si bien la personalización en las cuadrículas interactivas no editables se limita a las columnas, en las cuadrículas interactivas editables como usuarios finales también podemos personalizar las filas. Agregar nuevas filas es la forma principal de agregar contenido nuevo a una cuadrícula. Podemos utilizar el menú Acciones de Fila para editar una fila individual o el menú de Acciones de filas para editar varias filas.

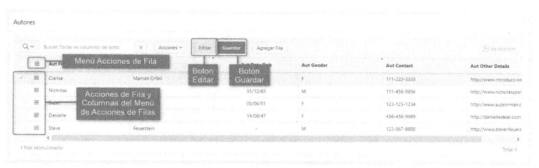

Figura 9.14. *Cuadrícula Interactiva Editable*

4.3.1.   Función búsqueda de la cuadrícula interactiva

Podemos realizar búsquedas de texto con la barra de búsqueda en la parte superior de una cuadrícula interactiva.

Figura 9.15. *Cuadrícula Interactiva Editable*

Al hacer clic en la lupa podemos ingresar el criterio de búsqueda y clic en el botón Ir para que se produzca el filtrado de los datos. Tenemos la opción de buscar en todas las columnas o seleccionar la columna objetivo.

4.3.2.   Reorganizar columnas con la función Arrastrar y Soltar

Podemos reorganizar las columnas de la grilla con solo seleccionar, arrastrar y soltar en la posición deseada.

Pasamos el ratón por encima de la columna y visualizaremos una barra vertical punteada (Drag Handle).

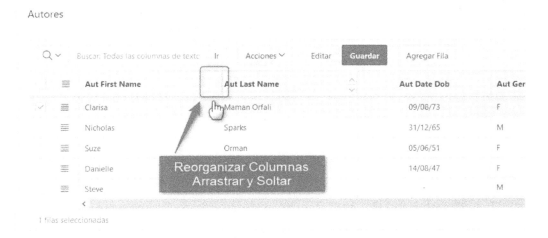

Figura 9.16. *Reorganizar Columnas*

Hacemos clic sobre el encabezado y lo arrastramos a la posición que deseamos.

4.3.3.   Redimensionar Columnas

Podemos cambiar el tamaño del ancho de una columna haciendo clic y manteniendo el borde de un encabezado de columna y ajustándolo con el ratón.

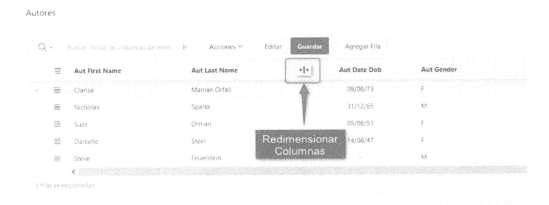

Figura 9.17. *Redimensionar Columnas*

4.4. Añadiendo una fila en una cuadrícula interactiva editable

1. Accedemos a la página Autores en modo ejecución

2. Hacemos clic en el botón "Agregar Fila"

3. Una nueva fila en blanco aparece en la cuadrícula, ingresamos un registro de ejemplo

4. Luego hacemos clic en el botón Guardar

Figura 9.18. *Registro nuevo guardado exitosamente*

Un nuevo registro se ha añadido a la tabla de LIB_BOOK_CATEGORIES.

Como podemos observar la cuadrícula interactiva nos provee de una manera muy fácil de trabajar y manipular los datos de nuestra tabla de Autores.

5. DEFINIR VALORES DE INTERFAZ DE USUARIO POR DEFECTO (UI)

Antes de seguir creando los Informes quiero mostrarte la manera que dispone APEX para no tener que editar cada uno de los nombres de encabezado de columnas.

Muchas veces estamos usando en nuestra aplicación tablas de datos en Informes/Pantallas en diferentes páginas y lo que es habitual siempre necesitamos cambiar el nombre de los encabezados de columnas para que sea más representativo al usuario.

Para simplificar esta tarea y no tener que estar realizando los cambios de etiquetas cada vez que construimos un Informe o una pantalla, podemos crear Valores por Defecto de una tabla usando los Valores por Defecto de Interfaz de Usuario.

En el caso de la tabla LIB_AUTHORS cuando hemos creado la grilla interactiva podemos ver que los nombres de columnas se corresponden a los nombres de columnas de la tabla.

Ahora bien, para que los nombres de columnas de la tabla LIB_BOOKS sean representativos a la hora de que vayamos a crear los informes/formularios de esa tabla vamos a aprender a crear Valores por Defecto de Interfaz de Usuario.

1. Ingresamos al Taller de SQL, hacemos clic en el ícono Explorador de Objetos y seleccionamos la tabla LIB_BOOKS.

2. Posteriormente, seleccionamos la ficha "Valores por Defecto de Interfaz de Usuario".

3. Hacemos clic en el botón Crear Valores por Defecto, se abre una ventana modal y hacemos clic en el botón Crear Valores por Defecto.

4. Posteriormente se muestra la lista de todos los objetos, y podemos visualizar al final de la lista, la tabla LIB_BOOKS que indica que hay volares por defecto.

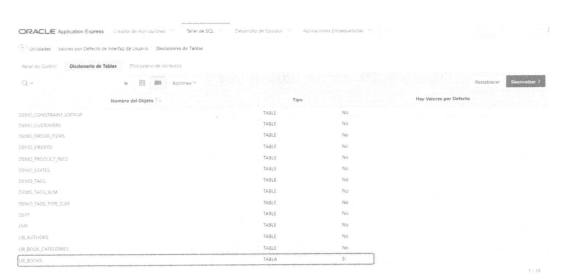

Figura 9.19. *Valores por Defecto de Interfaz de Usuario*

Como menciona la ayuda de APEX: "*Los valores por defecto de interfaz de usuario se utilizan para rellenar con valores iniciales las propiedades de región y elemento, a fin de proporcionar consistencia entre páginas de una aplicación o de varias aplicaciones. El diccionario de tablas es específico de las tablas y columnas de un esquema seleccionado. Estos valores por defecto se utilizan en cualquier definición del diccionario de atributos.*"

1. Hacemos clic en el botón Sincronizar y aparece una ventana modal, luego hacemos clic en el botón Sincronizar Valores por Defecto.

2. Luego hacemos clic en el nombre del Objeto LIB_BOOKS para modificar los valores por defecto. Aparece todas las columnas de la tabla, hacemos clic en la primera columna y editamos la etiqueta que representa el nombre de

columnas. Esto lo hacemos para cada una de las columnas de la tabla LIB_BOOKS.

Figura 9.20. *Editar Valores por Defecto*

<u>Nota</u>: *Para avanzar entre las columnas, hacemos clic en el botón de avance >*

Figura 9.21. *Valores por Defecto de la Interfaz de Usuario de la tabla LIB_BOOKS*

En este ejemplo solo hemos cambiado las etiquetas de la tabla LIB_BOOKS, pero es aconsejable que cuando empezamos con un proyecto nuevo podamos crear todos los Valores por Defecto de la Interfaz de Usuario para ser usados en nuestra aplicación.

6. PÁGINA LIBROS

6.1. Crear Página Libros usando el asistente Informe con formulario en tabla

En esta práctica vamos a crear una página que mostrará la información de la tabla LIB_BOOKS. Para hacerlo:

1. Accedemos a la página de inicio de la aplicación.

2. Hacemos clic en el botón "Crear Página"

3. Interfaz de Usuario: Escritorio

4. Seleccione un tipo de página: Informe

5. Seleccionamos: Informe con formulario en tabla

6. En Atributos de Página:

   - Tipo: Informe Interactivo

   - Número de Página de Informe: 6

   - Nombre de Página de Informe: Libros

   - Número de Página de Formulario: 7

   - Nombre de Página de Pantalla: Editar Libro

   - Modo de Página de Pantalla: Cuadro de Diálogo Modal

   - Ruta de Navegación: Menú Principal

   - Entrada Principal: Ninguna Entrada Principal

   - Nombre de Entrada: Libros

   - Hacemos clic en el botón "Siguiente".

7. En Menú de Navegación:

   - Preferencia de Navegación: Crear nueva entrada del menú de navegación.

   - Nueva Entrada de Menú de Navegación: Libros

   - Entrada de Menú de Navegación Principal: - No se ha seleccionado ningún principal -.

   - Hacemos clic en el botón "Siguiente".

8. En Origen del Informe:

   - Propietario de Tabla/Vista: LIBRO_APEX

- Nombre de Tabla/Vista: LIB_BOOKS (tabla)
- Seleccionar Columnas que Mostrar en Informe: (pasar al cuadrante de la derecha)
  - BOOK_IMAGE
  - BOOK_AUT_ID
  - BOOK_CAT_ID
  - BOOK_ISBN
  - BOOK_PUBLISHED_DATE
  - BOOK_TITLE
  - BOOK_PRICE
  - BOOK_DESCRIPTION
- Hacer clic en el botón Siguiente
- Tipo de Clave Primaria: Seleccionar Columnas de Clave Primaria
- Seleccionar Columnas que Incluir en Formulario: BOOK_ID (Number)
- Columna de Clave Primaria 1: BOOK_ID (Number)
- Origen de Columna de Clave Primaria 1: Disparador Existente
- Hacemos clic en el botón "Crear".

Nuestro Informe Interactivo ha sido creado con éxito. Ejecutamos la página para ver los resultados:

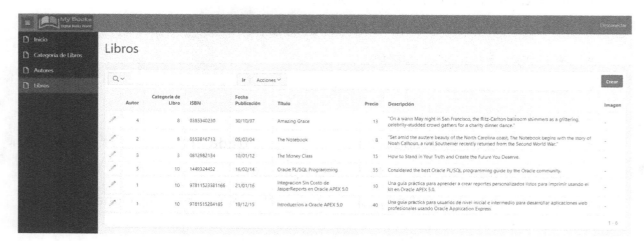

Figura 9.22. *Informe Interactivo de la tabla LIB_BOOKS*

Como podemos observar los nombres de columnas que se muestran en el Informe y el Formulario de edición de datos corresponden a los valores por defecto de la interfaz de usuario que anteriormente habíamos editado.

6.2. Editar Informe Interactivo de la tabla Libros

A continuación, trabajaremos en la personalización del informe interactivo que hemos creado.
En primer lugar vamos a reorganizar las columnas del Informe de Libros y para ello vamos a hacer uso del botón Acciones.

Ejecutamos la página del informe de libros y hacemos clic en el botón Acciones → Seleccionar:

Se abre una ventana modal y reordenamos las columnas de esta manera: Imagen, ISBN, Título, Descripción, Precio, Fecha Publicación, Categoría de Libro, Autor.

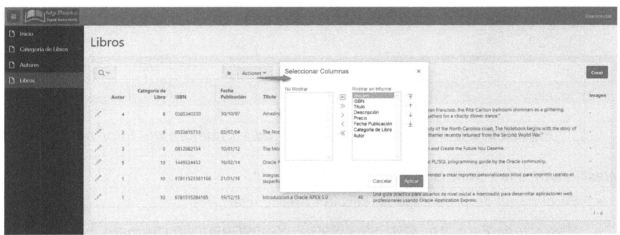

Figura 9.23. *Reorganizar columnas - Botón Acciones - Columnas*

Es importante saber que para que nuestro Informe Interactivo mantenga los cambios en próximas sesiones, es necesario que lo guardemos como Informe Principal.

Para ello, hacemos lo siguiente:

- Hacemos clic en el botón "Acciones".

- Hacemos clic en "Informe" → "Guardar Informe".

- En Guardar: Como Valores de Informe por Defecto

- En Tipo de Informe por Defecto, seleccionamos: Primario

- Hacemos clic en el botón "Aplicar"

Para editar la columna hacemos clic en el número de página en la Barra de Herramientas del Desarrollador en el inferior de la página.

Se abre el diseñador de páginas. En el panel de la izquierda de Presentación seleccionamos el Informe Interactivo y le cambiamos el nombre a "Informe de Libros".

Figura 9.24. *Diseñador de Páginas - Editar nombre del Informe*

Seleccionamos la columna BOOK_PRECIO:

- En el panel de propiedades, sección Apariencia:

  o Máscara de Formato: FML999G999G999G999G990D00 (formato moneda)

Seleccionamos la columna BOOK_CAT_ID:

- En el panel de propiedades, sección Identificación:

  o Tipo: Texto sin Formato (Basado en Lista de Valores)

- En Lista de Valores:

  o Lista de Valores: BOOK_CATEGORIES

  o Guardamos los cambios

Para modificar la columna BOOK_AUT_ID necesitamos crear una lista dinámica que muestre el nombre y el apellido de los autores.

Desde componentes compartidos de la aplicación, creamos una lista de valores dinámica que la llamaremos BOOK_AUTHORS y tendrá la siguiente consulta SQL:

```
select AUT_LAST_NAME || ', '||  AUT_FIRST_NAME as display_value,
AUT_ID as return_value
  from LIB_AUTHORS
 order by 1
```

Seguidamente, hacemos clic en el botón Crear Lista de Valores.

Regresamos al diseñador de páginas de la página 6 y seleccionamos la columna BOOK_AUT_ID del informe interactivo:

- En el panel de propiedades, sección Identificación:

o Tipo: Texto sin Formato (Basado en Lista de Valores)

- En Lista de Valores:

o Lista de Valores: BOOK_AUTHORS

Aplicamos los cambios haciendo clic en el botón Guardar.

En la siguiente práctica trabajaremos en la edición de la columna Título para que dicha columna sea el enlace que permita editar cada uno de los libros.

Seleccionamos la columna BOOK_TITLE:
- En el panel de propiedades, sección Identificación:

o Tipo: Enlace

- En la sección Enlace:

o Destino: Se abre una ventana modal:

▪ Página: 7

▪ Definir Elementos: Nombre = P7_BOOK_ID

▪ Definir Elemento: Valor = #BOOK_ID#

▪ Hacemos clic en el botón Aceptar para cerrar la ventana modal

o En Texto de Enlace: #BOOK_TITLE#

- Guardamos los cambios

En esta sección vamos a excluir la columna de enlace (donde están los iconos de los lápices) del Informe Interactivo, ya que ahora contamos con la columna de títulos de los libros como enlace a la pantalla de edición de datos.
Desde el diseñador de páginas, nos dirigimos a los Atributos del Informe (debajo de las columnas) y en el panel de propiedades en la sección Enlace definimos en Columna de Enlace: Excluir Columna de Enlace.

Figura 9.25. *Excluir Columna de Enlace*

Guardamos los cambios y ejecutamos la página para ver los cambios.

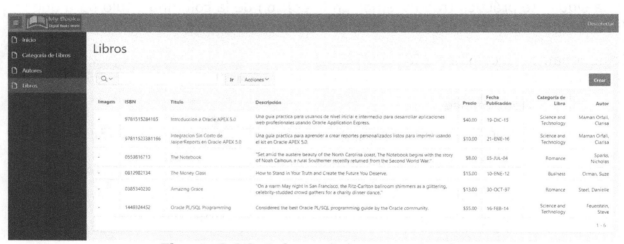

Figura 9.26. *Informe Interactivo de Libros*

6.3. Editar Formulario Edición de Libros

Desde el diseñador de páginas de la página 7 "Editar Libro" podemos visualizar todos los elementos que contiene el formulario.

Figura 9.27. *Formulario Edición Datos - Diseñador de Páginas*

6.3.1. Elementos en APEX

Un ítem o elemento en APEX es una parte de un formulario HTML, es decir, puede ser un campo o un área de texto, una contraseña, una lista de selección, una casilla de verificación, etc. Por ejemplo, estos atributos pueden afectar al lugar en el que aparece una etiqueta, si esta es requerida o no, etc. De hecho, todos estos atributos afectan la forma en que se ve cada elemento en la página.

En APEX hay 2 tipos de elementos: el de tipo Página —es el que generalmente estaremos trabajando— y el de tipo Aplicación.

- **Elementos de tipo Página**

  Los elementos de tipo Página se denominan así porque están asociados a una página concreta —por ejemplo el elemento "P7_BOOK_ID" está asociado a la página 7—.

  Otro aspecto que hay que tener en cuenta es que cada elemento de página tiene un atributo en las propiedades que le permite ser mostrado de la forma que nosotros elijamos. Por ejemplo, si tenemos el elemento Nombre del Autor necesitaremos que se muestre como un cuadro de texto, pero si visualizamos las categorías de libros disponibles nos gustaría que apareciera como una lista de selección. Así, la forma que elegimos para que cada elemento aparezca delante del usuario determina, además, la forma en que el usuario interactúa con ese elemento.

  En conclusión, el elemento de página está, por un lado, asociado a una página en particular y, por otro, presenta un tipo de visualización concreta para el usuario en función de si solo se quiere mostrar datos o si es necesario añadirlos.

- **Elementos de tipo Aplicación**

  La gran diferencia que existen entre el elemento de Página y el elemento de Aplicación es que el segundo no está asociado a ninguna página y, en consecuencia, tampoco se puede mostrar en ningún formulario. Por ello, hay que pensar en el elemento de Aplicación como si fuera una variable global. (Para que podamos entender mejor el concepto al final del capítulo mostraremos un ejemplo de uso de los elementos de tipo aplicación).

Editar los Elementos del Formulario

Regresando con la edición del formulario, nosotros podemos reorganizar la ubicación de cada elemento utilizando la función arrastrar y soltar.

Desde el Diseñador de páginas de la página 7 organizamos los elementos como se muestra a continuación:

- P7_BOOK_ID

- P7_BOOK_ISBN

- P7_BOOK_TITLE

- P7_BOOK_DESCRIPTION

- P7_BOOK_PRICE

- P7_BOOK_PUBLISHED_DATE

- P7_BOOK_CAT_ID

- P7_BOOK_AUT_ID

- P7_BOOK_IMAGE

Es importante notar que la nomenclatura en APEX para denominar a los elementos siempre es P<número de página>_<nombre de columna de tabla>

6.3.2.   Editar Elemento P7_BOOK_CAT_ID

Este elemento se muestra como un campo numérico, y en realidad lo que necesitamos mostrar es el listado de las categorías de libros. Para ello, hacemos clic en el elemento para editarlo:

1. En el panel de propiedades, en la sección Identificación:

   - Tipo: Lista de Selección

2. En la sección Lista de Valores:

- Tipo: Componente Compartido

- Lista de Valores: BOOK_CATEGORIES

- Mostrar Valores Adicionales: No

- Mostrar Valor Nulo: No

3. Guardar los cambios

6.3.3.   Editar Elemento P7_BOOK_AUT_ID

Este elemento se muestra también como un campo numérico, y en realidad lo que necesitamos mostrar es el nombre del autor. Para ello, hacemos clic en el elemento para editarlo:

1. En el panel de propiedades, en la sección Identificación:

   - Tipo: Lista de Selección

2. En la sección Lista de Valores:

   - Tipo: Componente Compartido

   - Lista de Valores: BOOK_AUTHORS

   - Mostrar Valores Adicionales: No

   - Mostrar Valor Nulo: No

3. Guardar los cambios

Cabe aclarar que no podemos ejecutar la página 7 desde el Diseñador de Páginas porque esta página es un cuadro de diálogo modal que se ejecuta en relación a otra página. Por ello, APEX nos indica que, para ver los cambios realizados, necesitaremos ejecutar la aplicación desde la página que llama al cuadro de diálogo o desde la página de inicio de la aplicación.

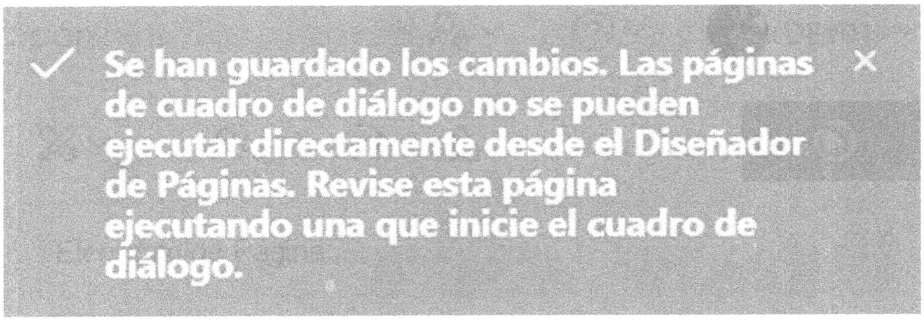

Figura 9.28. *Mensaje del Cuadro de Diálogo.*

6.3.4.   Editar Elemento P7_BOOK_IMAGE

La columna P7_BOOK_IMAGE es un elemento de tipo BLOB (objeto binario grande) al que asignaremos, en su configuración, los nombres de la columna MIME (MIMETYPE), el nombre del archivo (FILENAME) y la última actualización de la imagen (IMAGE_LAST_UPDATE).

Desde el Diseñador de Páginas de la Página 7, en el panel izquierdo Presentación:

1. Hacemos clic en el elemento P7_BOOK_IMAGE

   • En la sección Configuración:

   • Tipo de Almacenamiento: BLOB column specified in ítem Source attribute

   • Columna de Tipo MIME: BOOK_MIMETYPE

   • Columna de Nombre de Archivo: BOOK_FILENAME

   • Última Columna BLOB Actualizada: BOOK_IMAGE_LAST_UPDATE

   • Mostrar Enlace de Descarga: Sí

   • Texto de Enlace de Descarga: Descargar

   • Disposición del Contenido: Attachment

2. Hacemos clic en el botón "Guardar".

6.3.5. Cargar Imágenes de los libros

Ingresamos al informe Interactivo de los Libros (Página 6) y podemos empezar a subir las imágenes de cada libro. Hacemos clic en el nombre del libro para abrir el formulario de edición y cargamos la imagen del libro. Realizamos esta misma operación para cada uno de los registros de la tabla de libros. Una vez finalizada la carga de las imágenes, en el informe interactivo se mostrará el enlace "Descargar" en la columna Imagen.

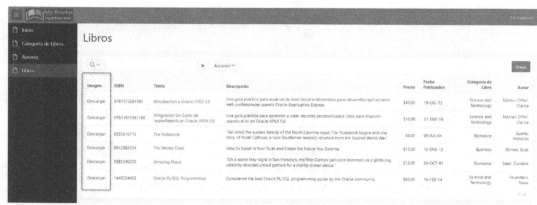

Figura 9.29. *Imágenes cargadas en el Informe Interactivo sin mostrar.*

Para mostrar las imágenes de los libros en nuestro informe interactivo, vamos a editar la página 6 y seleccionamos la columna BOOK_IMAGE del informe:

1. En el panel de propiedades, en la sección identificación:

   - Tipo: Mostrar Imagen

2. En la sección Atributos BLOB:

   - Nombre de la Tabla: LIB_BOOKS

   - Columna BLOB: BOOK_IMAGE

   - Columna de Tipo MIME: BOOK_MIMETYPE

   - Columna de Nombre de Archivo: BOOK_FILENAME

   - Última Columna Actualizada: BOOK_IMAGE_LAST_UPDATE

3. Guardar los cambios

Figura 9.30. *Imágenes cargadas en el Informe Interactivo.*

De este modo muy sencillo podemos visualizar las imágenes en nuestro Informe Interactivo.

6.4. Crear Informe Alternativo

Los informes alternativos nos permiten crear diferentes tipos de reportes y solo nosotros como desarrolladores podemos guardar, renombrar o eliminar estos informes.

En esta sección crearemos un informe alternativo llamado Libros por Categoría que tendrá tres tipos de visualizaciones, utilizando diferentes herramientas para personalizar el informe basado en el informe primario de libros.

6.4.1. Vista Informe

Desde la página 6, en estado de ejecución:

1. Hacemos clic en el botón "Acciones" y luego en Informe → Guardar Informe → Como Valores de Informe por Defecto.

   - Seleccionar Alternativo

   - Nombre: Libros por Categoría

   - Hacemos clic en el botón "Aplicar".

2. Hacemos clic en el botón "Acciones", luego en "Formato" y seleccionamos División de Control:

   - Columna: Categoría de Libro

   - Estado: Activado

   - Hacemos clic en el botón "Aplicar".

     La División de Control es una característica de agrupación que permite ser añadido a una o más columnas del informe. Como en este caso hemos creado una división de control en la columna de Categoría de Libros, por ello, en el informe se mostrará la agrupación de los libros divididos por categoría de libros.

3. Hacemos clic en el botón Acciones, luego en Formato y seleccionamos Resaltar

   - Nombre: Libros > $ 50

   - Secuencia: 10

   - Activado: Sí

   - Tipo de Resaltado: Fila

   - Color de Fondo: #99CCFF

   - Color de Texto: #000000

   - Condición para Resaltar

     o Columna: Precio

     o Operador: >

     o Expresión: 50

   - Hacemos clic en el botón "Aplicar".

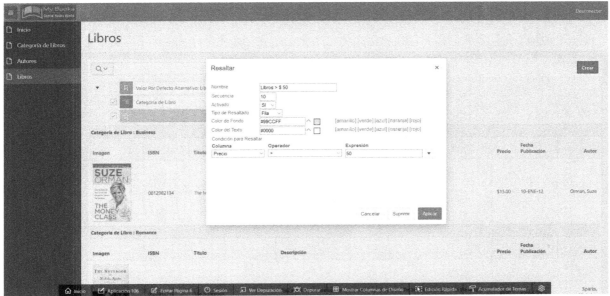

Figura 9.31. *Característica Resaltar Filas Criterio 1.*

4. Hacemos clic en el botón "Acciones", luego en "Formato" y seleccionamos Resaltar:

- Nombre: Libros < $ 12

- Secuencia: 20

- Activado: Sí

- Tipo de Resaltado: Fila

- Color de Fondo: #99FF99

- Color de Texto: #000000

- Condición para Resaltar

  o Columna: Precio

  o Operador: <

  o Expresión: 12

- Hacemos clic en el botón "Aplicar".

5. Hacemos clic nuevamente en el botón "Acciones" y luego en Informe → Guardar Informe → Como Valores de Informe por Defecto.

- Seleccionar Alternativo

- Nombre: Libros por Categoría

- Hacemos clic en el botón "Aplicar".

El resultado del Informe Alternativo Categoría de Libros en la Vista Informe se muestra a continuación:

Figura 9.32. *Resultado Final Vista Informe.*

6.4.2. Vista Gráfico

Nosotros podemos generar gráficos en nuestros informes interactivos que estén basados en el resultado del informe.

En esta sección aprenderemos a crear un gráfico de barras que muestre los totales de los libros por categorías.

Desde la Página 6 en estado de ejecución:

1. Hacemos clic en el botón "Acciones", y seleccionamos Gráfico:

    - Tipo de Gráfico: Columna Vertical

    - Etiqueta: Categoría de Libro

    - Título del Eje para Etiqueta: Categoría de Libros

    - Valor: Precio

    - Título del Eje para Valor: Precio

    - Función: Suma de

    - Ordenar: Valor - Ascendente

    - Hacemos clic en el botón "Aplicar".

Figura 9.33. *Configuración Gráfico.*

- Se ha creado el icono de la vista de Gráfico.

Figura 9.34. *Icono Vista Gráfico.*

El resultado del informe alternativo Libros por Categoría en la Vista Gráfico se muestra a continuación:

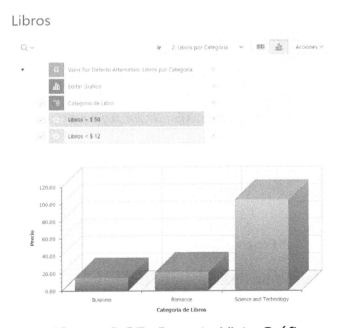

Figura 9.35. *Reporte Vista Gráfico.*

6.4.3. Vista Ver Grupo por

Esta vista permite a los usuarios agrupar la información por una o más columnas. Una vez definida la o las columnas de agrupación aparecerá el icono "Ver Grupo por" en la barra de búsqueda del Informe Interactivo Alternativo.

Regresamos a la Vista Informe del Informe Alternativo, haciendo clic en el icono "Ver Informe":

1. Hacemos clic en el botón "Acciones", y seleccionamos la opción "Agrupar por".

2. En la grilla Agrupar por:

   - Agrupar Grupo por Columna: 1. Categoría de Libros

   - Fila 1

     o Funciones: Suma de

     o Columna: Precio

     o Etiqueta: Total

     o Mascara de Formato:

       ▪ FML999G999G999G999G990D00 ($5,234.10)

   - Hacemos clic en el botón "Aplicar".

Figura 9.36. *Grilla Agrupar por.*

- Se ha creado el icono de la vista Ver Grupo por

Figura 9.37. *Icono Ver Grupo por.*

El resultado del informe alternativo Libros por Categoría en la vista "Ver Grupo Por" se muestra a continuación:

Figura 9.38. *Informe Final Vista "Ver Grupo Por".*

Recordemos guardar el informe alternativo para no perder los cambios cuando cerremos la sesión.

6.5. Crear Informe Interactivo Público

Este tipo de informe puede ser guardado, renombrado o eliminado por el usuario final que lo creó, mientras que otros usuarios pueden ver y guardar el *layout* como otro informe.

6.5.1. Vista Reporte

Lo primero que necesitamos hacer es habilitar la opción de crear informes públicos en el informe interactivo.

Para ello vamos a la edición de la Página 6 y, en Atributos del Informe, pasamos al panel de la derecha de propiedades —en la sección de Menú de Acciones—, incluimos la opción Guardar Informe Público haciendo clic en el botón "Sí", y en la opción de autorización indicamos que "No Debe Ser Usuario Público" y aplicamos los cambios haciendo clic en el botón "Guardar".

A continuación, vamos a crear un informe que muestre los Libros por Autores, para eso, usamos la división de control por la columna Autor.

Desde la página 6 en estado de ejecución: Seleccionamos del listado de selección de la barra de búsqueda: Informe: 1. Informe Primario.

1. Hacemos clic en el botón "Acciones", luego en "Formato" y seleccionamos División de Control:

   - Columna: Autor

   - Estado: Activado

   - Hacemos clic en el botón "Aplicar".

2. Hacemos clic en el botón "Acciones" y luego en Informe → Guardar Informe.

- Tildamos la casilla Público

- Guardar: Como Informe con Nombre

- Nombre: Libros por Autor

- Hacemos clic en el botón "Aplicar".

Figura 9.39. *Informe Público - Libros por Autor.*

En la Barra de Búsquedas del Informe Interactivo, en el listado de selección, se ha creado otra opción donde se agrupan todos los informes creados.

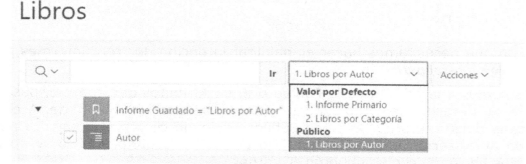

Figura 9.40. *Informes creados.*

Para finalizar este capítulo veremos qué es un estado de sesión y comprender la sintaxis de la URL en APEX.

7. ESTADO DE SESIÓN

Para comprender lo que es un estado de sesión pensemos, por ejemplo, en cuando estamos navegando por internet buscando alguna información. Es importante entender que toda la web se maneja con el protocolo HTTP de transferencia de hipertexto que no tiene un estado, es decir, no mantiene datos de una página a otra, no guarda nada.

Lo que hace este protocolo es facilitar que el navegador web solo se conecte al servidor durante el tiempo que se tarda en descargar una página completa y cada solicitud de página es tratada por el servidor donde está alojada como si fuera un evento independiente —no le interesa conocer lo que pase antes o en el futuro—.

Entonces ¿qué ocurre cuando necesitamos completar cierta información en un formulario y, al cambiar de página, requerimos esa información? Ya que tiene que existir alguna forma para guardar las variables incorporadas a los diferentes campos del formulario, se trabaja directamente con lo que se conoce como estado de sesión.

En el desarrollo de aplicaciones web es muy frecuente que tengamos que guardar o mantener el estado de las variables añadidas —por ejemplo, en formularios— y por eso se usan las *cookies*. Estas son un tipo de información que un servidor puede almacenar en el sistema de clientes —es decir, se va a almacenar en nuestra máquina— para permitir a las aplicaciones web instituir la noción de lo que es una sesión. Igualmente, y como pueden guardarse en el cliente por tiempo indeterminado, permiten rastrear usuarios.

Oracle Application Express mantiene el estado de sesión de forma transparente, lo que otorga a los desarrolladores la capacidad de obtener y establecer los valores de estado de sesión desde cualquiera página de la aplicación. Es decir, si ejecutamos la página Libros y hacemos clic en mi libro "Introducción a Oracle APEX 5.0", estamos navegando de la página de "Libros" (página 6) a la página "Editar Libro" (página 7). Y, en este caso, lo que hace APEX es guardar ese estado de sesión en una tabla junto con el identificador del usuario que está navegando.

Una sesión en Oracle Application Express es diferente a una en la base de datos ya que, mientras la primera se inicia cuando abrimos la sesión en nuestra aplicación y dura hasta que cerramos el navegador —es entonces cuando expira la sesión—, en el caso de la base de datos se accede a ella con un nombre de sesión diferente cada vez que APEX realiza una petición para mostrar una página de nuestra aplicación.

Lo que hace APEX es emplear un número de sesión que ya está activa o reutiliza uno y, generalmente, cada página solicitada durante la sesión conlleva que el motor de Oracle Application Express cree o reutilice una sesión de la base de datos Oracle para acceder a los recursos de la base de datos. Y, a menudo, estas sesiones de base de datos duran apenas una fracción de segundos y expiran rápidamente —a diferencia de las sesiones de APEX que pueden durar minutos e, incluso, horas—.

El número de sesión actual se puede visualizar desde la URL de nuestro navegador. En este caso estamos mostrando la página 6, referente al Informe de Libros —el número recuadrado es el que APEX asigna a nuestra sesión actual—:

Figura 9.41. *Estado de sesión URL APEX.*

También podemos ver la sesión actual si hacemos clic en la barra de herramientas del desarrollador al pie de página, en "Sesión". Entonces se abrirá una ventana (figura 9.42.) en la que podemos observar: Número de Sesión, Usuario, Espacio de Trabajo, Idioma del Explorador y Elementos de Páginas.

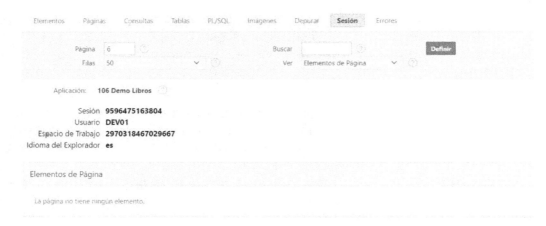

Figura 9.42. *Información del*
estado de sesión de la página.

De esta forma podemos ver la sesión y el número de sesión y nos permite también trabajar y determinar qué tipo de valor tiene un elemento específico en un momento concreto.

8. COMPRENDER LA SINTAXIS DE LA URL EN APEX

Para poder entender cómo maneja APEX la URL es necesario comprender todos los parámetros involucrados en la URL.

Para ello, vamos a descomponer la URL:

```
http://localhost:8080/apex/f?p=106:7:9596475163804::NO::P7_BOOK_ID:1
```

- `http://localhost:8080/` es el nombre de nuestro servidor.

- `apex/` es el nombre del descriptor de acceso a datos. Se le llama DAD y describe cómo el servidor http se conecta al servidor de base de datos para que pueda cumplir con una solicitud http. El valor por defecto es apex.

- `f?p`: esto significa que se llama a un procedimiento PL/SQL denominado "f" que le pasa un argumento "p". Este, a su vez, está constituido por nueve argumentos concatenados por comas que conforman un solo argumento.

  Algunos se pueden omitir, pero siempre se tiene que indicar su posición con los dos puntos.

  No obstante, es importante saber en qué consiste cada uno de estos nueve argumentos:

  - APP_ID: es un ítem incorporado de APEX que nos indica cuál es el id —el número identificativo— de nuestra aplicación.

  - APP_PAGE_ID: es el número de la página que se está ejecutando en ese momento.

- APP_SESSION: es el número de sesión que le corresponde al usuario en un momento concreto.

- REQUEST: es una solicitud HTML.

- DEBUG: es un indicador que muestra si nuestra aplicación está en modo de depuración o no. Tiene dos parámetros: YES y NO.

- Clear Cache: presenta una lista de páginas para que elijamos las que queremos limpiar de la *caché*.

- Item1, item2, etc.: es un listado de nombres de elementos de nuestra aplicación.

- Valoritem1, valoritem2, etc.: es el valor que tiene cada elemento y aparecen también concatenados por coma.

- PrinterFriendly: es un indicador que permite saber si está activada la impresión amigable o no.

En el ejemplo de la URL los 9 argumentos serían:

- APP_ID: 106

- APP_PAGE_ID: 7

- APP_SESSION: 9596475163804

- REQUEST:

- DEBUG: NO

- Clear Cache:

- Item1, item2...: P7_BOOK_ID

- Valoritem1, valoritem2...: 1

- PrinterFriendly:

9. TIPOS DE VARIABLES EN APEX

Cuando empezamos a trabajar en APEX lo primero que necesitamos conocer es cómo poder referenciar a las variables en nuestra aplicación.

9.1. Cadenas de Sustitución - &NOMBRE.

Las Cadenas de Sustitución utilizan el signo amperson & al inicio del nombre de la variable y al final un punto &NOMBRE. y pueden ser utilizadas en cualquier parte de nuestra aplicación como por ejemplo en regiones de contenido estático. No es recomendable usarlo en consultas SQL o en código PL/SQL por riesgos de seguridad.

Creamos una región de Contenido Estático, para ello, ingresamos al diseñador de páginas de la página 1:

En el panel de Presentación, seleccionamos Regiones con el botón derecho del ratón y seleccionamos Crear Región.
Pasamos al panel de la derecha de propiedades, ingresamos un título y en el Origen ingresamos el siguiente texto:

```
Hola &APP_USER., El ID de tu Espacio de Trabajo es: &WORKSPACE_ID.
```

Guardamos y ejecutamos la aplicación.

Podremos visualizar que la variable APP_USER tomó el valor del usuario actual y la variable WORKSPACE_ID tomo el valor del id del espacio de trabajo actual.

APEX nos provee de muchas variables de sustitución que podemos usar en nuestras aplicaciones, como APP_ID, APP_PAGE_ID, APP_IMAGES, etc.

Podemos ver el listado de las variables visitando la documentación de Oracle APEX, Conociendo las Cadenas de Sustitución.

También podemos crear nuestras propias cadenas de sustitución en la definición de nuestra aplicación.

Supongamos que tenemos un texto que se repite mucho a lo largo de toda la aplicación, para ello podemos crear una cadena de sustitución.

Desde la página de Inicio de la Aplicación, hacemos clic en el botón Editar Propiedades de Aplicación, en la ficha Sustituciones, ingresamos el nombre de la cadena y su valor y aplicamos los cambios.

- Cadena de Sustitución: MI_TITULO

- Valor de Sustitución: Mi Primera Aplicación Web con Oracle Application Express.

En la Región de Contenido Estático podemos agregar la variable &MI_TITULO. Y visualizaremos el valor que le asignamos.

9.2. Variables Bind - :PX_ITEM

Las variables *bind* pueden ser utilizadas en cualquier bloque de SQL o código PL/SQL dentro de APEX. Por ejemplo, si creamos un informe para mostrar todos los libros de una categoría determinada, la consulta sería:

```
SELECT book_ISBN, book_title, book_description, book_price
FROM lib_books
WHERE book_cat_id = :P7_BOOK_CAT_ID
```

Donde P7_BOOK_CAT_ID es un elemento de página que hemos creado en la página 7.

La sintaxis para usar las variables *bind* tiene en cuenta las siguientes reglas:

- Su nombre debe corresponder con el nombre de un elemento.

- Su nombre no es sensible a mayúsculas y minúsculas.

- Su nombre no puede exceder los 30 caracteres.

9.3. Funciones V / NV en Códigos PL/SQL

Si queremos referenciar variables dentro de un código PL/SQL no podemos usar las variables bind. La mejor forma de referenciarlas es usando la función V para cadenas o la función VN para números.

Por ejemplo podemos crear una región de Contenido Dinámico PL/SQL e ingresar lo siguiente:

```
htp.p('Hola '||V('APP_USER')|| 'el ID de tu Espacio de Trabajo es
'||V('WORKSPACE_ID'));
```

Podemos ver cuando ejecutamos la página que el resultado es el mismo que si usamos las variables bind en una región de contenido estático.

El Paquete htp: (Procedimientos de hipertexto) - Son procedimientos que generan etiquetas HTML. Por ejemplo, el procedimiento htp.htmlopen genera la etiqueta de apertura <HTML> y el procedimiento htp.p genera la etiqueta de párrafo <p>.

9.4. Variables Hash

También disponemos de los hash # para denotar una cadena de sustitución, por ejemplo #NOMBRE_COLUMNA#

Podemos usar esta notación para las etiquetas, o enlaces de texto de las columnas de reportes, como también en las plantillas.

Por ejemplo, este tipo de variables la hemos usado cuando colocamos en texto de columna de enlace como el nombre del libro en nuestro informe interactivo de libros: #BOOK_TITLE#.

10. FILTRAR INFORME INTERACTIVO CON PARAMETROS DE LA URL

Los Informes Interactivos son muy ponentes y desde la versión 5.0 de APEX nos permite tener en una sola página múltiple IR. Siendo usuarios finales, como lo hemos visto anteriormente, podemos crear filtros, añadir columnas calculadas, hacer agrupaciones, crear gráficos, crear divisiones de control, resaltar filas o celdas y mucho más!

En el caso de los usuarios de tipo desarrolladores, muchas veces suele pasar que necesitamos filtrar un informe interactivo por un valor determinado ya sea que se muestre en la misma página o se dirija a otra página mostrando el informe interactivo filtrado.

Para realizar esto es necesario que conozcamos cómo podemos. filtrar nuestros Informes Interactivos con parámetros pasados a la URL.

10.1. Sintaxis para filtrar Informes Interactivos con Parámetros de la URL

Para filtrar un Informe Interactivo guardado necesitamos utilizar la sintaxis REQUEST

```
IR[region static ID]_<COLUMN_NAME>
```

Por ejemplo:

```
IR[CATEGORIA]_DESCRIPTION
```

Para crear un filtro usamos el Nombre del Elemento y el Valor del Elemento.

```
IR[region static ID]<operator>_<target column alias>
```

Por ejemplo:

```
IR[CATEGORIA]C_DESCRIPTION:ART
```

En el caso de que exista un solo IR en nuestra página no necesitamos usar el static ID, en caso contrario si tenemos más de un IR en nuestra página es obligatorio usar el static ID para identificar el IR correspondiente.

Por ejemplo:

```
IR[CATEGORIA]_ROWFILTER:ART
```

Los operadores válidos son:

- C = Contains
- EQ = Equals (este es por defecto)
- GTE = Greater than or equal to
- GT = Greater Than
- LIKE = SQL Like operator
- LT = Less than

- LTE = Less than or equal to

- N = Null

- NC = Not Contains

- NEQ = Not Equals

- NLIKE = Not Like

- NN = Not Null

- NIN = Not In (escape the comma separated values con barra invertida, \)

- IN = In (escape the comma separated values con barra invertida, \)

- ROWFILTER = Row Text Contains (esta busca en todas las columnas que se muestran en el informe con el tipo STRING o NUMBER)

Para esta demostración, vamos a crear una página en blanco y luego agregamos dos regiones de tipo Informe Interactivo.

Región 1: Informe Interactivo de la tabla LIB_BOOK_CATEGORIES
```
Select * from lib_book_categories
```

Región 2: Informe Interactivo de la tabla LIB_BOOKS
```
Select   book_isbn,   book_title,   book_price,   book_description,
book_cat_id from lib_books
```

Para la *región 1* indicaremos en la sección Layout, en propiedades de la región, que la columna sea 1 y la ampliación 5. Para la región 2 indicaremos que no inicie nueva fila, que la columna se automática y la ampliación también.

Cada Informe Interactivo tendrá un Identificador estático que lo llamaremos CAT y LIB. Ingresamos dichos identificadores en la sección Avanzada del panel de propiedades de las regiones.

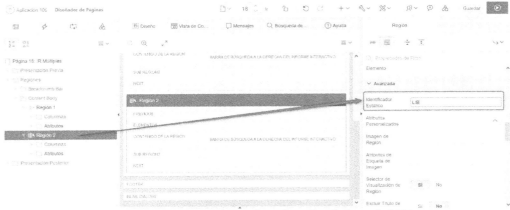

Figura 9.43. *Identificador Estático del IR*

El hecho de que podamos disponer de varios Informes Interactivos en una sola página en APEX nos permite muy fácilmente mostrar la información de nuestros reportes en distintas formas y aplicar diferentes tipos de filtros.

En este caso tenemos en la columna izquierda el IR de las categorías de libros y en la columna de la derecha el IR de los libros.

Podríamos por ejemplo insertar en la columna de la descripción de las categorías un enlace que filtre el informe interactivo de los libros, es decir, al hacer clic en el nombre de la categoría, que el informe de libros se filtre y muestre todos los libros que pertenecen a dicha categoría.

Para ello desde el diseñador de páginas vamos a la región del reporte interactivo de **Categorías (Región 1):**

Expandimos las columnas y seleccionamos la columna CAT_DESCRIPTION y en el panel de propiedades en la sección Identificación seleccionamos que el tipo sea Enlace.

Luego nos dirigimos a la sección Enlace y hacemos clic en el botón del Destino. Abrimos el Destino y colocamos los siguientes datos:

- **Página:** 18 (número de página de los informes interactivos, por ejemplo en mi caso 18)

- **Borrar Cache:** 18,CIR

- **Definir Elementos:**

Nombre: IR[LIB]_BOOK_CAT_ID

Valor: #CAT_ID#

El nombre del elemento se refiere a IR[region static ID]_<COLUMN_NAME> y el valor es el valor de la columna CAT_ID.

Aceptamos los cambios y se cierra la ventana emergente.

Además debemos colocar el Texto del Enlace: #CAT_DESCRIPTION#

Figura 9.44. *Configurar parámetro para el filtro del IR*

La Sintaxis para borrar la cache que usamos es la siguiente:

RIR - Resetea un Informe Interactivo: Esto equivale a que el usuario final elija la opción Restablecer del menú Acciones del informe interactivo en la página de destino. El informe se devuelve a la configuración de informe predeterminada especificada por el desarrollador o guardada por el usuario.

CIR - Limpia un Informe Interactivo: Esto borra todas las configuraciones del informe, tales como la división de control, la agrupación, el flashback, si tiene gráfico, el número de filas a mostrar, el filtro, el resaltado, el cálculo, el grupo por y el pivote.

RP - Resetea la paginación de un Informe Interactivo

Ejecutamos la página y podemos ver el resultado, haciendo clic en la categoría ROMANCE.

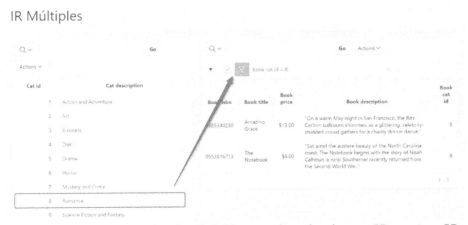

Figura 9.45. *Resultado del filtro aplicado de un IR a otro IR*

De esta forma al hacer clic en cualquiera de las categorías de libros se filtrará el informe interactivo de libros mostrando los libros que pertenecen a la categoría seleccionada.

Como podemos ver, trabajar con los filtros a través de la URL es muy sencillo y podemos mostrar todo tipo de filtros en nuestros informes interactivos.

11. ACCIONES DINAMICAS EJECUTANDO CODIGO PL/SQL

Oracle Application Express 5.1 nos permite crear acciones dinámicas para definir el comportamiento del cliente de forma declarativa sin necesidad de conocer JavaScript. Podemos crear acciones dinámicas en un elemento, botón o región de una página, simplemente definiendo el evento, condición, elementos afectados, acción y otras propiedades de la acción dinámica en el Editor de propiedades en el Diseñador de páginas.

Anteriormente, necesitábamos ingresar a mano código JavaScript y AJAX pero ahora muchas acciones dinámicas requieren casi cero la codificación utilizando el Diseñador de Página de APEX.

En esta sección vamos a crear un ejemplo en el cual usaremos una acción dinámica ejecutando código PL/SQL que actualice el informe interactivo de los libros e incremente el precio de los libros en un 10%.

11.1. Crear Botón "Actualizar Precio en un 10%"

En nuestra aplicación demo, la página del informe interactivo de libros es la número 6. Ingresamos al diseñador de página y creamos un botón que lo llamaremos: "Actualizar Precio en un 10%".
Para ello seleccionamos la región del informe interactivo con el botón derecho del ratón y seleccionamos Crear Botón.

En el nombre del botón, ingresamos: ACTUALIZAR_PRECIO y la etiqueta: Actualizar Precio en un 10%.

La posición del botón le asignamos "Barra de Búsqueda a la Derecha del Informe Interactivo".

En Apariencia, la plantilla del botón "Text with Icon", en Directa le indicamos en "Sí" y finalmente en Classes CSS de Icono ingresamos "fa-cog" y en opciones de plantilla indicamos que la posición del icono sea "Left".

En Comportamiento definimos que la Acción este "Definida por Acción Dinámica".

Guardamos los cambios.

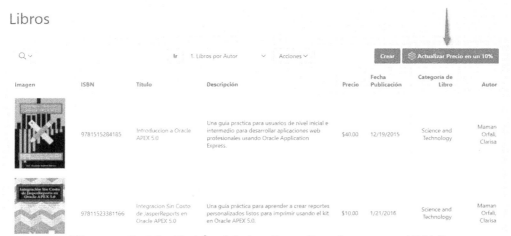

Figura 9.46. *Botón "Actualizar Precio en un 10%"*

11.2. Crear Acción Dinámica "Ejecutar Código PL/SQL"

Desde el Diseñador de Páginas hacemos clic con el botón derecho del ratón sobre el nombre del botón ACTUALIZAR_PRECIO y creamos una acción dinámica:

1. Identificación

   - Nombre: Actualizar Precio

2. Cuando

   - Evento: Clic

   - Tipo de Selección: Botón

   - Botón: ACTUALIZAR_PRECIO

3. En Acción Verdadera

   - Identificación

     o Acción: Ejecutar Código PL/SQL

4. Código PL/SQL

   - `update lib_books set book_price = book_price * 1.1;`

5. Opciones de Ejecución

   - Arrancar cuando Resultado de Evento Sea: Verdadero

   - Disparar al inicializar: No

11.3. Crear Acción TRUE "Refrescar"

Ahora necesitamos crear una acción verdadera para refrescar el reporte interactivo y muestre el precio actualizado de los libros.

Desde el Diseñador de Páginas hacemos clic con el botón derecho del ratón sobre Verdadero y seleccionamos Crear Acción TRUE:

1. Identificación

   - Acción: Refrescar

2. Elementos Afectados

   - Tipos de Selección: Región

   - Región: Informe de Libros

3. Opciones de Ejecución

   - Evento: Actualizar Precio

   - Arrancar cuando Resultado de Evento Sea: Verdadero

   - Disparar al inicializar: No

11.4. Crear Acción TRUE "Alerta"

Desde el Diseñador de Páginas hacemos clic con el botón derecho del ratón sobre Verdadero y seleccionamos Crear Acción TRUE:

1. Identificación

   - Acción: Alerta

2. Configuración

   - Texto: Precio actualizado!

3. Opciones de Ejecución

   - Evento: Actualizar Precio

   - Arrancar cuando Resultado de Evento Sea: Verdadero

   - Disparar al inicializar: No

Figura 9.47. *Acciones Dinámicas*

Podemos probar la demostración y hacer clic en el botón "Actualizar Precio en un 10%" podremos ver que el precio de los libros es actualizado en un 10% y se abre una ventanita de alerta modal en el cual nos muestra el mensaje que ingresamos en la acción dinámica de Alerta indicándonos que ha sido actualizado todos los registros del reporte interactivo.

De esta forma podemos implementar diferentes tipos de actualizaciones en nuestros reportes interactivos usando acciones dinámicas ejecutando Código PL/SQL.

12. USO DE ELEMENTOS DE TIPO APLICACIÓN

En nuestra aplicación en APEX generalmente usamos los elementos a nivel página y no a nivel aplicación. Los elementos que son a nivel de aplicación lo usamos para mantener el estado de la sesión. Estos elementos se pueden definir mediante cálculos o procesos, o bien transfiriendo valores en una dirección URL.

La diferencia que existe entre ambos ámbitos, como lo hemos mencionado antes, es que el elemento de tipo página está asociada a una página determinada, en cambio cuando el elemento es a nivel aplicación dicho elemento no está asociado a una página determinada sino que se utiliza para toda la aplicación.

Por ejemplo podemos usar un elemento de tipo aplicación para mostrar en el Menú de Navegación la cantidad de Categorías de Libros, Autores y Libros que tenemos cargados en nuestra base de datos.

Para contabilizar los registros de cada tabla necesitamos crear un Cálculo de Aplicación para cada tabla, ya que necesitamos contar cuantas categorías de libros, autores y libros hay para mostrarlo en el Menú de Navegación.

Para ello en primer lugar vamos a crear tres elementos de Aplicación, uno para albergar el cálculo del total de categorías de libros, otro para el total de autores y otro para albergar el total de libros.

Nos dirigimos a Componentes Compartidos de nuestra aplicación y en la sección Lógica de Aplicación seleccionamos "Elementos de Aplicación".

Hacemos clic en el botón Crear >

- Nombre: CAT

- Ámbito: Aplicación

En Ámbito tenemos dos opciones: Global y de Aplicación, especificaremos Global si la sesión de Application Express se comparte entre más de una aplicación y el valor del elemento debe ser el mismo para todas las aplicaciones. De lo contrario, especificaremos de Aplicación (éste es el valor por defecto), en nuestro caso será de Aplicación.

Nota: Las aplicaciones pueden compartir la misma sesión si sus autenticaciones tienen los mismos atributos de cookies de sesión. El atributo Ámbito de los elementos de las aplicaciones debe ser el mismo en dichas aplicaciones.

Los demás atributos aceptamos los valores por defecto.

Creamos el segundo elemento de aplicación que lo llamaremos AUT y el tercero LIB.

Figura 9.48. *Elementos de Aplicación*

Ahora vamos a crear los cálculos para estos elementos de aplicación.

12.1. Crear Cálculo para Elemento de Aplicación CAT

Nos dirigimos a Componentes Compartidos de la aplicación y en la sección Lógica de Aplicación seleccionamos "Cálculos de Aplicación".

Hacemos clic en el botón Crear

1. Sección Elemento:

- Elemento de Cálculo: CAT

2. Sección Frecuencia

- Punto de Cálculo: Antes de Cabecera

3. Sección Cálculo

- Tipo de Cálculo: Consulta SQL (devolver valor único)

  Cálculo: `select count(*) from lib_book_categories`

Hacemos clic en el botón Crear Cálculo

12.2. Crear Cálculo para Elemento de Aplicación AUT

Hacemos clic en el botón Crear

1. Sección Elemento

- Elemento de Cálculo: AUT

2. Sección Frecuencia

- Punto de Cálculo: Antes de Cabecera

3. Sección Cálculo

- Tipo de Cálculo: Consulta SQL (devolver valor único)

  Cálculo: `select count(*) from lib_authors`

Hacemos clic en el botón Crear Cálculo.

12.3. Crear Cálculo para Elemento de Aplicación LIB

Hacemos clic en el botón Crear

1. Sección Elemento

- Elemento de Cálculo: LIB

2. Sección Frecuencia

- Punto de Cálculo: Antes de Cabecera

3. Sección Cálculo

- Tipo de Cálculo: Consulta SQL (devolver valor único)

Cálculo: `select count(*) from lib_books`

Hacemos clic en el botón Crear Cálculo.

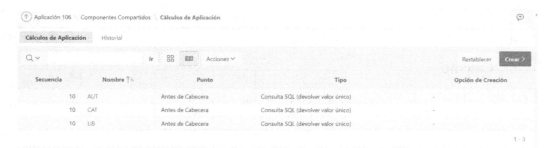

Figura 9.49. *Cálculos de Elementos de Aplicación*

Disponemos de los elementos de aplicación y los cálculos para cada elemento. Ahora es momento de ir al Menú de Navegación para poder mostrar el valor resultante de los cálculos.

12.4. Personalizar Menú de Navegación

Nos dirigimos a Componentes Compartidos de la aplicación y en la sección Navegación seleccionamos "Menú de Navegación".

Seleccionamos "Escritorio Menú de Navegación" y allí se va a mostrar las entradas del menú de navegación: Inicio, Categoría de Libros, Autores, Libros, etc.

Hacemos clic en el enlace Categoría de Libros para editarlo.

- En Imagen/Clase ingresamos un icono de "Font Awesome" por ejemplo podemos usar fa-book.

- En Etiqueta de Entrada de Lista: Categoría de Libros [&CAT.]

- Borrar Cache: RP

- Guardamos los cambios

De igual modo seleccionamos la entrada del menú de navegación Autores para editarlo.

- En Imagen/Clase: fa-user-circle

- En Etiqueta de Entrada de Lista: Autores [&AUT.]

- Borrar Cache: RP

- Guardamos los cambios.

Finalmente seleccionamos la entrada del menú de navegación Libros para editarlo.

- En Imagen/Clase: fa fa-book

- En Etiqueta de Entrada de Lista: Libros [&LIB.]

- Borrar Cache: RP

- Guardamos los cambios.

Ejecutamos la aplicación y podemos ver en el **menú de navegación** la cantidad de registros que tenemos en las tablas LIB_BOOK_CATEGORIES, LIB_AUTHORS y LIB_BOOKS.

Figura 9.50. *Visualización de cantidad de registros de categorías de libros, autores y libros*

De esta forma podemos realizar cálculos y/o procesos que se muestren en toda nuestra aplicación de manera muy sencilla usando los elementos de Aplicación.

13. RESUMEN

En este capítulo hemos aprendido sobre los diferentes tipos de informes que nos ofrece APEX para desplegar la información. Como también hemos aprendido a entender la sintaxis de la URL en APEX, el estado de sesión, a conocer sobre las acciones dinámicas, los diferentes tipos de variables que disponemos en APEX, a filtrar informes interactivos a través de parámetros en la URL y a trabajar con elementos de tipo aplicación.

Capítulo 10

Conocer las Aplicaciones Empaquetadas y el uso de Plugins

Oracle Application Express incluye una variedad de aplicaciones empaquetadas. Nosotros podemos instalar y ejecutar estas aplicaciones empaquetadas para aprender sobre los tipos de aplicaciones que se pueden crear y cómo construir diferentes tipos de páginas específicas. Además también podemos hacer uso de los plugins de estas aplicaciones para extender funcionalidades en nuestras aplicaciones en APEX.

1. GALERIA DE APLICACIONES EMPAQUETADAS

La galería de aplicaciones empaquetadas incluye tres tipos de aplicaciones:

- *Aplicaciones de ejemplo*: como indica el nombre del grupo, una aplicación de ejemplo suministrada por Oracle no es una aplicación completa y, en su lugar, contiene fragmentos de código o códigos de ejemplo. Las aplicaciones de ejemplo están disponibles para la instalación en un espacio de trabajo y se pueden editar de forma predeterminada.

- *Aplicaciones de productividad:* Las aplicaciones de productividad son aplicaciones totalmente funcionales que han sido diseñadas para satisfacer una necesidad empresarial específica. Podemos instalarlas, ejecutarlas y utilizar una aplicación de productividad tal cual o analizarla para comprender mejor cómo crear un tipo específico de funcionalidad. Las aplicaciones de productividad están disponibles para la instalación en un espacio de trabajo, pero no se pueden editar de forma predeterminada.

- *Aplicaciones personalizadas*: las aplicaciones empaquetadas personalizadas son aplicaciones que se crean y que son administradas por el administrador de la instancia. Al igual que las aplicaciones empaquetadas suministradas por Oracle, las aplicaciones empaquetadas personalizadas suelen incluir tanto las páginas de aplicación como los objetos de base de datos de soporte. Un desarrollador crea una aplicación personalizada mediante la exportación de una aplicación. Una vez exportada, el administrador de la instancia lo importa para hacerlo disponible. Las aplicaciones personalizadas están disponibles para la instalación en un espacio de trabajo, pero no se pueden editar de forma predeterminada.

La principal diferencia entre la aplicación de ejemplo y la aplicación de productividad es el nivel de soporte. De forma predeterminada, las aplicaciones de ejemplo son totalmente editables. Por el contrario, para poder editar las aplicaciones de productividad, previamente hay que desbloquearlas. El desbloqueo de una aplicación lo hace inelegible para futuras actualizaciones o soporte técnico de Oracle Support.

Para visualizar la galería de aplicaciones empaquetadas ingresamos a la página de inicio de APEX y hacemos clic en el icono "Aplicaciones Empaquetadas":

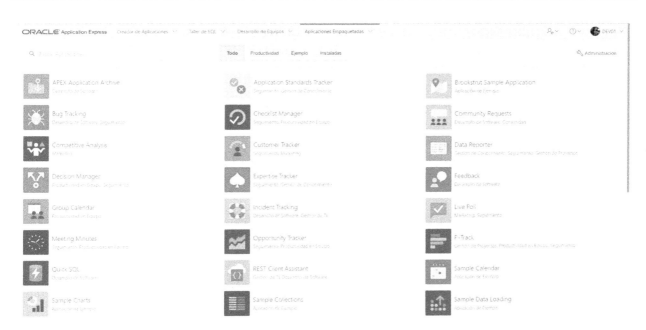

Figura 10.1. *Galería de Aplicaciones Empaquetadas.*

Oracle APEX 5.1 Introduce tres nuevas Apps de productividad, las cuales son: Competitive Analysis, Quick SQL and REST Client Assistant.

1.1. Competitive Analysis

Podemos utilizar esta aplicación para comparar cualquier número de productos uno al lado del otro. Las comparaciones se crean en línea en un navegador y pueden ser completadas por muchos usuarios simultáneamente. Las comparaciones, una vez completadas, pueden publicarse en línea. Las comparaciones se pueden puntuar y mostrar en forma de gráfico agregado, y pueden mostrarse en forma de texto más extensamente y detalladamente. El formato y los atributos de contenido que se muestran son personalizables por los usuarios finales. El filtrado facilita la capacidad de resaltar las diferencias entre los productos.

Datos sobre la Aplicación

Podemos utilizar esta aplicación para comparar productos o versiones del mismo producto. Podemos comparar cualquier número de productos.

Podemos ver hasta 8 productos a la vez. La comparación está organizada por niveles y atributos. Los niveles se utilizan para estructurar el documento, y los atributos son parte de la comparación que se puede puntuar o anotar. Cada comparación tiene un nivel 1 y un nivel opcional 2 de agrupaciones de atributos. Cada línea (atributo) tiene un peso. Cada intersección de un producto y un atributo pueden ser punteados. La puntuación total de un producto es la suma de todas las puntuaciones x el peso del atributo.

Características:

- Seguimiento y gestión del análisis competitivo
- Analizar la fuerza y debilidad del producto por categoría
- Permitir que varios usuarios desarrollen simultáneamente y vean la misma comparación al mismo tiempo
- Agregar vínculos de URL y archivos adjuntos
- Control de acceso flexible (lector, colaborador, modelo de administrador)
- Comparar cualquier número de productos
- Posibilidad de personalizar las opciones de vista
- Descargar en una hoja de cálculo

Figura 10.2. *Aplicación Competitive Analysis.*

1.2. Quick SQL

Esta aplicación proporciona una forma rápida e intuitiva de generar un modelo de datos SQL a partir de un documento de texto identado (con sangrías). Esta herramienta puede mejorar drásticamente el tiempo requerido para crear un modelo de datos relacional. Además, la herramienta ofrece muchas opciones para generar SQL, incluyendo generar triggers, APIs y tablas de historial. Esta herramienta no está diseñada para ser un reemplazo del 100% para el modelado de datos, simplemente es un comienzo rápido. Una vez que se genera el SQL se puede ajustar y ampliar.

<u>Datos sobre la Aplicación:</u>

Casos de uso:

- Rápida generación de sintaxis de SQL a partir de texto de estilo markdown ... crear modelos de datos básicos rápidos

- Crear instrucciones SQL de créate e insert desde copiar y pegar desde una Hoja de Cálculo

- Generación aleatoria de datos

- Aprender la sintaxis SQL de: create table, select, insert, index, trigger, PL/SQL package, and view utilizando ejemplos que son proporcionados por la app.

- Características:

- Generación de sentencias SQL de creación de tablas a partir de una lista de nombres de tablas y columnas

- Capacidad de compartir modelos de datos con otros

- Capacidad para guardar modelos de datos con un nombre

- Tipos de datos automáticos y sugestión de tamaño basadas en nombres de columnas

- Generación aleatoria de datos

- Hoja de cálculo - copiar y pegar datos de carga con conversión de SQL, incluyendo la creación de tablas e instrucciones de inserción

- Las declaraciones de tipo de datos short hand como vc20 para varchar2 (20)

- Indexar una columna con un sufijo indexado

- Añadir una clave externa con la sintaxis de /fk [nombre de la tabla]

- Opcional, de forma predeterminada, la adición automática de una columna de clave principal llamada "ID" para cada tabla

- Detección automática de claves foráneas mediante la definición de una columna cuyo final es "ID" con el correspondiente precedente de un nombre de tabla

- Múltiples niveles de identado (sangría), puede crear estructuras de tablas de padres, hijos, nietos simplemente mediante sangría

- Indización automática de claves foráneas

- Sintaxis simplificada para tipos de datos, restricciones de comprobación, condiciones no nulas, etc.

- No es necesario incluir subrayados (underscores) en nombres de tablas o columnas

- Generación de disparadores (trigger)

- Opciones para varias sintaxis de clave primaria, trigger o identificar tipo de datos

- Generación de API (opcional)

- Generación de tabla de historial (opcional)

- Los prefijos de tabla, opcionalmente añadir automáticamente un prefijo de tabla definido por el usuario a todos los objetos

- Los nombres de columna duplicados se eliminan, si hay dos ocurrencias de la columna a en una tabla, se usa el primer valor, otras se ignoran

- Las columnas que terminen en _YN tendrán automáticamente una restricción de verificación generada que restringe el dominio de valores aceptables a Y - N

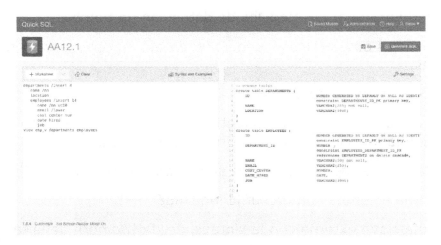

Figura 10.3. *Aplicación Quick SQL*

1.3. REST Client Assistant

Esta aplicación pone de relieve las capacidades del servicio RESTful de Oracle Application Express, *(en el capítulo 24 aprenderemos cómo consumir servicios RESTful externos desde nuestra aplicación demo).* Esta aplicación nos permite acceder a los servicios RESTful definidos en nuestro espacio de trabajo, así como a los servicios públicos. La aplicación proporciona mapeo basado en metadatos desde datos de respuesta de servicio a columnas de conjuntos de resultados de SQL. El código SQL y PL/SQL generado puede ser utilizado en aplicaciones propias.

Pre-requisitos:

Para ejecutar correctamente esta aplicación, deben cumplirse los siguientes requisitos previos:

- Los servicios RESTful deben configurarse en la instancia.

- Los servicios de red deben estar habilitados en la base de datos.

- 'Enable RESTful Services' debe establecerse en 'Sí' en el nivel de instancia y de área de trabajo.

- 'Allow RESTful Access' debe establecerse en 'Yes' en el nivel de instancia.

Características:

- Almacena meta datos para servicios REST externos o internos.

- Mapeo basado en metadatos desde una respuesta de servicio REST a un conjunto de resultados de consultas SQL.

- Auto-Detectar columnas de datos para servicios alimentados por ORDS 3.0 o superior.

- Soporta formatos de respuesta JSON y XML.

- Soporta DML (POST, PUT, DELETE) para los servicios RESDS de ORDS.

- Soporta HTTP Basic y OAuth2 Credenciales de cliente Métodos de autenticación.

- Genera código SQL para acceder al servicio REST para su uso en aplicaciones propias.

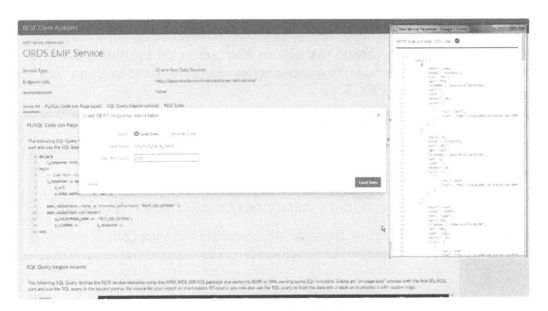

Figura 10.4. *Aplicación REST Client Assistant*

Con estas nuevas aplicaciones completamente funcionales y todas las diferentes aplicaciones listas para usar podemos aprender cómo implementar muchas de estas funcionalidades a nuestras propias aplicaciones APEX.

2. PLUGINS

Para trabajar más adelante en el desarrollo de la página del Dashboard de nuestra aplicación demo, vamos a hacer uso de diferentes plugins de tipo gráficos que nos permitirán la visualización de datos mucho más atractiva y moderna.

2.1. ¿Qué es un plugin?

Un plugin es una ampliación de los tipos incorporados de Application Express, es decir, se trata de un componente adicional que le da mayor funcionalidad a nuestro APEX —ya que extiende distintos tipos de funcionalidades a nuestra aplicación—.

Existen diferentes tipos de plugins, como los plugins para elementos, regiones, procedimientos, acciones dinámicas, esquemas de autenticación y autorización de APEX.

Contamos con un repositorio de plugins para APEX en la página oficial de Oracle —concretamente en la sección de Oracle Application Express—, como también hay otra página que nos brinda recursos gratuitos para utilizarlos en nuestros desarrollos de aplicaciones con APEX (www.apex-plugin.com).

2.1.1. Exportar Plugin desde una Aplicación Empaquetada

Otra forma de obtener estas funcionalidades es a partir de las aplicaciones empaquetadas, en la cual podemos exportar los plugins usados en X aplicación y luego importar dichos plugins a nuestra aplicación y precisamente es eso lo que vamos a hacer a continuación.

En primera instancia necesitamos instalar la aplicación de ejemplo "Sample Charts", es importante mencionar que esta aplicación ha sido desarrollada por completo para la nueva versión de APEX 5.1.

1. Ingresamos a la galería de las aplicaciones empaquetadas:

2. Hacemos clic en la aplicación: "Gráficos de Ejemplo" (Sample Charts)

3. Hacemos clic en el botón Instalar Aplicación Empaquetada

4. Se abre una ventana modal y hacemos clic en el botón Siguiente

5. Hacemos clic en el botón Instalar Aplicación Empaquetada

Figura 10.5. *Aplicación Sample Charts*

Ejecutamos la aplicación desde el botón Play.

Ingresamos con las credenciales del usuario desarrollador y se muestra la página de inicio de la aplicación en ejecución.

Hacemos clic en el número de la aplicación en la barra de herramientas del desarrollador, para acceder a la página de Inicio de la aplicación:

Figura 10.6. *Página de Inicio de la Aplicación Sample Charts*

El plugin que vamos a utilizar en nuestra aplicación se llama Flot Pie Chart, el cual la podemos exportar desde la aplicación "Sample Charts".

Desde la página de inicio de la aplicación de ejemplo, hacemos clic en Componentes Compartidos, y luego en Plugins.

En la lateral derecha, encontraremos el enlace "Exportar Plugin":

Figura 10.7. *Listado de Plugins Disponibles*

Seleccionamos el plugin: "Flot Pie Chart" y el formato de Archivo, en mi caso, DOS y hacemos clic en el botón Exportar.

Guardamos el archivo en nuestro ordenador.

De igual forma si queremos exportar algún otro plugin lo hacemos de la misma manera.

2.1.2 Importar Plugin "Flot Pie Chart" a nuestra Aplicación "Demo Libros"

Desde la página de inicio de nuestra aplicación demo:

1. Hacemos clic en Componentes Compartidos

2. Hacemos clic en Plugins.

3. Hacemos clic en el botón Importar

4. Seleccionamos el archivo

5. Hacemos clic en el botón siguiente

6. En confirmación de Importación de Archivo, hacemos clic en el botón Siguiente

7. En Instalar, verificamos que esté seleccionada nuestra aplicación y luego hacemos clic en el botón Instalar Plugin

8. En Valores de Componente, dejamos los valores por defecto y hacemos clic en el botón Aplicar Cambios

En este momento tenemos el plugin disponible en nuestra aplicación, el cual lo usaremos cuando empecemos a trabajar en el desarrollo de la página del Dashboard de nuestra aplicación en el próximo capítulo.

2.1.3 Importar Plugin "Big Value List" a nuestra Aplicación "Demo Libros"

Este plugin estará disponible en los recursos del libro para poder importarlo a la aplicación.

Desde la Página de Inicio de la aplicación nos dirigimos a Componentes Compartidos para instalar el *plugin* que nos permitirá ver el gráfico de diferente forma.

1. En la Sección Otros Componentes, hacemos clic en el enlace "Plugins".

2. Hacemos clic en el botón "Importar" >

3. Hacemos clic en el botón "Browse" y localizamos el archivo: `region_type_plugin_com_oracle_apex_big_value_list.sql`

4. Hacemos clic en el botón "Siguiente".

5. Volvemos a hacer clic en el botón "Siguiente".

6. En Instalar:

   • Instalar en Aplicación: 106 Demo Libros

7. Hacemos clic en el botón "Instalar Plugin".

2.1.4 Importar Plugin "CSS Bar Chart" a nuestra Aplicación "Demo Libros"

Este plugin también estará disponible en los recursos del libro para poder importarlo a la aplicación.

Desde la Página de Inicio de la aplicación nos dirigimos a Componentes Compartidos para instalar el *plugin*.

1. En la Sección Otros Componentes, hacemos clic en el enlace "Plugins".

2. Hacemos clic en el botón "Importar" >

3. Hacemos clic en el botón "Browse" y localizamos el archivo: `region_type_plugin_com_oracle_apex_css_bar_chart.sql`

4. Hacemos clic en el botón "Siguiente".

5. Volvemos a hacer clic en el botón "Siguiente".

6. En Instalar:

- Instalar en Aplicación: 106 Demo Libros

7. Hacemos clic en el botón "Instalar Plugin".

Figura 10.8. *Listado de Plugins Disponibles en nuestra Aplicación*

De esta manera, tendremos listo todos los plugins para ser usados en el siguiente capítulo cuando desarrollemos la página del Dashboard.

3. RESUMEN

En este capítulo hemos visto los tipos de aplicaciones empaquetadas que nos ofrece APEX tanto para aprender de los ejemplos como para hacer uso de aplicaciones totalmente productivas, listas para usar.

Además hemos aprendido a instalar una aplicación empaquetada y a exportar e importar plugins, que posteriormente lo usaremos en nuestra aplicación demo.

Capítulo 11

Crear un Dashboard para nuestra aplicación

En este capítulo aprenderemos a crear la página del Escritorio comúnmente llamado dashboard de nuestra aplicación que será la página que contendrá la información de nuestra aplicación en forma resumida y como un tablero de mando de control para la toma de decisiones. Esta página es simplemente un ejemplo, nosotros podemos construir infinidad de diferentes dashboard y todo dependerá de la información que necesitemos mostrar en nuestra aplicación.

1. PÁGINA DE ESCRITORIO

La página del Escritorio contiene 7 secciones (cajas), como lo podemos ver en la siguiente figura:

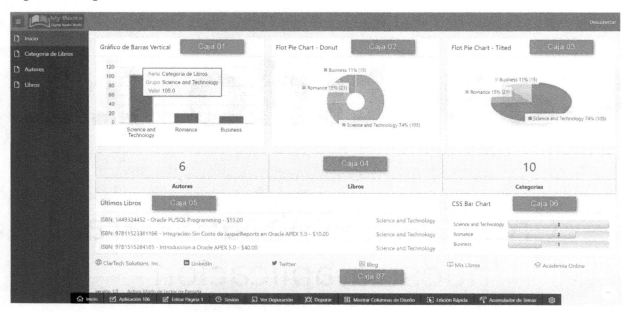

Figura 11.1. *Página del Escritorio - Dashboard*

- **Caja 01**: Gráfico de Barras Vertical: Es una región de tipo Gráfico de Barras que representa las categorías de libros.

- **Caja 02**: Gráfico Flot Pie Chart: Es una región de tipo Donut que representa las categorías de libros.

- **Caja 03**: Gráfico Flot Pie Chart: Es una región de tipo Tilted que representa las categorías de libros.

- **Caja 04**: Datos: Es una región de tipo plugin que recoge la cantidad de registros de las tablas de autores, libros y categorías y los muestra.

- **Caja 05**: Últimos Libros: Es una región de tipo Informe que muestra, en orden descendente, los 3 últimos libros ingresados en el sistema.

- **Caja 06**: CSS Bar Chart: Es una región de tipo plugin que muestra la cantidad de libros en cada categoría.

- **Caja 07**: Texto con Formato: Es una región de tipo HTML que permite colocar los enlaces a redes sociales.

2. CREAR REGIONES

Para poder localizar cada objeto en nuestra página necesitamos crear las Regiones que contendrán dichos objetos.

Nosotros podemos crear múltiples regiones en nuestra página para poder visualizar la información como deseamos. Por ello, el objetivo de este capítulo es comprender cómo podemos organizar toda la información en nuestra página utilizando los distintos tipos de regiones que provee APEX.

2.1. Crear Región Caja 01

En esta sección vamos a crear la primera caja en nuestra página de inicio que será nuestro dashboard.

Desde la página de inicio de la aplicación, hacemos clic en la página 1 Inicio:

1. En el panel de la izquierda de Presentación, seleccionamos Regiones y con el botón derecho del ratón seleccionamos Crear Región.

2. En la sección Identificación de la región del panel de la derecha de propiedades:

   - Título: Categoría de Libros

   - Tipo: Gráfico

3. Dentro de la Serie "Categoría de Libros", en la sección identificación del panel de la derecha de propiedades:

   - Nombre: Categoría de Libros

4. En la sección Origen

   - Tipo: SQL

   Consulta SQL:
   ```
   select c.cat_description label, sum(b.book_price) prices

   from lib_books b, lib_book_categories c

   where b.book_cat_id = c.cat_id

   group by c.cat_description

   order by 2 desc
   ```

5. En la sección Asignación de Columna:

   • Etiqueta: LABEL

   • Valor: PRICES

6. En la sección Apariencia:

   • Color: seleccionamos un color a gusto

7. Regresamos a Atributos del gráfico, en la sección leyenda:

   • Mostrar: No

8. Guardamos los cambios

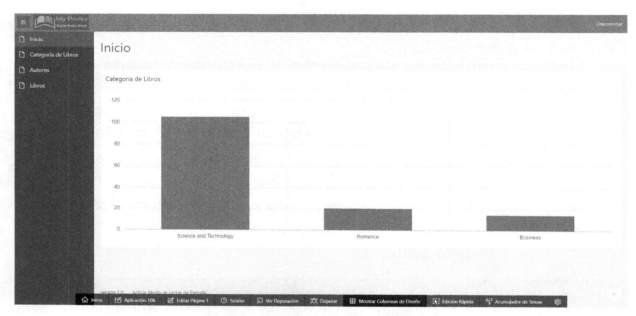

Figura 11.2. *Gráfico de Barras*

Como podemos observar en la imagen superior, el gráfico ocupa toda la página, y en realidad nosotros necesitamos que ocupe una sexta parte de la página.

Para ello vamos a editar la página 1 de Inicio:

1. Seleccionamos la región "Categoría de Libros"

2. En la sección Diseño del panel de propiedades:

   • Columna: 1

   • Ampliación: 4

3. Guardamos los cambios

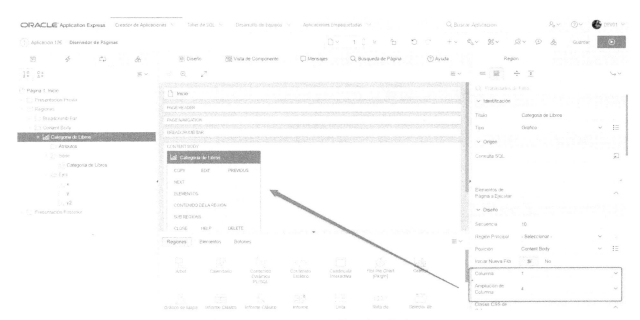

Figura 11.3. *Diseño de Columnas*

En el Tema Universal 42, que es el que se utiliza para todas las aplicaciones en APEX, cuenta con un layout de 12 columnas. Nosotros necesitamos tener 3 cajas en la parte superior, 1 caja en el centro, 2 cajas en la parte inferior y debajo de ellas una última caja en la parte inferior de la página, formando un conjunto de 7 cajas, que mostraran la información resumida de nuestro pequeño demo.

A cada caja podemos darle una altura determinada, por ejemplo de 200 pixeles. Para ello en atributos del gráfico en la sección Diseño indicamos 200 en altura.

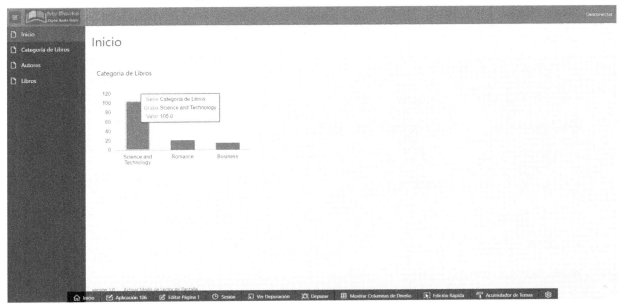

Figura 11.4. *Gráfico Barras - Caja 01*

2.2. Crear Región Caja 02

En esta sección vamos a crear la segunda caja en nuestra página de inicio.

Desde el diseñador de página de la página 1:

1. En el panel de la izquierda de Presentación, seleccionamos Regiones y con el botón derecho del ratón seleccionamos Crear Región.

2. En la sección Identificación de la región del panel de la derecha de propiedades:

    - Título: Flot Pie Chart - Donut

    - Tipo: Flot Pie Chart [Plug-In]

3. En la sección Origen

    - Consulta SQL

    Consulta SQL:
    ```
    select null, c.cat_description label, sum(b.book_price) prices

    from lib_books b, lib_book_categories c

    where b.book_cat_id = c.cat_id

    group by c.cat_description

    order by 3 desc
    ```

4. En la sección Diseño

    - Iniciar Nueva Fila: No

    - Nueva Columna: Sí

    - Ampliación de Columna: 4

5. En Atributos, en la sección Configuración:

    - Label Column: LABEL

    - Value Column: PRICES

    - Pie Type: Donut

    - Inner Radius: 50

    - Color Scheme: Modern

    - Maximun Height: 200

6. Guardamos los cambios

188

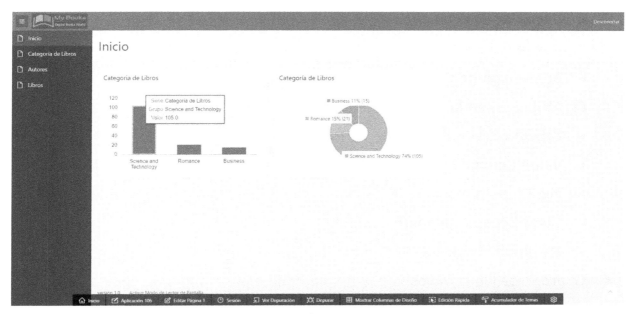

Figura 11.5. *Gráfico Donut - Caja 02*

2.3. Crear Región Caja 03

En esta sección vamos a crear la tercera caja en nuestra página de inicio.

Desde el diseñador de página de la página 1:

1. En el panel de la izquierda de Presentación, seleccionamos Regiones y con el botón derecho del ratón seleccionamos Crear Región.

2. En la sección Identificación de la región del panel de la derecha de propiedades:

   - Título: Flot Pie Chart - Tilted

   - Tipo: Flot Pie Chart [Plug-In]

3. En la sección Origen

   - Consulta SQL

   Consulta SQL:
   ```
   select null, c.cat_description label, sum(b.book_price) prices

   from lib_books b, lib_book_categories c

   where b.book_cat_id = c.cat_id

   group by c.cat_description

   order by 3 desc
   ```

4. En la sección Diseño

- Iniciar Nueva Fila: No

- Nueva Columna: Sí

- Ampliación de Columna: Automático

5. En Atributos, en la sección Configuración:

- Label Column: LABEL

- Value Column: PRICES

- Pie Type: Tilted

- Color Scheme: Modern

- Maximun Height: 200

6. Guardamos los cambios

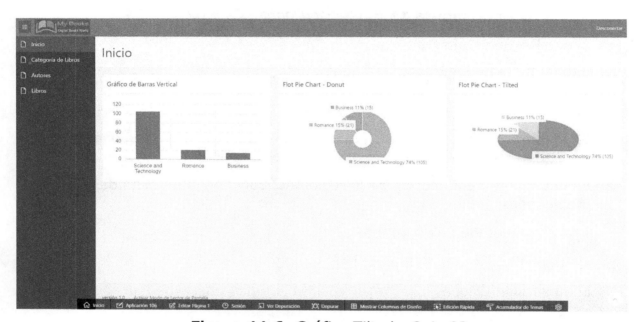

Figura 11.6. *Gráfico Tilted - Caja 03*

2.4. Eliminar Región Ruta de Navegación

Para que la región de la Ruta de Navegación (Titulo Inicio) no aparezca en la Página del Escritorio es necesario indicar, en la Página Global, que excluya el componente y no lo muestre en la del Escritorio. Para ello, debemos ir a la Página Global y, desde la Definición de Página 0 en la sección de Presentación:

1. Hacemos clic sobre la Región de Ruta de Navegación Menú Principal, dependiente de BreadCrumb Bar.

2. En la sección Condición de Servidor:

- Tipo: La página actual está en una lista no delimitada por comas.

- Páginas: 1,4,7 (para excluir la página 1 de inicio, la pagina 4 Editar Autor y la pagina 7 Editar Libro que son páginas modales)

3. Hacemos clic en el botón "Guardar".

Ahora podemos visualizar que la región de la Ruta de navegación no aparece más en la página de Inicio.

2.5. Crear Región Caja 04

La caja 4 ocupará todo el ancho de la página y utilizaremos el plugin "Big Value List" para mostrar la cantidad de autores que tenemos en el sistema, además mostraremos la cantidad de libros y la cantidad de categorías de libros.

Desde el diseñador de página de la página 1:

1. En el panel de la izquierda de Presentación, seleccionamos Regiones y con el botón derecho del ratón seleccionamos Crear Región.

2. En la sección Identificación de la región del panel de la derecha de propiedades:

- Título: Big Value List

- Tipo: Big Value List [Plug-In]

3. En la sección Origen

- Consulta SQL

Consulta SQL:
```
select label, value, url from (

  select 1 display_sequence, 'Autores' label,

      to_char(count(*),'999G999G990') value,

      'f?p='||:APP_ID||':5:'||:APP_SESSION||':::5,RIR,RP' url

  from lib_authors

  union all

  select 2 display_sequence, 'Libros' label,

      to_char(count(*),'999G999G990') value,

      'f?p='||:APP_ID||':6:'||:APP_SESSION||':::6,RIR,RP' url

  from lib_books

  union all
```

```
select 3 display_sequence, 'Categorías' label,
    to_char(count(*),'999G999G990') value,
    'f?p='||:APP_ID||':3:'||:APP_SESSION||':::3,RIR,RP' url
from lib_book_categories
)
order by display_sequence
```

4. En la sección Diseño

   - Iniciar Nueva Fila: Si

   - Columna: Automático

   - Ampliación de Columna: Automático

5. En la sección Apariencia:

   - Plantilla: Blank with Attributes

6. En Atributos, en la sección Configuración:

   - Label Column: LABEL

   - Value Column: VALUE

   - Link Target: &URL.

   - Number of Columns: 3

   - Chart Size: Big

7. Guardamos los cambios

Nota: La consulta SQL que recibe el plugin muestra el *label*, *value* y *url* siguiendo el formato de consulta SQL requerida por el mismo, en el que mostramos la cantidad de autores, libros y categorías de libros usando la función *count()* con el enlace, cumpliendo el formato de la sintaxis de la URL de APEX que dirige a las páginas correspondientes de los informes de autores (Página 4), libros (Página 7) y categorías (Página 3).

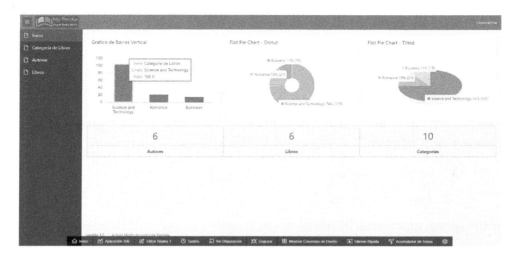

Figura 11.7. *Plugin Big Value List - Caja 04*

2.6. Crear Región Caja 05

En esta sección vamos a crear una región de tipo Informe Clásico.

Desde el Diseñador de Páginas de la Página 1, en la sección de Presentación:

1. Hacemos clic con el botón derecho del ratón sobre Regiones y seleccionamos "Crear Región".

2. En la sección Identificación:

   • Título: Últimos Libros

   • Tipo: Informe Clásico

3. En la sección Origen:

   • Consulta SQL:

   ```
   Select 'ISBN: '||b.book_isbn||' - '||b.book_title||' -
   '||to_char(b.book_price,'FML999G999G999G999G990D00')||'' 
   book,
   c.cat_description category,  b.book_id
   from lib_books b, lib_book_categories c
   where b.book_cat_id = cat_id
   order by 2 desc
   ```

4. En la sección Diseño:

   • Iniciar Nueva Fila: Sí

   • Columna: 1

   • Ampliación de Columna: 8

5. En la sección Apariencia:

- En Opciones de Plantilla:
  o Tildar Remove Body Padding
  o Body Overflow: Hide
  o Hacemos clic en el botón Aceptar

6. Hacemos clic en "Atributos de Informe" (panel de la izquierda debajo de las columnas del informe).

  - En la sección Diseño:
    o Numero de Filas: 3
  - En la sección Apariencia:
    o Plantilla: Value Attribute Pairs - Row
    o En Opciones de Plantilla: Layout: Right Aligned Details
  - En la sección Paginación:
    o Tipo: No Hay Paginación

7. Hacemos clic en el botón "Guardar".

Vamos ahora a editar el Informe Clásico, para ello desde el Diseñador de Páginas hacemos clic en el informe clásico y expandimos las columnas.

Seleccionamos la columna BOOK y en Tipo le asignamos que sea un Enlace.

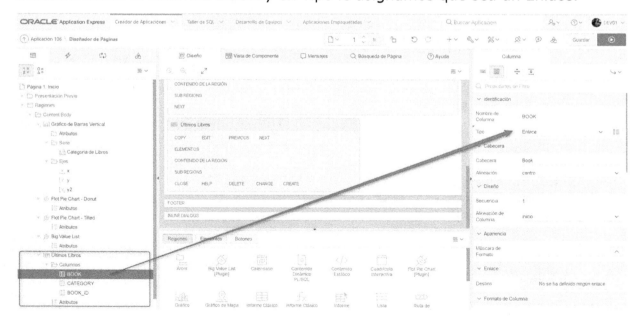

Figura 11.8. *Editar columna BOOK tipo Enlace*

En la sección del Enlace, hacemos clic en Destino e indicamos que la página destino sea la página 7 "Editar Libro" y le pasamos el elemento P7_BOOK_ID con el valor #BOOK_ID#.

En Texto del Enlace ingresamos: #BOOK# y guardamos los cambios.

Figura 11.9. *Destino del Enlace*

Seleccionamos la columna CATEGORY, indicamos en propiedades de la columna, en la sección Cabecera que su alineación sea final.

Seleccionamos la columna BOOK_ID, indicamos en propiedades de la columna, en la sección Identificación, que el Tipo sea Columna Oculta.

Guardamos los cambios.

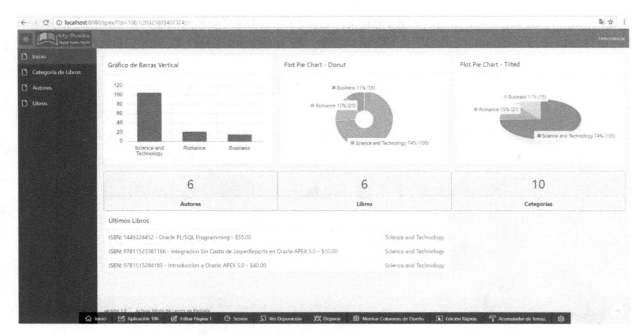

Figura 11.10. *Informe Clásico - Caja 05*

2.7. Crear Región Caja 06

La caja 6 ocupará el espacio en blanco a continuación de la región de tipo Informe Clásico, y usaremos el plugin "CSS Bar Chart" para mostrar la cantidad de libros que hay en cada categoría.
Desde el diseñador de página de la página 1:

1. En el panel de la izquierda de Presentación, seleccionamos Regiones y con el botón derecho del ratón seleccionamos Crear Región.

2. En la sección Identificación de la región del panel de la derecha de propiedades:

   - Título: CSS Bar Chart

   - Tipo: CSS Bar Chart [Plug-In]

3. En la sección Origen

   - Consulta SQL

   Consulta SQL:
   ```
   select c.cat_description category,

   COUNT(*) cantidad,

   NULL link

   from lib_books b, lib_book_categories c

   where b.book_cat_id = c.cat_id
   ```

```
group by c.cat_description
order by 2 desc
```

4. En la sección Diseño

   - Iniciar Nueva Fila: No

   - Columna: Automático

   - Nueva Columna: Sí

   - Ampliación de Columna: Automático

5. Guardamos los cambios

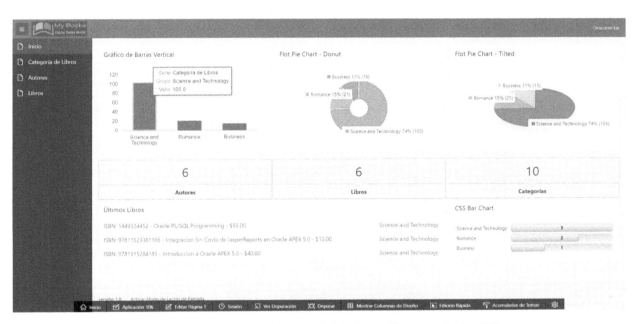

Figura 11.11. *Plugin CSS Bar Chart - Caja 06*

2.8. Crear Región Caja 07

La caja 7 será de contenido estático y ocupará todo el ancho de la página.

Desde el diseñador de página de la página 1:

1. En el panel de la izquierda de Presentación, seleccionamos Regiones y con el botón derecho del ratón seleccionamos Crear Región.

2. En la sección Identificación de la región del panel de la derecha de propiedades:

   - Título: Contenido Estático

   - Tipo: Contenido Estático

3. En la sección Origen

- Texto

```
<div class="sample-app-oracle-footer">
    <div class="row">
        <div class="col col-2 alpha">
            <a href="http://www.clartechsolutions.com"
target="_blank">
                <span class="t-icon fa fa-globe"></span> ClarTech
Solutions, Inc.</a>
        </div>
        <div class="col col-2">
            <a href="https://www.linkedin.com/in/cjmamanorfali"
target="_blank">
                <span class="t-Icon fa fa-linkedin-
square"></span> LinkedIn</a>
        </div>
        <div class="col col-2">
            <a href="https://twitter.com/Clari707"
target="_blank">
                <span class="t-Icon fa fa-twitter"></span>
Twitter</a>
        </div>
        <div class="col col-2">
            <a href="http://descubriendooracle.blogspot.com/"
target="_blank">
                <span class="t-Icon fa fa-rss-square"></span>
Blog</a>
        </div>
        <div class="col col-2">
            <a href="http://www.introduccionaoracleapex5.com/"
target="_blank">
                <span class="t-Icon fa fa-book"></span> Mis
Libros</a>
        </div>
        <div class="col col-2 omega">
        <a href="http://www.clartechacademy.com" target="_blank">
            <span class="t-Icon fa fa-graduation-cap"></span>
Academia Online</a>
        </div>
    </div>
</div>
```

4. En la sección Diseño

- Iniciar Nueva Fila: Sí

- Columna: Automático

- Ampliación de Columna: Automático

5. En la sección Apariencia

- Plantilla: Blank with Attributes

6. Guardamos los cambios

Figura 11.12. *Contenido Estático - Caja 07*

3. RESUMEN

En este capítulo hemos visto cómo podemos desarrollar de forma muy fácil un dashboard para mostrar en forma resumida la información de nuestro sistema. Hemos aprendido a ubicar las diferentes regiones en nuestra página. Además de aprender a utilizar diferentes plugins para dar mayor funcionalidad a nuestro dashboard.

Capítulo 12

Implementar Esquema de
Autenticación Personalizada

En este capítulo aprenderemos a crear un simple esquema de autenticación personalizada para nuestra aplicación demo.

1. ESQUEMA DE AUTENTICACIÓN

Hoy en día el tema de la seguridad en las aplicaciones es un factor fundamental a la hora de desarrollar. Así como el administrador de la Instancia o el Espacio de Trabajo debe velar por la seguridad de la Base de Datos, el desarrollador debe velar por la seguridad de las aplicaciones que desarrolla.

Cuando creamos nuestras aplicaciones en Oracle APEX todo el proceso de autenticación lo maneja internamente el motor de APEX permitiéndonos ingresar a nuestra aplicación por el solo hecho de ser un usuario registrado del espacio de trabajo al cual pertenece nuestra aplicación.

Lógicamente esto acelera en gran medida el desarrollo de la aplicación ya que no necesitamos crear y manejar la autenticación de los usuarios, pero en el caso de que necesitamos almacenar la información de los usuarios que acceden a nuestra aplicación en una tabla en nuestro esquema y controlar que niveles de acceso tienen en la aplicación, necesitamos aprender a crear una autenticación personalizada.

¿En qué casos vamos a utilizar un esquema personalizado de autenticación?

- Cuando la autenticación de la base de datos o de otros métodos no son adecuados.

- Cuando queremos desarrollar nuestro propio formulario de acceso y métodos asociados.

- Cuando deseamos controlar los aspectos de seguridad de la administración de sesiones.

- Cuando queremos auditar las actividades a nivel de usuario o sesión.

- Cuando queremos hacer cumplir límites de actividad de sesión o de caducidad.

- Cuando deseamos programar una redirección condicional antes del procesamiento de página.

- Cuando queremos integrar nuestra aplicación con aplicaciones que no son de Oracle Application Express utilizando un framework común para la gestión de sesiones.

- Cuando nuestra aplicación consta de varias aplicaciones que funcionan perfectamente integradas (por ejemplo, más de un ID de aplicación).

Para esta práctica, vamos a crear una tabla que contendrá los datos de los usuarios.

1.1. Crear Tabla de Usuarios

Para ello ingresamos al Taller SQL y ejecutamos las siguientes sentencias, una a una:

```
CREATE table "LIB_USERS" (
    "USER_ID"       NUMBER(8,0) NOT NULL,
    "USER_NAME"     VARCHAR2(100) NOT NULL,
    "USER_PASSWORD" VARCHAR2(4000) NOT NULL,
    constraint  "LIB_USERS_PK" primary key ("USER_ID")
)
/

CREATE sequence "LIB_USERS_SEQ"
/

CREATE trigger "BI_LIB_USERS"
  before insert on "LIB_USERS"
  for each row
begin
  if :NEW."USER_ID" is null then
    select "LIB_USERS_SEQ".nextval into :NEW."USER_ID" from sys.dual;
  end if;
end;
/
```

1.2. Crear Funciones en la Base de Datos

Para poder disponer de nuestro esquema de autenticación personalizado necesitamos para este ejemplo tener dos funciones en la base de datos, una de las funciones MY_AUTH se encargará de verificar que el usuario está en la base de datos según las credenciales almacenadas en la tabla LIB_USERS y la otra función MY_HASH se encargará de encriptar la contraseña utilizando el algoritmo hash.

La función MY_AUTH recibe el nombre de usuario y contraseña como parámetros desde el formulario de inicio de sesión y compara esta información con los valores almacenados en la tabla LIB_USERS después de aplicar la función MY_HASH. Si la información proporcionada coincide con los valores de la tabla, el usuario es autenticado y se le permite acceder a la aplicación.

MY_AUTH FUNCTION

```
create or replace function my_auth (p_username in VARCHAR2, p_password
in VARCHAR2) return BOOLEAN is
  l_password varchar2(4000);
  l_stored_password varchar2(4000);
```

```
    l_count number;
begin
-- Primero, verificar que el usuario existe en la tabla
select count(*) into l_count from lib_users where user_name =
p_username;
if l_count > 0 then
  -- Recuperar la contraseña hash almacenada
  select user_password into l_stored_password
   from lib_users where user_name = p_username;

   -- Aplicar la función hash al password
   l_password := my_hash(p_username, p_password);

  -- Comparar y ver si son los mismos y retornar VERDADERO o FALSO
    if l_password = l_stored_password then
      return true;
    else
      return false;
    end if;
else
  -- El nombre de usuario provisto no se encuentra en la tabla
LIB_USERS
  return false;
end if;
end;
```

MY_HASH FUNCTION

```
create or replace function my_hash (p_username in varchar2, p_password
in varchar2) return varchar2 is
   l_password varchar2(4000);
   l_salt varchar2(4000) := 'ISYmHMtSrjFmT2nEZUvEU5LA3jrV3i';
begin
   l_password :=
utl_raw.cast_to_raw(dbms_obfuscation_toolkit.md5(input_string =>
p_password || substr(l_salt,10,13) || p_username || substr(l_salt,
4,10)));
   return l_password;
end;
```

Creamos los archivos **my_hash.sql** y **my_auth.sql** y lo guardamos en nuestro Escritorio.

1.3. Encriptar la función MY_HASH

Si nosotros subimos este script a nuestra base de datos, cualquier persona que tenga acceso a los objetos de la base de datos podrá ver de qué forma estamos realizando la encriptación de las contraseñas, por ello es muy importante antes de subir el script poder encriptarlo.

Para encriptar nuestra función haremos uso de la utilidad **Wrapper** que es un ejecutable que se encuentra en la ruta $ORACLE_HOME/bin y que permite ofuscar un archivo sql haciendo uso de su parámetro iname.

Hacemos una copia del script my_hash.sql dentro de la carpeta $ORACLE_HOME/bin que en mi caso es:

`C:\oraclexe\app\oracle\product\11.2.0\server\bin`

Luego abrimos una ventana de comandos CMD en Windows como administradores, nos dirigimos a la ruta donde se encuentra el archivo sql y luego ejecutamos el comando **wrap iname= my_hash.sql** y esperamos a que la ejecución del comando finalice.

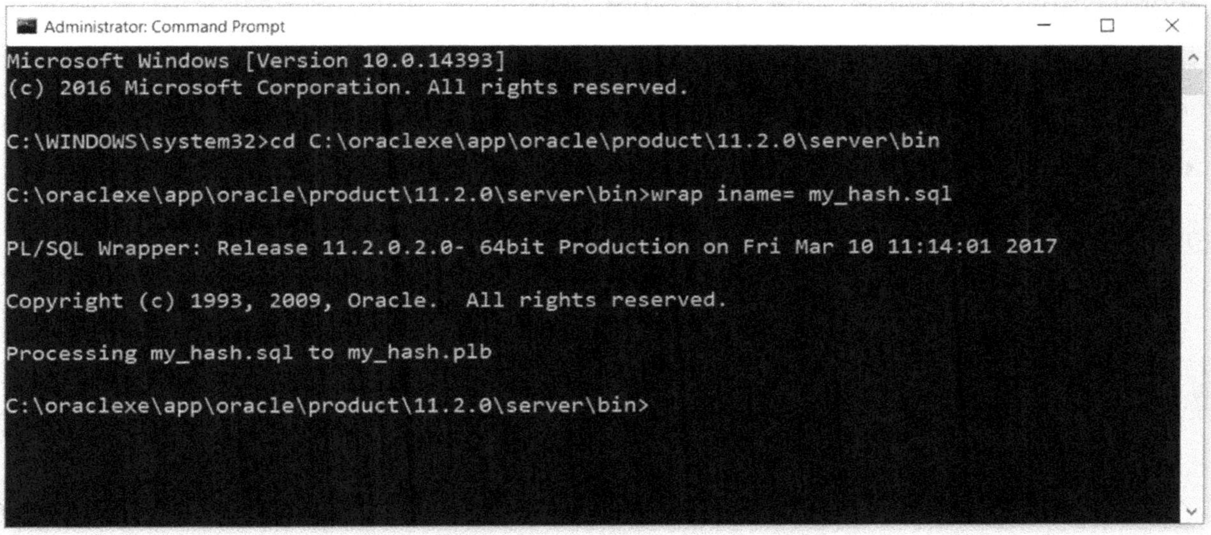

```
Administrator: Command Prompt                                    —    □    ×

Microsoft Windows [Version 10.0.14393]
(c) 2016 Microsoft Corporation. All rights reserved.

C:\WINDOWS\system32>cd C:\oraclexe\app\oracle\product\11.2.0\server\bin

C:\oraclexe\app\oracle\product\11.2.0\server\bin>wrap iname= my_hash.sql

PL/SQL Wrapper: Release 11.2.0.2.0- 64bit Production on Fri Mar 10 11:14:01 2017

Copyright (c) 1993, 2009, Oracle.  All rights reserved.

Processing my_hash.sql to my_hash.plb

C:\oraclexe\app\oracle\product\11.2.0\server\bin>
```

Figura 12.1. *Uso de la utilidad Wrapper*

Si abrimos el archivo **my_hash.plb** en un Notepad++ o cualquier editor de código, podremos ver la primer línea como *create or replace function my_hash wrapped* y luego el resto del archivo estará oculto.

```
my_hash.plb
 1   create or replace function my_hash wrapped
 2   a000000
 3   b2
 4   abcd
 5   abcd
 6   abcd
 7   abcd
 8   abcd
 9   abcd
10   abcd
11   abcd
12   abcd
13   abcd
14   abcd
15   abcd
16   abcd
17   abcd
18   abcd
19   8
20   171 158
21   TEu+K/5a1z7Pv+4Juj3PCVRU3h4wgwFpNSdqfC+KMWS0upF8r/S3DC6ewmJJUcKRoApGi2bA
22   DB25qGIC5hwPiMS0FJwBWFgBF+ifRRTeIfUk+c+Seh327YQ4KiA2WrISSNmkxNk2o5rA29Yt
23   PY7Qr57AnzZn4DamJ8O1gn6N6N5uKFbA6b90eiBwGwg7BSoFMO13pGIk27MQmcQrephx/jH4
24   VtCeLY2SuYRX9Ro0QwdC+vd6WD8XXLMOeOnNS10Q1Kn9gcXeGcP2GzIehe+TJsRLQljUmFWm
25   TPMW385Zb97ChQYcT41ODqxcL9QIyKVkjbORHL2k1OuWGfEL+Q==
26
27   /
28
```

Figura 12.2. *Función my_hash encriptada*

Ahora que tenemos encriptada la función my_hash podemos subirla a nuestro esquema.

Lo podemos hacer desde el Taller de SQL o abrimos una ventana de comandos CMD y nos conectamos al SQLPlus y luego nos conectamos al usuario de nuestro esquema:

```
SQL> conn libro_apex/************
SQL> @c:\oraclexe\app\oracle\product\11.2.0\server\bin\my_hash.plb
```

El mensaje que aparecerá es que la función ha sido creada.

Si ingresamos al Explorador de Objetos del Taller de SQL y visualizamos la función podremos ver que está encriptada, de igual forma como lo vimos cuando la abrimos en el editor de textos.

1.4. Crear la función my_auth.sql.

Ingresamos al Taller de SQL:

1. Seleccionamos Archivos de Comandos SQL

2. Hacemos clic en el botón Cargar

3. Hacemos clic en el botón Browse y seleccionamos el archivo **my_auth.sql** y hacemos clic en el botón cargar

4. Ejecutamos el script **my_auth.sql** y esto creará la función dentro de la base de datos

Figura 12.3. *Función my_auth*

1.5. Registrar Usuarios en la base de datos

Ejecutamos las siguientes sentencias en el Taller de SQL

```
Insert into LIB_USERS (user_id, user_name, user_password) values (1,
upper('Developer02'), my_hash(upper('Developer02'),'Secret1'));
```

```
Insert into LIB_USERS (user_id, user_name, user_password) values (2,
upper('User02'), my_hash(upper('User02'),'Secret2'));
```

Si abrimos la tabla LIB_USERS podemos ver que las claves están encriptadas.

Figura 12.4. *Usuarios en la Tabla LIB_USERS*

Ya tenemos las funciones y la tabla usuarios para especificar nuestro propio esquema de autenticación.

<u>Nota</u>: En nuestro sistema podemos crear el informe y formulario para cargar los usuarios, la única consideración aquí es que se debe realizar una llamada de procedimiento para que las contraseñas sean guardadas encriptadas usando la función HASH en la tabla LIB_USERS.

1.6. Asignar nuestro propio esquema personalizado de autenticación

1. Nos dirigimos a la página de Inicio de la Aplicación Demo Libros

2. Hacemos clic en Componentes Compartidos

3. En la sección Seguridad hacemos clic en el enlace Esquemas de Autenticación

4. En este momento tenemos el esquema *Autenticación de Application Express - Actual* en uso, hacemos clic en él y vamos a cambiarle el nombre a *Esquema Personalizado*

5. En tipo de Esquema seleccionamos *Personalizado* de la Lista de Selección

6. En Nombre de la Función de Autenticación ingresamos: *my_auth*

7. Hacemos clic en el botón Aplicar Cambios

Figura 12.5. *Crear Esquema de Autenticación*

Ejecutamos la aplicación e ingresamos las credenciales de nuestro usuario DEV01, al no estar ingresado en la tabla LIB_USERS, se deniega el acceso a la aplicación.

Figura 12.6. *Inicio de Sesión con Usuario Incorrecto*

Ahora vamos a ingresar las credenciales del usuario que hemos creado en la tabla LIB_USER, por ejemplo *Developer02* con su contraseña: Secret1 y podemos ver que ingresamos a la aplicación Demo Libros sin ningún problema.

2. RESUMEN

Como podemos ver, crear un esquema propio de autenticación es bastante sencillo en Application Express, lo importante es gestionar la seguridad de nuestras aplicaciones en forma responsable.

Parte

II

Crear reportes impresos usando el JasperReports Integration Kit

Capítulo 13

Descargar e Instalar el JasperReports Integration Kit

En este capítulo aprenderemos a descargar e instalar el kit de integración de JasperReports.

Agradecemos al creador del kit el Oracle ACE **Dietmar Aust** por compartir esta herramienta con la comunidad, les dejo el link a su blog personal aquí: http://daust.blogspot.com/.

1. JASPERREPORTS INTEGRATION KIT

1.1. Descargar el kit de Integración

Desde el siguiente enlace descargamos el kit: http://www.opal-consulting.de/downloads/free_tools/JasperReportsIntegration/ y seleccionamos el enlace de la versión 2.3.0-beta/ y descargamos en nuestra PC el *JasperReportsIntegration-2.3.0.1.zip.*

Descomprimimos el archivo y copiamos toda la carpeta dentro del directorio raíz C:\ eliminando los números de versión en el nombre de la carpeta.

1.2. Parar el Servidor GlassFish

Para bajar o parar el Servidor, abrimos una ventana de comandos CMD como administrador y nos ubicamos dentro de la ruta: C:\glassfish4\bin.

```
C:\glassfish4\bin> asadmin stop-domain
```

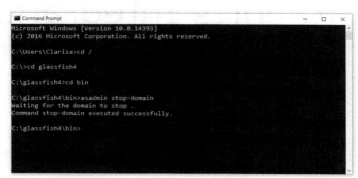

Figura 13.1. *Bajar el Servicio del Servidor GlassFish*

Ingresamos a la carpeta *JasperResportsIntegration (JRI)* y seleccionamos la carpeta *lib*, dentro de la misma hay varios archivos los cuales vamos a copiar los siguientes archivos: *ojdbc6.jar* y *orai18n.jar* para colocarlos dentro de la instalación de GlassFish.

Figura 13.2. *Archivos de la librería del kit de JRI*

Ingresamos al dominio de GlassFish en la siguiente ubicación en nuestro sistema de archivos del explorador de Windows:

```
C:\glassfish4\glassfish\domains\domain1\lib\ext
```

Y pegamos los dos archivos.

Figura 13.3. *Archivos jar seleccionados*

1.3. Arrancar el Servidor GlassFish

Para arrancar el Servidor, abrimos una ventana de comandos CMD como administrador y nos ubicamos dentro de la ruta: C:\glassfish4\bin.

```
C:\glassfish4\bin> asadmin start-domain
```

Figura 13.4. *Arrancar el Servidor GlassFish*

1.4. Configurar los Data Source en GlassFish

Abrimos una ventana de comandos CMD como administrador y nos ubicamos dentro de la ruta: C:\glassfish4\bin.

Ejecutamos la siguiente línea de comandos:

```
C:\glassfish\bin> asadmin create-jdbc-connection-pool --
datasourceclassname oracle.jdbc.pool.OracleDataSource --restype
javax.sql.DataSource --property
portNumber=1521:user=LIBRO_APEX:password=MIPASSWORD:serverName=localho
st:databaseName=XE default
```

Ingresamos a la consola de administración de GlassFish:

http://localhost:4848

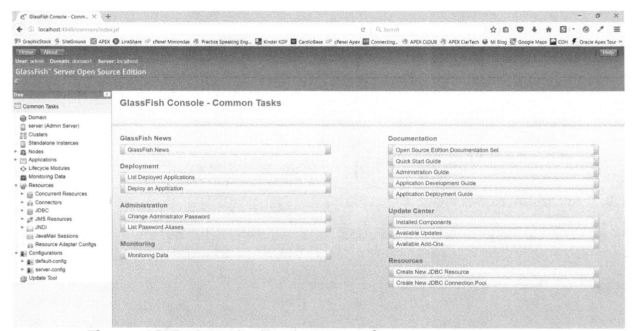

Figura 13.5. *Consola de Administración del Servidor GlassFish*

Seleccionamos *Resources ---> JDBC ---> JDBC Connection Pools.*

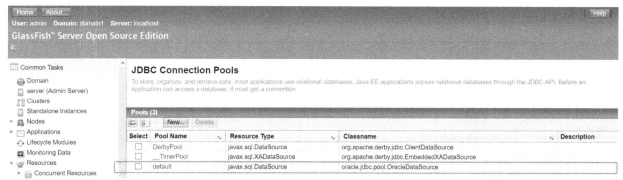

Figura 13.6. *JDBC Connection Pools*

Hacemos clic en el enlace default y luego hacemos clic en la ficha Additional Properties.

Añadimos una nueva propiedad, haciendo clic en el botón *Add Property*

- Name: URL

- Value: jdbc:oracle:thin:@//localhost:1521/XE

jdbc:oracle:thin:@//[HOST][:PORT]/SERVICE

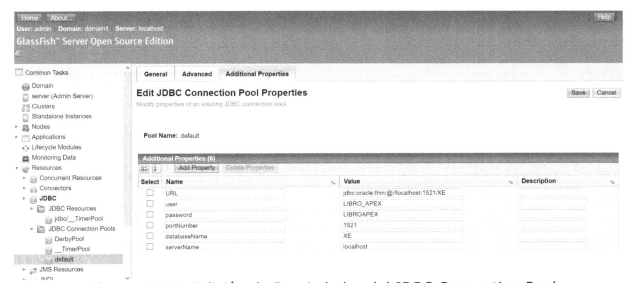

Figura 13.7. *Edición de Propiedades del JDBC Connection Pool*

Guardamos los cambios haciendo clic en el botón *Save* (esquina superior derecha).

<u>Probamos la Conexión</u>

Abrimos una ventana de comandos CMD como administrador y nos ubicamos dentro de la ruta: C:\glassfish4\bin.

Ejecutamos la siguiente línea de comandos:
`C:\glassfish\bin>asadmin ping-connection-pool default`

Debe mostrarnos el siguiente mensaje:

`Command ping-connection-pool executed successfully.`

1.5. Crear el JDBC Resource

Abrimos una ventana de comandos CMD como administrador y nos ubicamos dentro de la ruta: C:\glassfish4\bin
Ejecutamos la siguiente línea de comandos:

`C:\glassfish\bin> asadmin create-jdbc-resource --connectionpoolid default jdbc/default`

Debe mostrarnos el siguiente mensaje:

```
JDBC resource jdbc/default created successfully.
Command create-jdbc-resource executed successfully.
```

1.6. Crear Variable de Entorno en Windows

Es recomendable separar los archivos de configuración y de informes de la aplicación J2EE en sí misma. En versiones anteriores de JasperReports Integration todos los reportes se colocaban directamente en la propia aplicación web, por ejemplo en el directorio $GLASSFISH_HOME/webapps/reports. Con el fin de actualizar fácilmente nuestra instalación en el futuro, se recomienda colocar los archivos de configuración y de informe en un directorio independiente y no almacenados dentro de la aplicación J2EE.

Tenemos dos alternativas:

- Configurar el entorno del servidor utilizando una variable de entorno del sistema operativo.

- Configurar el archivo de configuración web.xml del archivo JasperReportsIntegration.war.

La diferencia entra en juego al implementar el archivo JasperReportsIntegration.war varias veces en el mismo servidor J2EE o en diferentes servidores J2EE en la misma máquina. Cuando se utiliza la variable de entorno del sistema operativo, todas las instancias de JasperReports Integration utilizarán la misma configuración y los mismos informes.

Si deseamos utilizar diferentes configuraciones para nuestras diferentes instancias en la misma máquina (ya sea que implementemos una versión diferente de JasperReports Integration o tengamos un entorno de desarrollo, prueba y

216

producción ejecutándose en la misma máquina pero en servidores J2EE diferentes), deberíamos usar la manipulación directa del archivo web.xml.

Configurar el entorno del servidor utilizando una variable de entorno del sistema operativo:

Utilizando la variable de entorno del sistema operativo OC_JASPER_CONFIG_HOME podemos configurar dónde residen estos archivos en el sistema de archivos. Este directorio es el mismo que el directorio base de los archivos descargados, es decir, debe contener al menos los subdirectorios conf, reports, logs.

Debemos tener la estructura de directorios requerida. Por ejemplo, nosotros descargamos y descomprimimos los archivos en C:\jasperReportsIntegration la cual contiene las 3 carpetas requeridas: conf, reports y logs. (Si quisiéramos colocarlo en otro lugar copiamos estas tres carpetas y la colocamos dentro del directorio que deseamos tener los reportes).

Abrimos una ventana de comandos CMD como administrador y nos ubicamos dentro de la ruta: C:\glassfish4\bin de nuestro sistema de archivos y ejecutamos:

```
SET OC_JASPER_CONFIG_HOME=C:\JasperReportsIntegration
```

Configurar el archivo de configuración web.xml del archivo JasperReportsIntegration.war.

También debemos tener la estructura de directorios requerida, ingresamos a una ventana de comandos CMD como administrador y nos ubicamos dentro de la ruta: C:\JasperReportsIntegration\bin de nuestro sistema de archivos (donde tenemos los archivos del kit) y ejecutamos:

```
setConfigDir.cmd ..\webapp\JasperReportsIntegration.war
c:\JasperReportsIntegration
```

De esa forma se cambia el directorio de los reportes dentro del war. Para verificar podemos ejecutar la siguiente sentencia:

```
getConfigDir.cmd ..\webapp\JasperReportsIntegration.war
```

1.7. Configurar el Acceso a la Base de Datos

Ingresamos a la siguiente ubicación, desde nuestro explorador de archivos: C:\JasperReportsIntegration\conf

Editamos el archivo **application.properties** con un editor de textos, por ejemplo podemos usar el Notepad++

```
#==========================================================
# JDBC datasource configuration
# http://www.orafaq.com/wiki/JDBC#Thin_driver
# type=jndi|jdbc
```

```
#=======================================================
[datasource:default]
type=jdbc
name=default
url=jdbc:oracle:thin:@127.0.0.1:1521:XE
username=my_oracle_user
password=my_oracle_user_pwd
```

Cambiamos el nombre del usuario y el password por el nombre del esquema y el password del esquema de nuestro espacio de trabajo.

```
#=======================================================
# JDBC datasource configuration
# http://www.orafaq.com/wiki/JDBC#Thin_driver
# type=jndi|jdbc
#=======================================================
[datasource: default]
type=jdbc
name= default
url=jdbc:oracle:thin:@localhost:1521:XE
username=LIBRO_APEX
password=MIPASSWORD
```

Guardamos el archivo y lo cerramos.

Encriptar los password en el archivo Application.properties

Ingresamos al directorio donde esta nuestro archivo JasperReportsIntegration.war desde una ventana de comandos CMD:

C:\>cd c:JasperReportsIntegration/bin

Ejecutamos la siguiente línea de comandos:

```
encryptPasswords.cmd <path to application.properties file>
```

Por ejemplo:

```
encryptPasswords.cmd
c:\JasperReportsIntegration\conf\application.properties
```

1.8. Deploy de la Aplicación JasperReports Integration en GlassFish

Ingresamos a la consola de administración de GlassFish

http://localhost:4848

Hacemos clic en Applications en la lateral izquierda y podemos ver que tenemos desplegado APEX y el archivo i de las imágenes.

Hacemos clic en el botón *Deploy*.

En Location: Ingresamos el archivo war ubicado en la siguiente ubicación: C:\JasperReportsIntegration\webapp\JasperReportsIntegration.war.

Type: Web Application

Context Root: JasperReportsIntegration

Y luego hacemos clic en el botón OK (esquina superior derecha). El despliegue de la aplicación puede llevar varios minutos.

Figura 13.8. *Deploy del JapserReports Integration .war*

Desde el sector de aplicaciones de nuestro GlassFish lanzamos la aplicación haciendo clic en el enlace Launch o desde el propio navegador podemos ingresar la siguiente URL:

http://<server>:<port>/JasperReportsIntegration, especificando nuestro nombre de servidor y el número de puerto.

Se abre la aplicación donde podemos probar que se muestre un archivo PDF de ejemplo: http://localhost:8080/JasperReportsIntegration

Figura 13.9. *Aplicación JapserReports Integration 2.3.0.1*

Podemos visualizar en la zona de la configuración que los reportes se mostrarán en la ruta: c:/JasperReportsIntegration\reports.

Dejamos los valores por defecto y pulsamos en el botón Test Report, de esta forma se abre el PDF de ejemplo de la aplicación desplegada.

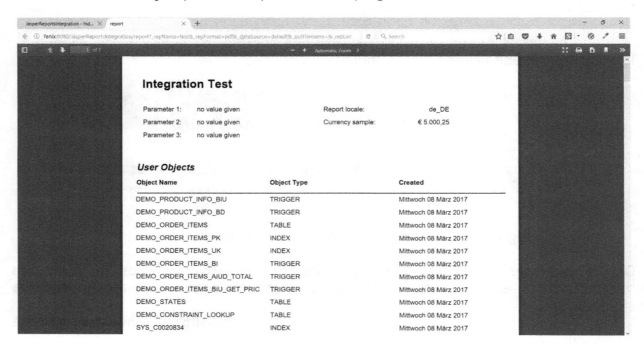

Figura 13.10. *PDF de Ejemplo de la Aplicación Demo*

<u>Nota</u>: En el caso que se produzca un error como por ejemplo "HTTP Status 500 - Internal Server Error" es posible que tenga que ver con que el parámetro de la base de datos Oracle `SEC_CASE_SENSITIVE_LOGON` el cual puede estar configurado como True.

Podemos comprobar si es así usando `SHOW PARAMETER SEC_CASE_SENSITIVE_LOGON` y modificarlo a través de un `ALTER SYSTEM SET SEC_CASE_SENSITIVE_LOGON = FALSE;`.

2. RESUMEN

En este capítulo hemos visto cómo instalar el JasperReports Integration Kit que nos permitirá tener la posibilidad de desplegar en nuestras aplicaciones en APEX, los documentos en diferentes formatos de salida, como por ejemplo PDF, en el cual los podremos personalizar más adelante con una herramienta gratuita llamada iReport.

Capítulo 14

Descargar e Instalar iReport Designer

En este capítulo veremos cómo descargar e instalar el iReport Designer de la Comunidad de JasperReports.

iReport es una poderosa herramienta de diseño visual para JasperReports y con ella podemos crear informes personalizados para satisfacer los más complejos requerimientos de información, además que es intuitivo, poderoso y muy fácil de usar.

Algunas de las características más destacadas de iReport Designer es el hecho de que es de código abierto y gratuito, maneja el 98% de las etiquetas de JasperReports, permite diseñar rectángulos, líneas, elipses, campos de texto estáticos, posee asistentes que ayudan en la creación y edición de informes, y mucho más.

1. IREPORT DESIGNER

1.1. Descargar iReport Designer

El link de descarga es:
http://community.jaspersoft.com/project/ireport-designer/releases

Seleccionamos la versión 4.8.0 *(si bien hay una actualización de librerías en la versión 5.0, el kit está probado para que funcione en esta versión de iReport.)*
http://sourceforge.net/projects/ireport/files/iReport/iReport-4.8.0/

Figura 14.1. *Descargar iReport Designer 4.8.0*

Nota: *El autor ha escrito una entrada de blog explicando cómo actualizar las librerías de JasperRepots de 4.8 a 5.2.0, este es el enlace:*

http://daust.blogspot.com/2013/11/upgrading-jasperreports-libraries-to-520.html
Seleccionamos el enlace que corresponde al archivo comprimido iReport-4.8.0.zip

Y si sucede que no nos descarga el archivo hacemos clic en el enlace *direct link* (marcado con una línea en la imagen 14.2), y de esa forma se abre la ventana de descarga del archivo.

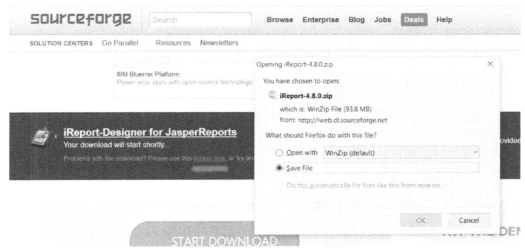

Figura 14.2. *Descargar iReport Designer por Direct Link*

Guardamos la carpeta comprimida en nuestra PC y luego la descomprimimos y creamos un acceso directo al escritorio del ejecutable del programa que se encuentra dentro de la carpeta iReport-4.8.0/bin/ireport.exe.

1.2. Compatibilidad de JDK con iReport

El JDK 8 no es compatible con iReport, necesitamos disponer del JDK 7.

Si en nuestra PC no tenemos instalado el JDK 7, ingresamos a la página del libro: **http://www.introduccionaoracle5.com** donde te dejaré una copia del JDK para descargar e instalarlo. Lamentablemente el JDK 7 no está disponible para descarga pública en la página de Oracle, solo a través de Oracle Support se puede descargar.

Para recordar, el entorno en el cual se trabaja en este libro es Windows 10 Pro de 64bits:

jdk-7u79-windows-x64.exe.

Ejecutamos el instalador e instalamos el JDK en nuestra PC.

1.3. Asignar el JDK 7 a iReport

Puede darse el caso de que al hacer doble clic en el icono para abrir el programa de iReport Designer, se muestre el splash de inicio pero finalmente no se abra el programa.

Para que el programa se abra necesitamos indicarle el java home en el archivo de configuración del iReport.

Primero buscamos la ruta del jdk7, el cual para este ejemplo corresponde a:

```
C:\Program Files\Java\jdk1.7.0_79
```

Luego, ingresamos a la carpeta donde se encuentran los archivos del iReport-4.8.0.-

Por ejemplo si tenemos la carpeta en el escritorio:

```
C:\Users\Admin\Desktop\iReport-4.8.0
```

Hacemos doble clic en la carpeta **etc** y abrimos con un editor de textos el archivo *ireport.conf*.

Debajo de la línea: *#jdkhome="/path/to/jdk"*.

Ingresamos la siguiente línea:

```
jdkhome="C:\Program Files\Java\jdk1.7.0_79"
```

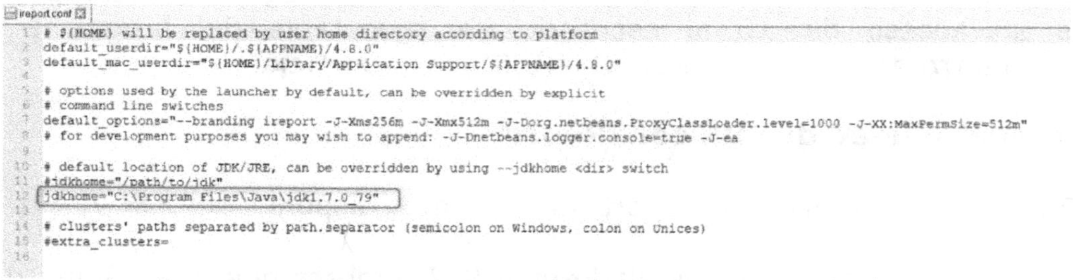

Figura 14.3. *Edición del Archivo ireport.conf*

Guardamos el archivo y lo cerramos.

Ahora podemos ejecutar el programa y nos mostrará la página de inicio.

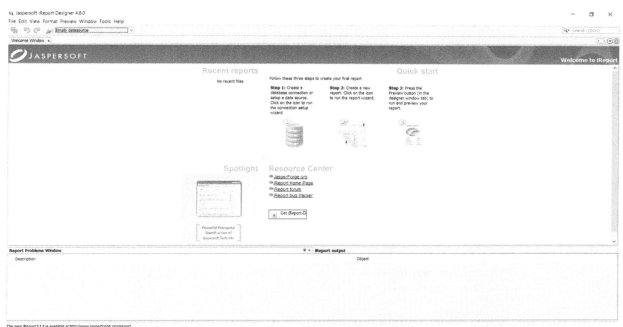

Figura 14.4. *Pantalla de Inicio de iReport Designer*

1.4. Configurar Driver ODBC Oracle en iReport

Ingresamos a la página de inicio del iReport y seleccionamos *Tools* en el menú de opciones y luego seleccionamos Options.

Seleccionamos la ficha Classpath y hacemos clic en el botón *Add JAR.*

Y buscamos el driver ojdbc6.jar dentro de la carpeta C:\JasperReportsIntegration\lib y hacemos clic en el botón Open.

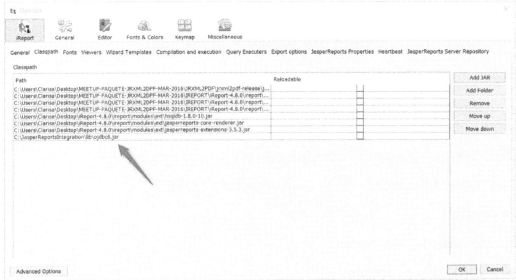

Figura 14.5. *Configurar Driver ODBC en iReport*

Hacemos clic en el botón OK.

1.5. Crear Conexión a la Base de Datos desde iReport

Desde la Página de Inicio del iReport, seleccionamos el *Step 1*, se abre una ventana emergente y seleccionamos la opción Database JDBC connection.

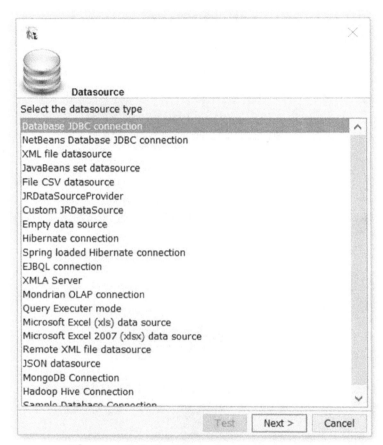

Figura 14.6. *Step 1 - Datasource*

Hacemos clic en el botón Next >

Database JDBC connection:
- Name: libro-apex

- JDBC Driver: Oracle (Oracle.jdbc.driver.OracleDriver)

- JDBC URL: jdbc:oracle:thin:@localhost:1521:XE

- Credentials

o Username: mi_username

o Password: mi_password

Probamos la conexión, haciendo clic en el botón Test.

Figura 14.7. *Probar la Conexión del ODBC*

Podemos guardar la conexión haciendo clic en el botón *Save*.

2. RESUMEN

De este modo tenemos todo listo para poder trabajar con iReport Designer y empezar a diseñar reportes profesionales y modernos para nuestra aplicación en Oracle APEX

Capítulo 15

Instalar la aplicación "Demo" del
JasperReports Integration Kit

En este capítulo veremos cómo instalar la aplicación demo desarrollada en APEX que trae el kit de integración de JasperReports.

1. APLICACIÓN DEMO DEL JASPER REPORTS INTEGRATION KIT

1.1. Ejecutar Scripts de Instalación de la Aplicación Demo

Para instalar la aplicación demo del kit de JasperReports Integration, necesitamos instalar los objetos de la base de datos.

Siguiendo la documentación del kit, abrimos una ventana de comandos CMD como administrador y nos ubicamos dentro de la carpeta sql donde está la instalación del kit: C:\JasperReportsIntegration\sql y luego ingresamos al SQLPlus con las credenciales del usuario sys dba.

Ejecutamos el script de instalación:

```
@sys_install.sql [nombre_esquema]
```

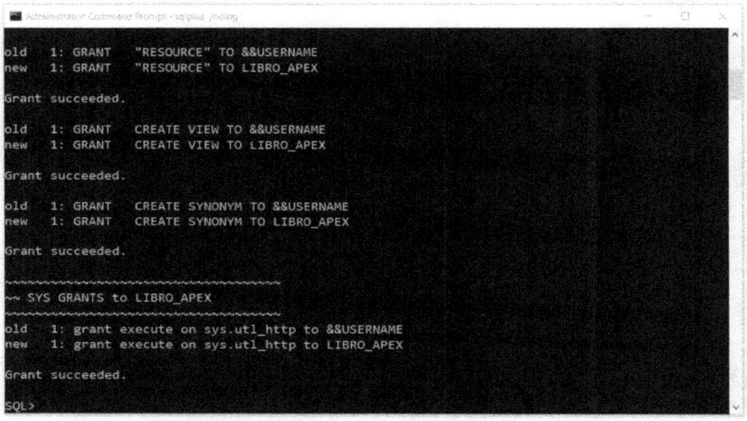

Figura 15.1. *Instalar Objetos del Kit en la Base de Datos*

Luego ejecutamos:

```
@sys_install_acl.sql [nombre_esquema]
```

Nos conectamos al esquema donde trabajaremos con la app de ejemplo, para ello ingresamos:

```
SQL> conn nombre_esquema/password_esquema@SID
Connected.

SQL> @user_install.sql
```

Cerramos la ventana de comandos CMD.

230

1.2. Instalar Aplicación Demo en nuestro Espacio de Trabajo

Desde la página de inicio de APEX, hacemos clic en el icono Creador de Aplicaciones y luego en el icono Importar.

Se abre el asistente y hacemos clic en el botón *Browse...*

Seleccionamos el archivo que se encuentra dentro de la carpeta del JasperReportsIntegration.

```
C:\JasperReportsIntegration\apex\f121_JasperReportsIntegration-
Test_2.3.0.1.sql
```

Seguimos el asistente, indicamos el esquema y que instale la aplicación para ejecutar y editarla y además indicamos que instale los objetos de soporte.

Una vez instalada la aplicación demo, la ejecutamos, como se visualiza en la siguiente imagen.

Figura 15.2. *Aplicación Demo de JasperReports Integration*

En el recuadro de la izquierda debemos configurar el J2EE Server URL.

- Protocol: *http*

- Server: *localhost o la IP de nuestro servidor*

- Port: *8080*

- Context Path: *JasperReportsIntegration*

Hacemos clic en el botón *Set Url*

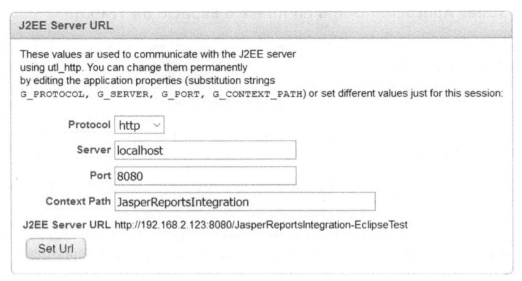

Figura 15.3. *Configuración de la URL del Servidor J2EE*

También podemos configurar permanentemente las variables cambiando los valores de las variables de sustitución dentro de la definición de la aplicación.

Desde la Página de Inicio de la Aplicación, hacemos clic en el botón Editar Propiedades de Aplicación y hacemos clic en la ficha Sustituciones y cambiamos los valores de las variables de sustitución y aplicamos los cambios.

Figura 15.4. *Variables de Sustitución en la Definición de Propiedades de la Aplicación*

1.3. Modificar Procedimiento de Inicialización de la URL

Desde la página de Inicio de la Aplicación, hacemos clic en Componentes Compartidos.

En la Sección Lógica de la Aplicación, hacemos clic en Procesos de Aplicación.

Seleccionamos "set *development environment URLs"* y en el recuadro de Código PL/SQL colocamos la IP de nuestro servidor y el Context Path correcto.

En nuestro caso:

```
/*
  this is just a convenience routine during development, so that I
don't have to switch the URLs all the time.
*/

-- set defaults
:p0_protocol := 'http';
:p0_server := 'localhost'; (o nuestro ip)
:p0_port := '8080';
:p0_context_path := 'JasperReportsIntegration';
```

Figura 15.5. *Configuración de la URL del Entorno de Desarrollo*

Y hacemos clic en Aplicar Cambios.

Regresamos a la aplicación y la ejecutamos.

Para verificar que el kit esté correctamente configurado hacemos clic en el menú *Verify Setup*

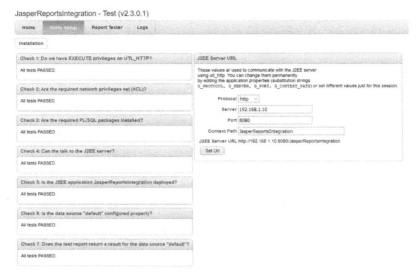

Figura 15.6. *Verificar Configuración de la Aplicación Demo*

Como podemos observar todos los Checks han sido verificados correctamente. En el caso que algún error se muestre procedemos según lo indicado en la aplicación. Como por ejemplo, ejecutar el procedimiento para otorgar permisos ACL desde el SQLPlus como el usuario sys dba.

Para probar los reportes que trae de ejemplo la aplicación del kit, hacemos clic en el menú *Report Tester.*

Dejamos los valores por defecto y hacemos clic en el botón *Show Report.*

Y podemos ver que nos muestra el reporte en formato PDF realizado en iReport.

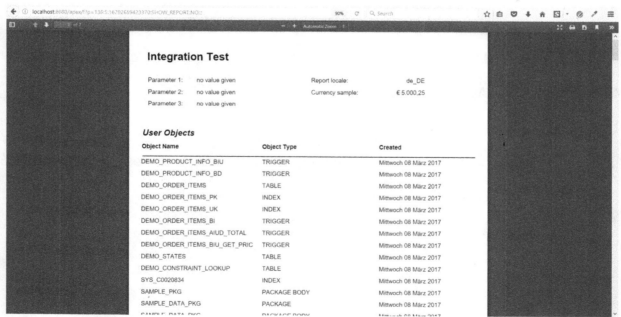

Figura 15.7. *Visualización del Reporte Test de la App Demo*

La aplicación nos provee diferentes formatos de salida como por ejemplo si queremos ver el reporte en formato html2 (new HTMLExporter 5.0)

Integration Test

Parameter 1:	no value given	Report locale:	de_DE
Parameter 2:	no value given	Currency sample:	€ 5.000,25
Parameter 3:	no value given		

User Objects

Object Name	Object Type	Created
DEMO_PRODUCT_INFO_BIU	TRIGGER	Mittwoch 08 März 2017
DEMO_PRODUCT_INFO_BD	TRIGGER	Mittwoch 08 März 2017
DEMO_ORDER_ITEMS	TABLE	Mittwoch 08 März 2017
DEMO_ORDER_ITEMS_PK	INDEX	Mittwoch 08 März 2017
DEMO_ORDER_ITEMS_UK	INDEX	Mittwoch 08 März 2017
DEMO_ORDER_ITEMS_BI	TRIGGER	Mittwoch 08 März 2017
DEMO_ORDER_ITEMS_AIUD_TOTAL	TRIGGER	Mittwoch 08 März 2017
DEMO_ORDER_ITEMS_BIU_GET_PRIC	TRIGGER	Mittwoch 08 März 2017
DEMO_STATES	TABLE	Mittwoch 08 März 2017
DEMO_CONSTRAINT_LOOKUP	TABLE	Mittwoch 08 März 2017
SYS_C0020834	INDEX	Mittwoch 08 März 2017
SAMPLE_PKG	PACKAGE BODY	Mittwoch 08 März 2017
SAMPLE_DATA_PKG	PACKAGE	Mittwoch 08 März 2017
SAMPLE_DATA_PKG	PACKAGE BODY	Mittwoch 08 März 2017
APEX$_WS_SEQ	SEQUENCE	Mittwoch 08 März 2017
APEX$_ACL	TABLE	Mittwoch 08 März 2017
APEX$_ACL_PK	INDEX	Mittwoch 08 März 2017
APEX$_WS_WEBPG_SECTIONS	TABLE	Mittwoch 08 März 2017
APEX$_WS_WEBPG_SECTIONS_PK	INDEX	Mittwoch 08 März 2017
SYS_LOB0000041834C00008$$	LOB	Mittwoch 08 März 2017
SYS_LOB0000041834C00007$$	LOB	Mittwoch 08 März 2017
APEX$_WS_ROWS	TABLE	Mittwoch 08 März 2017
APEX$_WS_ROWS_PK	INDEX	Mittwoch 08 März 2017
SYS_LOB0000041840C00166$$	LOB	Mittwoch 08 März 2017
SYS_LOB0000041840C00165$$	LOB	Mittwoch 08 März 2017

Figura 15.8. *Visualización del Reporte Test en formato html*

2. RESUMEN

En este punto, tenemos la integración de JasperReports finalizada en nuestro entorno de desarrollo local. En próximos capítulos veremos cómo usar esta integración en nuestras aplicaciones desarrolladas en Oracle APEX 5.1.

Capítulo 16

Crear reporte básico en iReport Designer

En este capítulo vamos a aprender a crear un reporte básico usando iReport Designer 4.8.0, para que pueda ser invocado más adelante en nuestra aplicación en APEX.

1. REPORTE BASICO EN IREPORT DESIGNER

Todos los reportes que vamos a crear a partir de ahora en adelante lo vamos a guardar dentro de la instalación del kit de JasperReportsIntegration, navegamos hacia el directorio reports y allí creamos un nuevo directorio llamado *oracleapex* para que albergue los nuevos reportes.

Ubicación en nuestro sistema de archivos:

C:\JasperReportsIntegration\reports\oracleapex

En el Sistema Operativo Windows le asignamos al directorio que tenga permisos de escritura, es decir, verificamos que el directorio no sea sólo de lectura.

1.1. Crear Reporte Básico en iReport

Hacemos doble clic en el icono del escritorio iReport para lanzar el programa.

Nos conectamos a la base de datos con la conexión creada anteriormente, que la habíamos denominado *libro-apex*.

Hacemos clic en el *Step 2* para crear un nuevo reporte y que se inicie el asistente.

1. Seleccionar Template

Se abre el asistente y seleccionamos el template *Flower Landscape*, y hacemos clic en el botón *Launch Report Wizard*:

2. Nombre y Ubicación

- Report Name: reporte-libros-por-autor

- Location: C:\JasperReportsIntegration\reports\oracleapex

- File: C:\JasperReportsIntegration\reports\oracleapex\reporte-libros-por-autor.jrxml

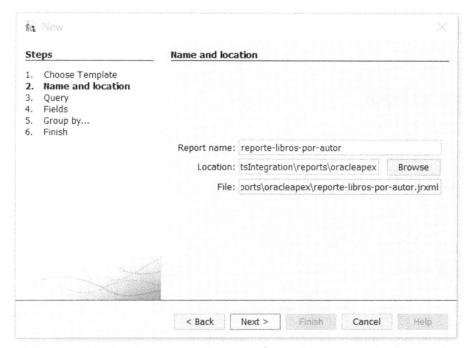

Figura 16.1. *Nombre y Ubicación del Reporte en iReport*

- Hacemos clic en el botón Next >

3. Consulta SQL (Query)

- Connections / Data Sources: libro-apex

- Query (SQL): Hacemos clic en el botón *Design query* y seleccionamos las tablas LIB_BOOKS y LIB_AUTHORS para crear la consulta SQL.

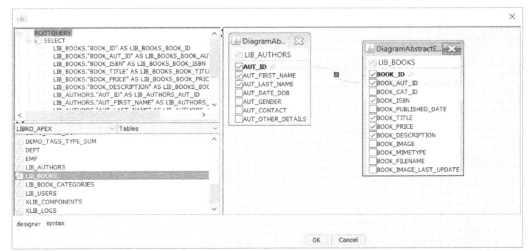

Figura 16.2. *Selección de las Tablas LIB_BOOKS y LIB_AUTHORS*

Seleccionamos las siguientes columnas de cada tabla, haciendo un Check en la casilla del nombre de la columna:

- LIB_BOOKS_BOOK_ID
- LIB_BOOKS_BOOK_AUT_ID
- LIB_BOOKS_BOOK_ISBN
- LIB_BOOKS_BOOK_TITLE
- LIB_BOOKS_BOOK_PRICE
- LIB_BOOKS_BOOK_DESCRIPTION
- LIB_AUTHORS_AUT_ID
- LIB_AUTHORS_FIRST_NAME
- LIB_AUTHORS_LAST_NAME

Hacemos clic en el botón Ok y luego hacemos clic en el botón Next >

4. Fields: Mostrar Campos de la Tabla

Seleccionamos las columnas que queremos mostrar en el reporte como sigue:

- LIB_BOOKS_BOOK_ISBN
- LIB_BOOKS_BOOK_TITLE
- LIB_BOOKS_BOOK_PRICE
- LIB_BOOKS_BOOK_DESCRIPTION
- LIB_AUTHORS_FIRST_NAME
- LIB_AUTHORS_FIRST_NAME
- LIB_AUTHORS_AUT_ID

Figura 16.3. *Selección de las Columnas*

Hacemos clic en el botón Next >

5. Agrupar por (Group By...)

En la sección Group by en el Group 1 seleccionamos la columna LIB_AUTHORS_AUT_ID.

Figura 16.4. *Agrupar por LIB-AUTHORS_AUT_ID*

Hacemos clic en el botón Next >

Figura 16.5. *Fin del Asistente de Creación de Reporte*

Finalmente hacemos clic en el botón Finish.

Se abre el IDE del iReport Designer donde visualizamos el reporte y podemos editar cada sección (band) del mismo.

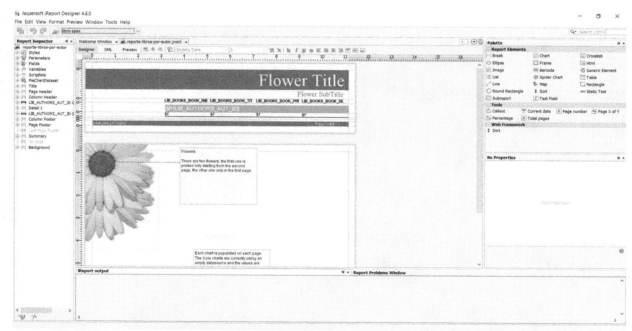

Figura 16.6. *El IDE del iReport Designer*

Nota:

242

Nota: No es objetivo del libro, aprender a utilizar en profundidad todas las características para el diseño de reportes en el iReport Designer. Para ello te invito a investigar sobre esta tan versátil herramienta en la comunidad de JasperSoft. http://community.jaspersoft.com/project/ireport-designer

A continuación, veremos cómo editar el reporte para que podamos mostrarlo en nuestra aplicación en APEX.

Podemos observar que el IDE de iReport tiene 4 paneles iniciales, el panel de la izquierda se refiere al Report Inspector que es el que contiene una lista de todos los archivos y parámetros del reporte. El panel central que es el Diseñador del Reporte, el panel de la derecha que contiene la Paleta de elementos que podemos usar en nuestros reportes y el recuadro donde se muestra las propiedades del elemento activo y finalmente el panel inferior que muestra la salida del reporte y si se tiene algún error. Todas estas ventanas las podemos reordenar a nuestro gusto.

1.2. Editar Reporte

Desde el panel central del diseñador del reporte, eliminamos todos los elementos que pertenecen al background: en primer lugar las dos imágenes de flor, luego las dos líneas horizontales, el gráfico y los dos recuadros de textos. Simplemente seleccionamos los elementos con el ratón y los eliminamos.

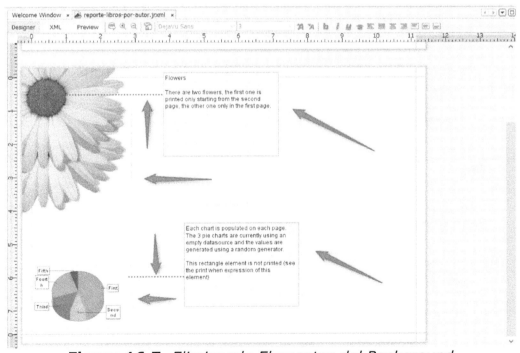

Figura 16.7. *Eliminando Elementos del Background*

De este modo el band correspondiente al Background quedará limpio y sin objetos.

Posteriormente ingresamos una imagen de fondo, en este ejemplo utilizaré la imagen de mi libro sobre JasperReports Integration.

Hacemos clic en el icono de imagen en el panel de la derecha donde se encuentra la paleta de elementos y lo arrastramos al sector del background en el panel central.

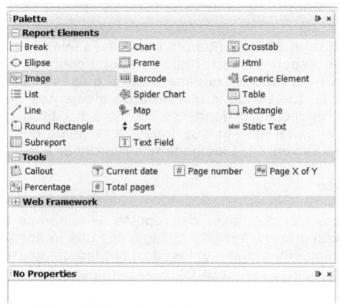

Figura 16.8. *Panel de iconos - Palette*

Ajustamos la medida de la imagen y la desplazamos al borde izquierdo para que no se solape con la tabla del reporte.

Debajo de la Imagen vamos a colocar un texto de ejemplo.

Para ello utilizamos el elemento *Static Text* de la paleta y lo arrastramos al sector del Background.

Desde el panel de la izquierda podemos cambiar el tipo de letra, el tamaño, la ubicación, además de otras propiedades.

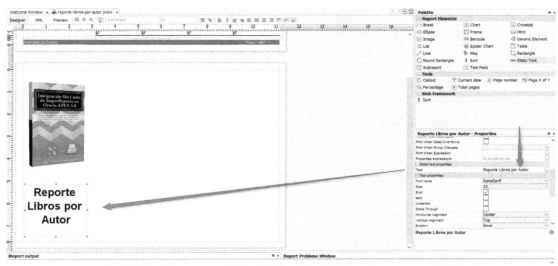

Figura 16.9. *Edición del Reporte Libros por Autor*

En la parte superior del reporte modificamos:

- Título

- Subtítulo

- Encabezados de columnas del reporte.

Colocamos un logo en el costado izquierdo del título del reporte y guardamos los cambios haciendo clic en el icono Guardar en la esquina superior izquierda.

Para pre-visualizar el reporte hacemos clic en el botón *Preview* que se encuentra en la parte superior del panel central del diseñador al lado del icono Report Query.

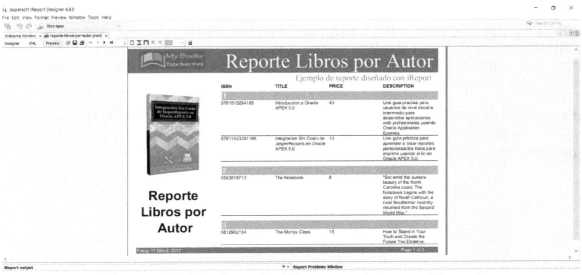

Figura 16.10. *Reporte Libros por Autor en iReport*

Como podemos observar en el reporte la agrupación de los registros está dada por el ID del autor y no por el nombre del autor. Por ello vamos a modificar el campo de visualización para que muestre el nombre y apellido del autor en la zona de la agrupación en el reporte.

Volvemos a la vista de Diseño y con la lupa (en el menú central) agrandamos la visualización del encabezado del reporte.

Nos dirigimos al panel de la izquierda y hacemos clic con el botón derecho del ratón sobre la opción **Fields** y hacemos clic en **Add Field**.

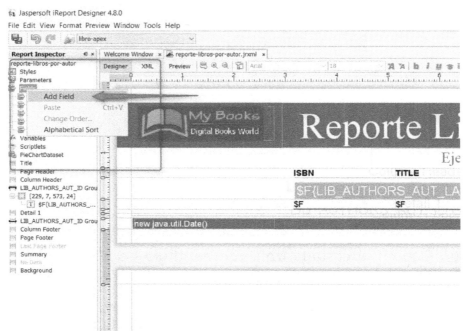

Figura 16.11. *Añadir un nuevo Field al reporte*

Ingresamos el nombre del campo en el panel de la derecha como: LIB_AUTHORS_AUT_LAST_NAME y realizamos el mismo procedimiento para el campo del nombre: LIB_AUTHORS_AUT_FIRST_NAME, en ambos casos el Field Class es java.lang.String.

Posteriormente seleccionamos el elemento: $F{LIB_AUTHORS_AUT_ID} y en el panel de propiedades del elemento hacemos clic en el botón de los 3 puntos suspensivos de la opción: Text Field Expression:

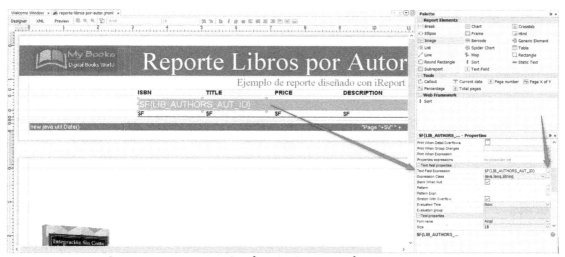

Figura 16.12. *Edición de la sección del Group By*

De ese modo se abrirá una ventana modal. Eliminamos el campo $F{LIB_AUTHORS_AUT_ID} e ingresamos los campos del apellido y el nombre del autor concatenados con el símbolo +. Es decir, ingresamos lo siguiente:

```
$F{LIB_AUTHORS_AUT_LAST_NAME} + ", " + $F{LIB_AUTHORS_AUT_FIRST_NAME}
```

Hacemos clic en el botón OK.

Se cierra la ventana modal y en el diseñador del reporte expandimos el elemento para que se vea completo el Apellido y Nombre del Autor.

Podemos acomodar cada elemento del reporte con solo seleccionar el elemento, arrastrar y soltar en la ubicación deseada.

Guardamos el reporte y lo previsualizamos.

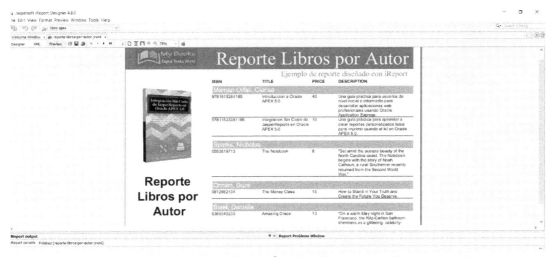

Figura 16.13. *Previsualización del Reporte Libros por Autor*

Una vez creado el reporte se generan dos archivos dentro del directorio reports/oracleapex:

reporte-libros-por-autor.jasper
reporte-libros-por-autor.jrxml

El que vamos a utilizar para llamar desde nuestra aplicación en APEX es el *reporte-libros-por-autor.jasper*.

1.3. Mostrar el Reporte en la Aplicación Demo del Kit

Ejecutamos la aplicación del kit, y luego hacemos clic en el menú *Reporter Tester*.

- Ingresamos en el campo p_rep_name: *oracleapex/reporte-libros-por-autor*

- Seleccionamos en el campo p_rep_format: *pdf*

- En el campo p_data_source verificamos que el nombre sea *default*.

Hacemos clic en el botón *Show Report.*

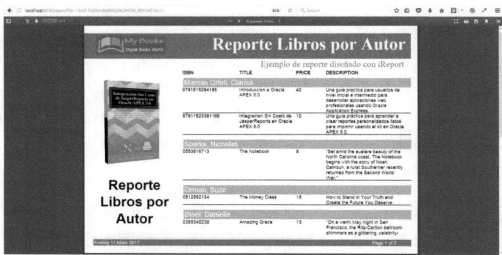

Figura 16.14. *Reporte Libros por Autor en PDF invocado desde la aplicación demo en APEX*

2. RESUMEN

Como podemos ver, la invocación de los reportes diseñados en iReport es muy sencilla, ya que el kit de JasperReports encapsula todo el trabajo con los paquetes PL/SQL que se instalaron en el esquema de la base de datos de nuestra aplicación, haciendo que todo el proceso sea transparente para el usuario.

Capítulo 17

Integrar y usar el JasperReports Integration Kit en APEX

En este capítulo aprenderemos a realizar la integración de JasperReports en nuestra aplicación Demo de Libros, para que los reportes puedan ser invocados desde nuestra aplicación.

1. INTEGRACION DE JASPER REPORTS

1.1. Integrar JasperReports en APEX

Para poder implementar la invocación de nuestros reportes en nuestras aplicaciones desarrolladas en Oracle APEX 5.1 necesitamos hacer uso de un Bloque de Código PL/SQL, que nos provee el kit:

```
begin
    xlib_jasperreports.set_report_url('http://localhost:8080/JasperReportsIntegration/report');
    xlib_jasperreports.show_report (p_rep_name => :p5_rep_name,
                                    p_rep_format => :p5_rep_format,
                                    p_data_source => :p5_data_source,
                                    p_out_filename => :p5_out_filename,
                                    p_rep_locale => :p5_rep_locale,
                                    p_rep_encoding => :p5_rep_encoding,
                                    p_additional_params => :p5_additional_params);

    -- stop rendering of the current APEX page
    apex_application.g_unrecoverable_error := true;
end;
```

Figura 17.1. *Código PL/SQL*

En la siguiente tabla se muestra la descripción de cada uno de los parámetros:

Parámetro	Descripción	Valor por Defecto	Requerido
p_rep_name	Especifica el nombre del reporte	test	*
p_rep_format	Corresponde al format del reporte, por ejemplo: pdf, html, html2, rtf, xls, jxl, csv, xlsx, pptx or docx	pdf	*
p_data_source	Fuente de Datos configurado, por ejemplo: default, test	default	*
p_out_filename	Se puede especificar un nombre de archivo para la descarga cuando se abre la ventana de diálogo "guardar como"		
p_rep_locale	Cadena de Idioma, compuesto por ISO language code y ISO country code	de_DE	
p_rep_encoding	El parámetro "charset" para el content type, una lista de	UTF-8	

	entradas válidas pude ser encontrado en la siguiente URL: https://www.iana.org/assignments/character-sets/character-sets.xhtml Ejemplo: ISO-8859-15, UTF-8, Windows-1252		
p_additional_parameters	Todos los parámetros se pasan directamente al informe (excluyendo los internos (con el prefijo "_")		

Cuando se instaló los objetos del kit de integración en la base de datos, se instalaron los paquetes y procedimientos que se encargan de la invocación de los reportes y la construcción de la URL.

1.2. Crear Página de Reportes

Desde la página de inicio de la aplicación "Demo Libros", creamos una página en blanco.

1. En Atributos de Página:

   - Número de Página: 8

   - Nombre: Generar Reportes

   - Modo de Página: Normal

   - Ruta de navegación: Menú Principal

   - Entrada Principal: Ninguna Entrada Principal

   - Nombre de Entrada: Generar Reportes

   - Hacemos clic en el botón Siguiente

2. En Menú de Navegación:

   - Preferencia de Navegación: Crear nueva entrada del menú de navegación

   - Nueva Entrada de Menú de Navegación: Generar Reportes

   - Entrada de menú de Navegación principal: - No se ha seleccionado ningún principal -

   - Hacemos clic en el botón Siguiente

3. En Confirmar:

   - Hacemos clic en el botón Terminar

1.3. Editar Página "Generar Reportes"

Vamos a crear una región de tipo estático y varios elementos de página para capturar los valores obligatorios como los opcionales que son necesarios para poder invocar a los reportes.

Desde el Diseñador de Páginas de la Página 8:

1. En el panel de la izquierda, en la ficha de Presentación, creamos una región de tipo contenido estático llamada *"Mis Reportes"*.

2. Creamos un elemento de página de tipo Campo de Texto, llamado P8_REP_NAME (requerido)

3. Creamos un elemento de página de tipo Lista de Selección, llamado P8_REP_FORMAT (requerido),
   - Tipo: Valores Estáticos
   - Valores Estáticos:
     `STATIC:pdf;pdf,rtf;rtf,xls;xls,html;html,csv;csv`

4. Creamos un elemento de página de tipo Campo de Texto, llamado P8_REP_DATA_SOURCE (requerido)

5. Creamos un elemento de página de tipo Campo de Texto, llamado P8_REP_OUT_FILENAME

6. Creamos un elemento de página de tipo Campo de Texto, llamado P8_REP_LOCALE

7. Creamos un elemento de página de tipo Campo de Texto, llamado P8_REP_ENCODING

8. Creamos un elemento de página de tipo Área de Texto, llamado P8_REP_PARAMETERS

9. Creamos un Botón dentro de la Región "Mis Reportes" que lo llamaremos GENERAR_REPORTE, en posición del botón: Debajo de la Región y en la sección Comportamiento, en Acción: Ejecutar Página

10. Guardamos los cambios haciendo clic en el botón Guardar

Figura 17.2. *Formulario para Generar Reportes*

1.4. Editar Atributos de Página

Si bien en la versión APEX 5.0 la llamada al reporte no genera ningún error, en la versión de APEX 5.1 ha habido un cambio en el atributo "Volver a Cargar al Ejecutar" una página, usado para especificar cuando una página debería ser cargada de nuevo para su ejecución.

Todas las aplicaciones creadas con APEX 5.1 este atributo está configurado como "Solo Correctos", si lo dejamos así nos presentará el siguiente error, cuando queramos generar el reporte:

```
Se ha producido 1 error

    Error: SyntaxError: JSON.parse: unexpected character at line 1
column 1 of the JSON data
```

Para solucionar este problema, en atributos de la página, ingresamos en la sección Avanzada:

- Volver a Cargar al Ejecutar: **Siempre**

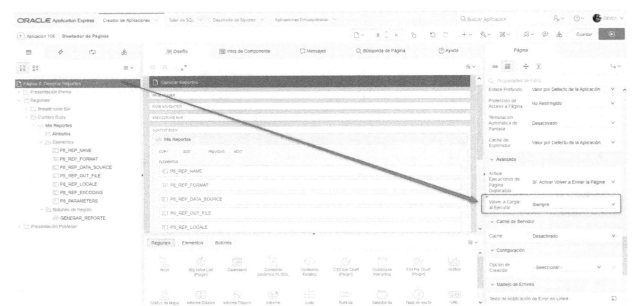

Figura 17.3. *Editar Atributo Volver a Cargar al Ejecutar*

Guardamos los cambios.

1.5. Crear Proceso para Invocar los Reportes

Desde el Diseñador de Páginas de la Página 8, en el panel de la izquierda, en la ficha de Procesamiento, creamos un proceso de tipo Código PL/SQL llamado Generar Reporte.

En la sección Origen, insertamos el siguiente código PL/SQL:

```
declare
  l_proc varchar2(100) := 'show report';
  l_additional_parameters varchar2(32767);
BEGIN

xlib_jasperreports.set_report_url('http://localhost:8080/JasperReports
Integration/report');

-- call the report
  xlib_jasperreports.show_report (
          p_rep_name          => :p8_rep_name,
          p_rep_format        => :p8_rep_format,
          p_data_source       => :p8_rep_data_source,
          p_out_filename      => :p8_rep_out_filename,
          p_rep_locale        => :p8_rep_locale,
          p_rep_encoding      => :p8_rep_encoding);

  apex_application.g_unrecoverable_error := true;
exception
```

```
when others then
   xlog(l_proc, sqlerrm, 'ERROR');
   raise;
end;
```

Indicamos en la sección Condición de Servidor:

- Si Se Hace Clic en el Botón: GENERAR_REPORTE

Guardamos el Proceso haciendo clic en el botón Guardar.

El Código PL/SQL invoca un paquete llamado XLIB_JASPERREPORTS, que se instaló cuando instalamos los objetos de la base de datos del kit de integración del JasperReports Integration, el cual se le pasa los parámetros para poder llamar al Reporte seleccionado.

Ejecutamos la aplicación "Demo Libros"

Ingresamos los parámetros obligatorios:

- Nombre del Reporte: oracleapex/reporte-libros-por-autor

- Formato de Archivo: pdf

- Fuente de Datos: default

Figura 17.4. *Invocar Reporte creado en iReport*

Y hacemos clic en el botón GENERAR REPORTE

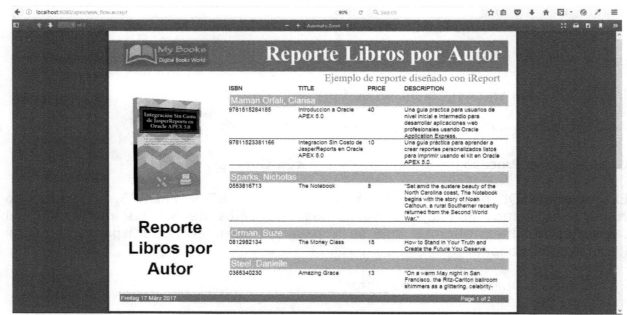

Figura 17.5. *Visualización del Reporte en PDF creado en iReport*

2. RESUMEN

En este capítulo hemos aprendido a integrar en nuestra aplicación demo el uso de la invocación de reportes realizados en iReport Designer como también a crear la página que gestionará la invocación de los reportes creados.

Capítulo 18

Crear reporte parametrizado en iReport Designer

En este capítulo vamos a crear un reporte parametrizado en iReport Designer usando las tablas LIB_BOOKS y LIB_AUTHORS de la base de datos. Nuestro reporte se filtrará con un parámetro que será el nombre del autor de cada libro.

1. REPORTE PARAMETRIZADO EN IREPORT

1.1. Crear Reporte Parametrizado

Hacemos doble clic en el icono de iReport para lanzar el programa.

Nos conectamos a la base de datos con la conexión creada anteriormente, que la habíamos denominado libro-apex.

Hacemos clic en el *Step 2* para crear un nuevo reporte y que se inicie el asistente.

1. Choose Template: Flower Landscape, y hacemos clic en el botón Launch Report Wizard

2. Name and Location:

   - Report Name: reporte_parametro

   - Location: C:\JasperReportsIntegration\reports\oracleapex

   - File: C:\JasperReportsIntegration\reports\oracleapex\reporte_parametro.jrxml

   - Hacemos clic en el botón Next >

3. Query:

   - Hacemos clic en el botón Design query y seleccionamos nuestro esquema y luego las tablas LIB_BOOKS y LIB_BOOK_CATEGORIES, posteriormente hacemos clic en el botón Ok.

   - Hacemos clic en el botón Next >

4. Fileds: Mostramos los siguientes campos:

   - LIB_BOOKS_BOOK_ISBN

   - LIB_BOOKS_BOOK_TITLE

   - LIB_BOOKS_BOOK_PRICE

   - LIB_BOOKS_BOOK_DESCRIPTION

   - Hacemos clic en el botón Next >

5. Group by... No seleccionamos nada y hacemos clic en el botón Next >

6. Finish: Hacemos clic en el botón Finish

Eliminamos todos los elementos del Background y editamos el título, subtitulo y los encabezados de columnas del Reporte, como se muestra a continuación:

- Título: Listado de Libros por Categorías

- Subtítulo: Reporte con Parámetro

- Nombres de Columnas:

    o ISBN

    o TITULO

    o PRECIO

    o DESCRIPCION

1.2. Crear Parámetro para Filtrar el Reporte

Desde el iReport en la panel de la izquierda en Report Inspector, expandimos los Parameters haciendo clic en la cruz (+) y seleccionamos Add Parameter.

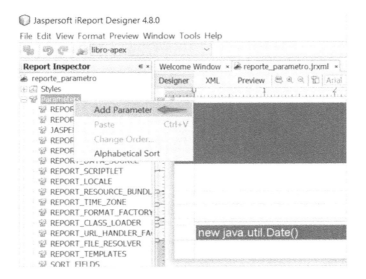

Figura 18.1. *Añadir Parámetro en un Reporte*

Ingresamos los siguientes datos en las propiedades del parámetro:

- Name: parameter1

- Parameter Class: java.lang.String

- Use as a promp: No Check

Guardamos el Reporte.

<u>Nota</u>: *El kit solo acepta el tipo de parámetro String.*

Figura 18.2. *Propiedades del Parámetro parameter1*

1.3. Modificar la Consulta SQL en el Reporte

Necesitamos modificar la consulta SQL del reporte para agregar la cláusula WHERE que permita realizar el filtro del reporte por medio del parámetro *parameter1*.

Hacemos clic con el botón derecho del ratón sobre el nombre del Reporte en el recuadro del *Report Inspector* y seleccionamos *Edit Query*:

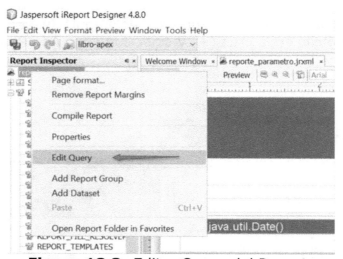

Figura 18.3. *Editar Query del Reporte*

Se abre una ventana modal y en ella agregamos a la consulta SQL la siguiente línea:

```
WHERE CAT_DESCRIPTION = $P{parameter1}
```

Y Hacemos clic en el botón Ok.

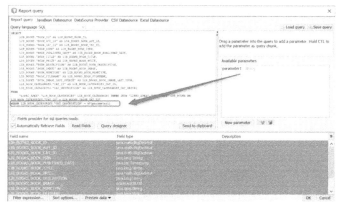

Figura 18.4. *Añadir cláusula WHERE en la Consulta SQL*

2. REPORTE PARAMETRIZADO EN APEX

2.1. Crear Botón Generar Reporte Parametrizado

Desde el Diseñador de Páginas de la Página 8 de nuestra aplicación, creamos un botón que lo llamaremos GENERAR_REPORTE_PARAMETRIZADO para llamar al procedimiento y muestre el reporte filtrado.

2.2. Crear Proceso para Invocar los Reportes con Parámetros

Desde el Diseñador de Páginas de la Página 8 de nuestra aplicación, en el panel de la izquierda, en la ficha de Procesamiento, creamos un proceso de tipo Código PL/SQL llamado Generar Reporte con Parámetro.

En la sección Origen, insertamos el siguiente código PL/SQL:

```
declare
  l_proc varchar2(100) := 'show report';
  l_additional_parameters varchar2(32767);
BEGIN

xlib_jasperreports.set_report_url('http://localhost:8080/JasperReports
Integration/report');
-- construct addional parameter list
  l_additional_parameters := 'parameter1=' ||
apex_util.url_encode(:p8_rep_parameters);

-- call the report and pass parameters
  xlib_jasperreports.show_report (
        p_rep_name          => :p8_rep_name,
        p_rep_format        => :p8_rep_format,
        p_data_source       => :p8_rep_data_source,
        p_out_filename      => :p8_rep_out_filename,
        p_rep_locale        => :p8_rep_locale,
        p_rep_encoding      => :p8_rep_encoding,
```

```
        p_additional_params    => l_additional_parameters);

  apex_application.g_unrecoverable_error := true;

exception
  when others then
    xlog(l_proc, sqlerrm, 'ERROR');
    raise;
end;
```

Indicamos en la sección "Condición de Servidor" indicamos: Si se Hace Clic en el Botón: GENERAR_REPORTE_PARAMETRIZADO

Guardamos el Proceso haciendo clic en el botón Guardar.

Podemos ver en el código PL/SQL que se agregó el parámetro p_additional_params el cual toma el valor de la variable l_additional_parameters y que ésta a su vez toma el valor de *parameter1*.

2.3. Invocar Reporte Parametrizado desde APEX

Ejecutamos la aplicación e ingresamos los datos obligatorios, como sigue:

- Nombre del Reporte: oracleapex/reporte_parametro

- Formato de Archivo: pdf

- Fuente de Datos: default

- Parámetros: Science and Technology

Es importante destacar que debemos ingresar el parámetro tal cual como está en la base de datos, es decir si está todo en mayúsculas, así es como debemos pasarlo al procedimiento. En este caso no está todo en mayúsculas.

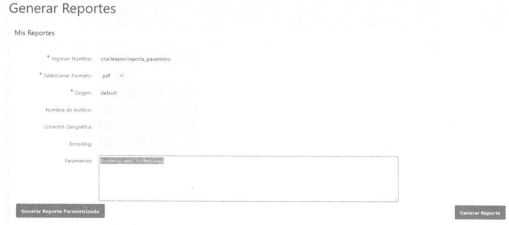

Figura 18.5. *Invocar Reporte parametrizado desde APEX*

Hacemos clic en el botón Generar Reporte Parametrizado:

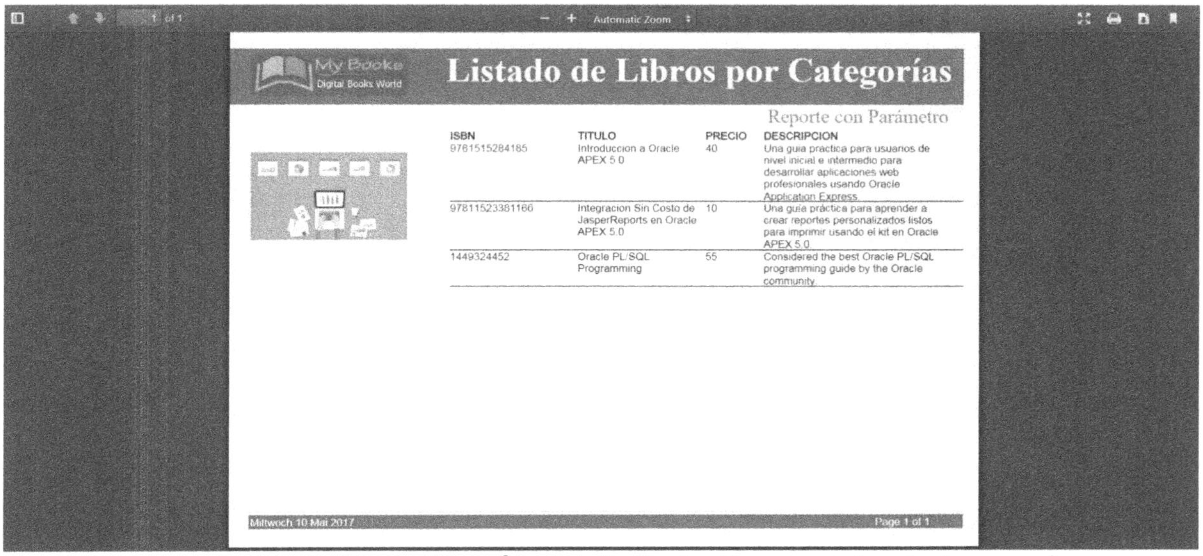

Figura 18.6. *Visualización del Reporte Parametrizado invocado desde la aplicación en APEX*

3. RESUMEN

De esta forma hemos aprendido a filtrar el reporte desde APEX conectando el valor con el parámetro de iReport.

El gran poder de trabajar con iReport y elaborar diferentes tipos de reportes visualmente atractivos e informativos hace de esta herramienta una muy buena alternativa para crear reportes profesionales y elegantes listos para imprimir.

Capítulo 19

Crear reporte con imágenes en iReport Designer

En este capítulo aprenderemos a crear un reporte que tendrá una columna en la cual se mostrará la imagen del libro que se encuentra almacenada en la base de datos.

Para ello vamos a utilizar la tabla LIB_BOOKS que nos permitirá trabajar con la imagen almacenada en la tabla.

1. REPORTE CON IMÁGENES EN IREPORT

1.1. Crear Reporte con una Columna de Tipo Imagen

Hacemos doble clic en el icono de iReport para lanzar el programa.

Nos conectamos a la base de datos con la conexión creada anteriormente, que la habíamos denominado apex-demo.

Hacemos clic en el *Step 2* para crear un nuevo reporte y que se inicie el asistente.

1. Choose Template: Cherry Landscape, y hacemos clic en el botón Launch Report Wizard

2. Name and Location:

    * Report Name: listado_libros

    * Location: C:\JasperReportsIntegration\reports\oracleapex

    * File: C:\JasperReportsIntegration\reports\oracleapex\listado_libros.jrxml

    * Hacemos clic en el botón Next >

3. Query:

    * Ingresamos la siguiente consulta SQL en el recuadro Query (SQL)

```
SELECT
     LIB_BOOKS."BOOK_ID" AS BOOK_ID,
     LIB_BOOKS."BOOK_AUT_ID" AS BOOK_AUT_ID,
     LIB_BOOKS."BOOK_CAT_ID" AS BOOK_CAT_ID,
     LIB_BOOKS."BOOK_ISBN" AS BOOK_ISBN,
     LIB_BOOKS."BOOK_TITLE" AS BOOK_TITLE,
     LIB_BOOKS."BOOK_PRICE" AS BOOK_PRICE,
     LIB_BOOKS."BOOK_DESCRIPTION" AS BOOK_DESCRIPTION,
     LIB_BOOKS."BOOK_IMAGE" AS BOOK_IMAGE,
     LIB_BOOK_CATEGORIES."CAT_ID" AS CAT_ID,
     LIB_BOOK_CATEGORIES."CAT_DESCRIPTION" AS CAT_DESCRIPTION
FROM
     LIB_BOOK_CATEGORIES INNER JOIN LIB_BOOKS ON
LIB_BOOK_CATEGORIES."CAT_ID" = LIB_BOOKS."BOOK_CAT_ID"
```

- Hacemos clic en el botón Next >

4. Fields:

    - Mostramos los siguientes campos, en el siguiente orden:

    o BOOK_IMAGE

    o BOOK_ISBN

    o BOOK_TITLE

    o BOOK_PRICE

    o BOOK_DESCRIPTION

    o CAT_DESCRIPTION

    - Hacemos clic en el botón Next >

5. Group by... No seleccionamos nada y hacemos clic en el botón Next >

6. Finish: Hacemos clic en el botón Finish

Editamos el título, el subtítulo y el tamaño de fuente para que se visualice correctamente en el Reporte y además editamos los encabezados de columna, como también si queremos cambiar la imagen del encabezado.

1.2. Columna de Tipo Imagen

Eliminamos el valor de la columna Imagen, seleccionamos ""+$F y lo eliminamos.

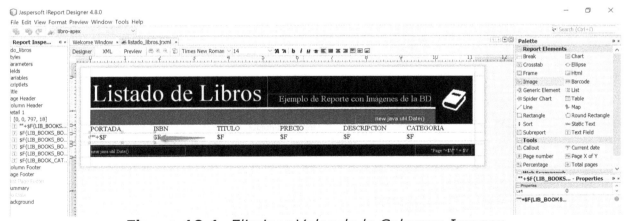

Figura 19.1. *Eliminar Valor de la Columna Imagen*

Hacemos clic en el elemento Imagen del panel de la derecha "Report Elements" y lo arrastramos y soltamos en la posición del valor de la imagen, debajo del título PORTADA, se abrirá la ventana de diálogo para seleccionar una imagen, simplemente cerramos la ventana sin seleccionar ninguna imagen.

Es posible que tengamos que reducir el tamaño de la imagen y agrandar el espacio de toda la fila de valores del reporte.

Figura 19.2. *Insertar Elemento Imagen en la Columna Imagen*

Seleccionamos el elemento Imagen y en la sección de Propiedades de la Imagen, hacemos clic en el botón de 3 puntos suspensivos en Image Expression, se abre una ventana modal y hacemos doble clic sobre el campo IMAGE Field BLOB del recuadro central inferior para que se muestre en el recuadro superior y hacemos clic en el botón Ok.

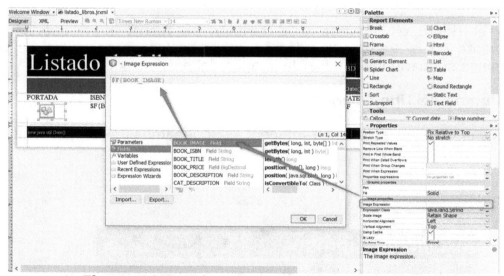

Figura 19.3. *Editar Propiedades de la Imagen*

Podremos ver que se cargó la Expresión: $F{BOOK_IMAGE} en Image Expression.

Y en Expression Class le asignamos: *java.io.InputStream*

En el panel de la Izquierda "Report Inspector" Seleccionamos y expandimos *Fields* y hacemos clic en el campo BOOK_IMAGE.

Figura 19.4. *Campo Imagen en el Report Inspector*

En el Panel de la derecha en propiedades del campo, configuramos Field Class: java.io.InputStream.

Y recompilamos el Reporte haciendo clic en el icono ubicado en el menú de íconos.

Figura 19.5. *Re-compilar el Reporte*

Pre-visualizamos el Reporte y podemos ver que se muestran las imágenes que están guardadas en la base de datos.

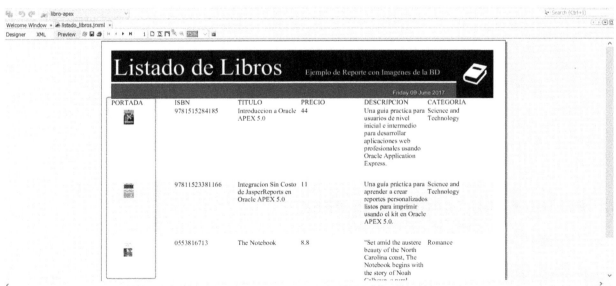

Figura 19.6. *Listado de Libros con Imágenes*

1.3. Filtrar Reporte por Categorías

Creamos un parámetro que sea la categoría del libro.

Llamaremos al parámetro p_category y el parameter Class es Java.lang.String.

Editamos la consulta SQL del Reporte agregando el parámetro en la cláusula WHERE.

```
WHERE LIB_BOOK_CATEGORIES."CAT_DESCRIPTION" = $P{p_category}
```

Nota: *Cada vez que realizamos un cambio en la consulta SQL del reporte, el campo BOOK_IMAGE cambiará automáticamente su Filed Type a Oracle.sql.BLOB y por ello si no volvemos a cambiar el tipo a java.io.InputStream el reporte nos mostrará un error.*

Para ello, volvemos a seleccionar el campo BOOK_IMAGE en el Report Inspector y en el panel de propiedades a la derecha en la opción Field Class seleccionamos la opción: java.io.InputStream.

Re-compilamos y pre-visualizamos el reporte pasándole el parámetro por ejemplo: Romance.

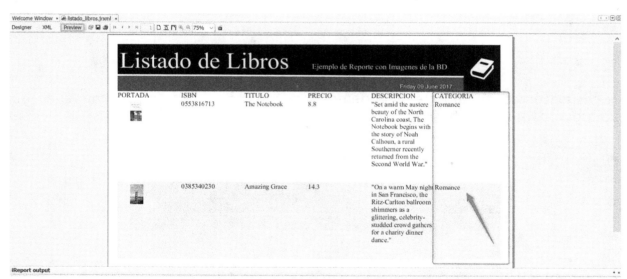

Figura 19.7. *Listado de Libros con Imágenes Filtrado por Categoría*

2. REPORTE CON IMÁGENES EN APEX

2.1. Crear Informe Clásico en la Aplicación de APEX

Ingresamos a nuestra aplicación "Demo Libros" y creamos una nueva página de tipo Informe Clásico.

La Consulta de Origen es:
```
select book_id
, book_isbn as "ISBN"
, book_title as "TITULO"
, book_Price as "PRECIO"
, book_description as "DESCRIPCION"
, dbms_lob.getlength("BOOK_IMAGE") "PORTADA"
, cat_description as "CATEGORIA"
from LIB_BOOKS, LIB_BOOK_CATEGORIES
where book_cat_id = cat_id
and cat_description = :P9_CATEGORY
```

2.2. Crear Lista Dinámica

Desde Componentes Compartidos creamos una Lista de Valores de las categorías de libros, para ello creamos una lista dinámica en el cual la etiqueta (label) sea la descripción de la categoría y que devuelva también el nombre de la categoría, a esta lista de valores la podemos llamar: BOOK_CATEGORIES_DESC.

```
select   CAT_DESCRIPTION   as   display_value,   CAT_DESCRIPTION   as
return_value
  from LIB_BOOK_CATEGORIES
 order by 1
```

2.3. Crear Elemento de Página

Creamos un elemento de Página de tipo Lista de Selección llamado PX_CATEGORY para que sea el filtro del reporte y en la sección Lista de Valores, seleccionamos la lista que hemos creado llamada: BOOK_CATEGORIES_DESC.

Y en la sección Configuración, indicamos en Acción de Página al Seleccionar sea Submit Page.

2.4. Editar Columna de Tipo BLOB - BOOK_IMAGE (PORTADA)

Editamos la columna PORTADA, y en Tipo le asignamos que sea "Mostrar Imagen".

En la Sección Atributos BLOB, configuramos lo siguiente:

- Nombre de la Tabla: LIB_BOOKS
- Columna BLOB: BOOK_IMAGE
- Columna Clave Primaria: BOOK_ID
- Columna de Tipo MIME: BOOK_MIMETYPE
- Columna de Nombre de Archivo: BOOK_FILENAME
- Última Columna Actualizada: BOOK_IMAGE_LAST_UPDATE

Ejecutamos la página y podemos observar el listado de libros filtrado por categoría:

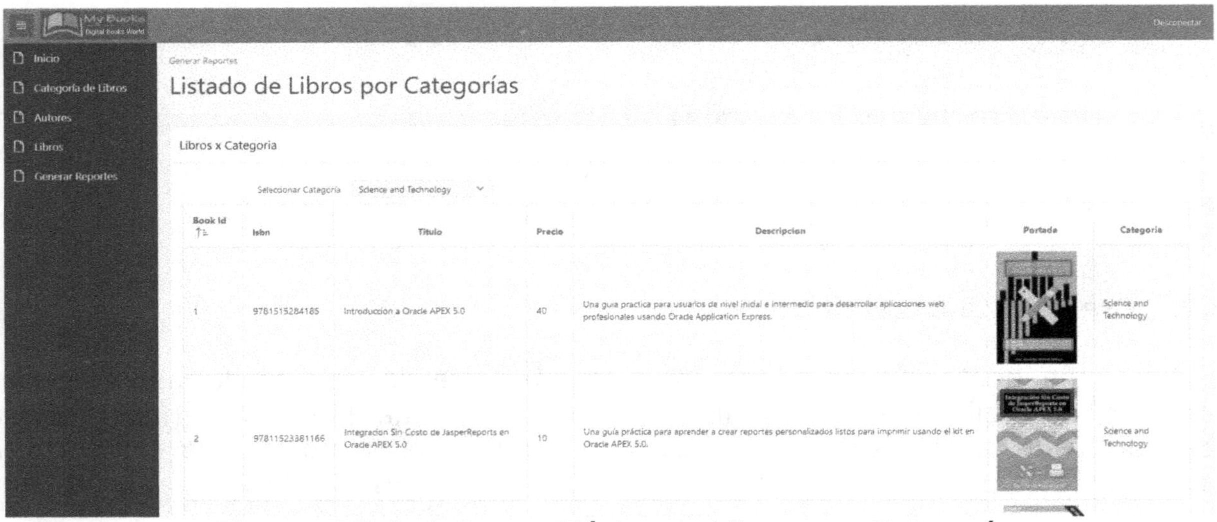

Figura 19.8. *Informe Clásico de Libros por Categoría*

2.5. Crear Botón Imprimir

Para poder llamar al reporte que realizamos anteriormente en iReport Designer del listado de Libros, necesitamos tener un botón que realice la llamada, lo llamaremos "Imprimir Listado".

2.6. Crear Procedimiento para Visualizar el Reporte

Para poder mostrar el reporte creado en iReport, necesitamos crear el procedimiento que realizará la llamada y construirá la URL que permita mostrar el reporte en nuestra aplicación en APEX.

Desde el Diseñador de Páginas de la Página 9, en el panel de la izquierda, en la ficha de Procesamiento, creamos un proceso de tipo Código PL/SQL llamado "Generar Listado de Libros".

En la sección Origen, insertamos el siguiente código PL/SQL:

```
declare
  l_proc varchar2(100) := 'show report';
  l_additional_parameters varchar2(32767);
BEGIN
  xlib_jasperreports.set_report_url

('http://localhost:8080/JasperReportsIntegration/report');

 -- construct addional parameter list
  l_additional_parameters := 'p_category=' || apex_util.url_encode
(:p9_category);
```

```
-- call the report and pass parameters
  xlib_jasperreports.show_report (
         p_rep_name              => 'oracleapex/listado_libros',
         p_rep_format            =>
xlib_jasperreports.c_rep_format_pdf,
         p_data_source           => 'default',
         p_additional_params     => l_additional_parameters);

  apex_application.g_unrecoverable_error := true;

exception
  when others then
    xlog(l_proc, sqlerrm, 'ERROR');
    raise;
end;
```

Indicamos en la sección Condición de Servidor que:
Sí se Hace Clic en el Botón: IMPRIMIR_LISTADO.

Guardamos el Proceso haciendo clic en el botón Guardar.

Recordemos de colocar en atributos de la página, en la sección Avanzada: Volver a Cargar al Ejecutar: **Siempre**.

Ejecutamos la página y hacemos clic en el botón IMPRIMIR LISTADO y podemos ver que el listado se muestra en PDF con el filtro que hemos seleccionado.

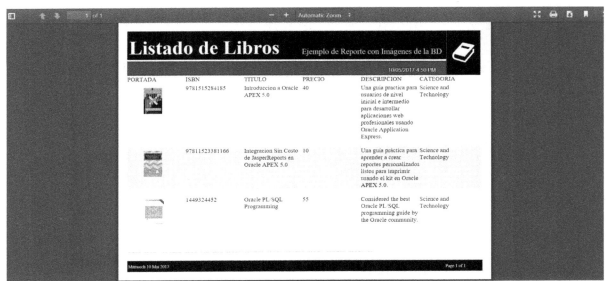

Figura 19.9. *Listado de Libros en PDF listo para Imprimir*

2.7. Pasar Múltiples Parámetros a un Reporte

Puede darse el caso que necesitemos filtrar nuestro reporte por más de un parámetro.

Vamos a crear un ejemplo en el que mostremos el listado de libros por categoría y rango de precios, en cual necesitaremos el precio desde (*p_price_from*) y el precio hasta (*p_price_to*).

Ingresamos a iReport Designer y abrimos el Reporte Listado de Libros.

Añadimos un parámetro que lo llamaremos *p_price*.

Figura 19.10. *Añadir nuevos parámetros en iReport*

Seleccionamos el Reporte desde el Report Inspector y modificamos la Consulta SQL.

```
SELECT
      LIB_BOOKS."BOOK_ID" AS BOOK_ID,
      LIB_BOOKS."BOOK_AUT_ID" AS BOOK_AUT_ID,
      LIB_BOOKS."BOOK_CAT_ID" AS BOOK_CAT_ID,
      LIB_BOOKS."BOOK_ISBN" AS BOOK_ISBN,
      LIB_BOOKS."BOOK_TITLE" AS BOOK_TITLE,
      LIB_BOOKS."BOOK_PRICE" AS BOOK_PRICE,
      LIB_BOOKS."BOOK_DESCRIPTION" AS BOOK_DESCRIPTION,
      LIB_BOOKS."BOOK_IMAGE" AS BOOK_IMAGE,
      LIB_BOOK_CATEGORIES."CAT_ID" AS CAT_ID,
      LIB_BOOK_CATEGORIES."CAT_DESCRIPTION" AS CAT_DESCRIPTION
FROM
      LIB_BOOK_CATEGORIES INNER JOIN LIB_BOOKS ON
LIB_BOOK_CATEGORIES."CAT_ID" = LIB_BOOKS."BOOK_CAT_ID"
WHERE LIB_BOOK_CATEGORIES."CAT_DESCRIPTION" = $P{p_category}
AND LIB_BOOKS."BOOK_PRICE" BETWEEN $P{p_price_from} AND $P{p_price_to}
```

Guardamos los cambios en iReport.

Nota: *Recordemos de controlar el campo BOOK_IMAGE que tenga asignada la clase java.io.InputStream.*

Ingresamos a la Página donde tenemos el Listado de Libros, -en nuestra aplicación es la página 9-, para crear dos elementos de página de tipo texto para el "Precio Desde" P9_PRICE_FROM y el "Precio Hasta" P9_PRICE_TO.

Modificamos la Consulta SQL del Informe Clásico, agregando en la cláusula WHERE el nuevo filtro.

```
select book_id
, book_isbn as "ISBN"
, book_title as "TITULO"
, book_price as "PRECIO"
, book_description as "DESCRIPCION"
, dbms_lob.getlength("BOOK_IMAGE") "PORTADA"
, cat_description as "CATEGORIA"
from LIB_BOOKS, LIB_BOOK_CATEGORIES
where book_cat_id = cat_id
and cat_description = :P9_CATEGORY
and book_price between :P9_PRICE_FROM and :P9_PRICE_TO
```

Necesitamos para este ejemplo, deshabilitar el submit page del elemento de página de la Lista de Selección de Categorías y agregar un botón que nos permita ejecutar la consulta SQL después que ingresamos los valores que deseamos.

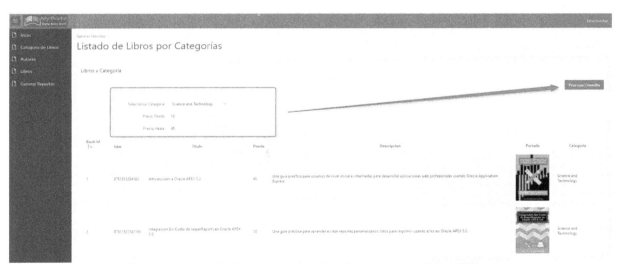

Figura 19.11. *Listado de Productos con tres Filtros*

2.8. Modificar Procedimiento "Generar Listado de Libros"

Para que en el Reporte se apliquen los tres filtros, necesitamos modificar el Código PL/SQL del procedimiento, como se muestra a continuación:

```
declare
  l_proc varchar2(100) := 'show report';
  l_additional_parameters varchar2(32767);
BEGIN
  xlib_jasperreports.set_report_url
('http://localhost:8080/JasperReportsIntegration/report');
```

```
-- construct addonal parameter list
  l_additional_parameters := 'p_category=' ||
apex_util.url_encode(:p9_category);
  l_additional_parameters := l_additional_parameters ||
'&p_price_from=' || apex_util.url_encode(:p9_price_from);
  l_additional_parameters := l_additional_parameters || '&p_price_to='
|| apex_util.url_encode(:p9_price_to);

-- call the report and pass parameters
  xlib_jasperreports.show_report (
          p_rep_name            => 'oracleapex/listado_libros',
          p_rep_format          =>
xlib_jasperreports.c_rep_format_pdf,
          p_data_source         => 'default',
          p_additional_params   => l_additional_parameters);

  apex_application.g_unrecoverable_error := true;
exception
  when others then
    xlog(l_proc, sqlerrm, 'ERROR');
    raise;
end;
```

Podemos ver cómo concatenar los parámetros usando la variable l_additional_parameters.

Hacemos clic en el botón Imprimir Listado y podemos ver el resultado.

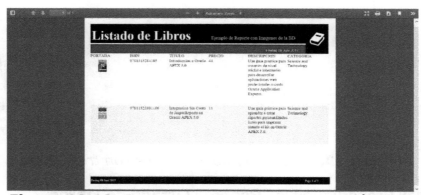

Figura 19.12. *Reporte en iReport con tres parámetros*

3. RESUMEN

Diseñar reportes con diferentes tipos de filtros es muy común en aplicaciones web, por ello, el aprender cómo podemos pasar varios parámetros dentro de nuestra consulta SQL en iReport nos dará la posibilidad de crear reportes altamente sofisticados para que sean invocados dentro de nuestras aplicaciones en APEX.

Capítulo 20

Crear reporte de tipo gráfico en iReport Designer

En este capítulo aprenderemos a crear un Gráfico en iReport Designer para que pueda ser llamado desde nuestra aplicación en APEX 5.1.

1. REPORTE GRAFICO EN IREPORT

1.1. Crear Reporte Gráfico en iReport

Hacemos doble clic en el icono para lanzar el programa.

Nos conectamos a la base de datos que la habíamos denominado libro-apex.

Hacemos clic en el *Step 2* para crear un nuevo reporte y que se inicie el asistente.

1. Choose Template: Blank A4 Landscape, y hacemos clic en el botón Launch Report Wizard

2. Name and Location:

   - Report Name: grafico_libros_por_categorias

   - Location: C:\JasperReportsIntegration\reports\oracleapex

   - File: C:\JasperReportsIntegration\reports\oracleapex\grafico_libros_por_categorias.jrxml

   - Hacemos clic en el botón Next >

3. Query:

   - Ingresamos la siguiente consulta SQL en el recuadro Query (SQL)

   ```
   SELECT
         LIB_BOOK_CATEGORIES."CAT_DESCRIPTION" AS NOMBRE,
   COUNT(LIB_BOOKS."BOOK_ID") AS VALOR
   FROM
         "LIBRO_APEX"."LIB_BOOK_CATEGORIES" LIB_BOOK_CATEGORIES
   INNER JOIN "LIBRO_APEX"."LIB_BOOKS" LIB_BOOKS ON
   LIB_BOOK_CATEGORIES."CAT_ID" = LIB_BOOKS."BOOK_CAT_ID"
   GROUP BY LIB_BOOK_CATEGORIES."CAT_DESCRIPTION"
   ```

   - Hacemos clic en el botón Next >

4. Fields:

   - Mostramos todos los campos NOMBRE y VALOR

   - Hacemos clic en el botón Next >

5. Group by... No seleccionamos nada y hacemos clic en el botón Next >

6. Finish: Hacemos clic en el botón Finish

Eliminamos los sectores Column Header, Detail 1, Column Footer, Page Footer, ubicándonos encima de cada sector y con el botón derecho del ratón seleccionamos Delete Band.

Agregamos un título al reporte, con un fondo de color, para ello usamos la herramienta de rectángulo.

Figura 20.1. *Editando el Template en Blanco en iReport*

Desde el panel derecho, seleccionamos el icono Chart y lo arrastramos al sector del *Summary*.

Al Soltar se abre una ventana emergente para la creación del Gráfico. Seleccionamos *Stacked Bar 3D:*

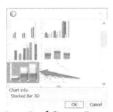

Figura 20.2. *Gráfico Stacked Bar 3D*

Hacemos clic en el botón Ok, de esa forma se inicia el asistente de creación:

1. Dataset: Main report dataset

  • Hacemos clic en el botón Next >

2. Series: Hacemos clic en el icono del lado derecho de "Dummy Series", se abre una ventana modal, eliminamos el texto "Dummy Series" y hacemos doble clic encima de NOMBRE Field String (mostrado en el cuadro central inferior) luego hacemos clic en el botón Apply.

  • Hacemos clic en el botón Next >

3. Categories and Values:

  • Text category expression: $F{NOMBRE}

  • Text value expression. It must return a numeric value: $F{VALOR}

  • Hacemos clic en el botón Finish >

Agrandamos el gráfico y lo acomodamos en la región del Summary.

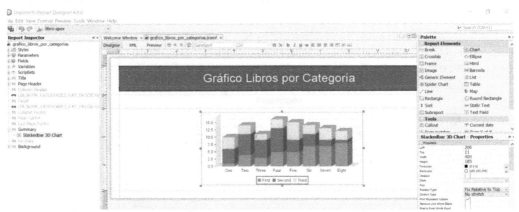

Figura 20.3. *Gráfico Libros por Categorías en iReport*

Compilamos el reporte y vemos la pre-visualización del mismo.

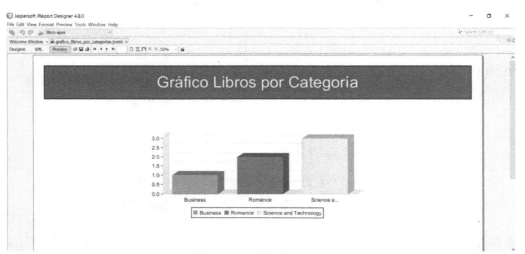

Figura 20.4. *Pre-visualización del Gráfico Libros por Categorías en iReport*

1.2. Crear Parámetros Fecha Inicio y Fecha Fin

Vamos a crear dos parámetros que nos permitan filtrar los datos del gráfico para que nos muestre los libros por categorías publicados en un periodo de tiempo especificado por una Fecha de Inicio y una Fecha de Finalización.

Desde el iReport creamos los dos parámetros como siguen:

Name: Fecha_Inicio
Parameter Class: java.lang.String
Name: Fecha_Fin
Parameter Class: java.lang.String
Modificamos la Consulta SQL del Gráfico por la siguiente:

```
SELECT
    LIB_BOOK_CATEGORIES."CAT_DESCRIPTION" AS NOMBRE,
COUNT(LIB_BOOKS."BOOK_ID") AS VALOR
FROM
    "LIBRO_APEX"."LIB_BOOK_CATEGORIES" LIB_BOOK_CATEGORIES INNER JOIN
"LIBRO_APEX"."LIB_BOOKS" LIB_BOOKS ON LIB_BOOK_CATEGORIES."CAT_ID" =
LIB_BOOKS."BOOK_CAT_ID"
WHERE LIB_BOOKS."BOOK_PUBLISHED_DATE" BETWEEN
to_date($P{Fecha_Inicio}, 'MM/DD/YYYY') AND
to_date($P{Fecha_Fin},'MM/DD/YYYY')
GROUP BY LIB_BOOK_CATEGORIES."CAT_DESCRIPTION"
```

Como podemos observar en la consulta SQL, a los parámetros de fecha le estamos aplicando la función TO_DATE para convertir el texto en formato fecha y pueda filtrar las fechas desde nuestra tabla. El formato usado en la tabla LIB_BOOK de las fechas es 'MM/DD/YYYY'.

Agregamos dos campos de texto estático para mostrar la Fecha Inicio y la Fecha Fin con sus respectivos parámetros:

- Static Text: Fecha de Publicación Desde:

- Text Field: $P{Fecha_Inicio}

- Static Text: Fecha de Publicación Hasta:

- Text Field: $P{Fecha_Fin}

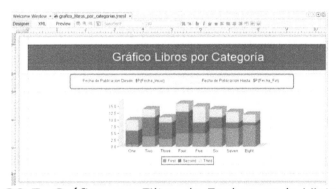

Figura 20.5. *Gráfico con Filtro de Fechas en la Vista Diseño*

En nuestra tabla tenemos 6 libros cargados, de los cuales su fecha de publicación inician desde el año 1997 hasta el año 2016. Para este ejemplo previsualizaremos el gráfico asignando las siguientes fechas:

Fecha_Inicio: 01/01/2012 y Fecha_Fin: 12/31/2016

Nota: Recordemos de colocar el formato de fecha que estamos usando en nuestra tabla, si bien estamos usando los campos como String necesitamos respetar el formato almacenado en la tabla.

Figura 20.6. *Pre-visualización del Gráfico con Filtro de Fechas*

2. REPORTE GRAFICO EN APEX

Ahora es momento de crear el gráfico en nuestra aplicación en APEX.

2.1. Crear Gráfico

Creamos una página en blanco y luego una región de tipo contenido estático.

Dentro de la región creamos dos elementos de página de tipo Selector de Fecha para la Fecha Inicio y la Fecha Fin y en máscara de formato ingresamos: MM-DD-YYYY en ambos elementos de página.

Creamos una región de tipo Gráfico, que la llamaremos Gráfico el cual indicamos que la región principal es "Libros por Categoría" (nombre de la región estática) y la plantilla que sea "Blank with Attributes".

1. Hacemos clic en Atributos

2. Gráfico:

   - Tipo: Barra

3. Titulo:

   - Título: Libros por Categoría

Posteriormente:

1. Hacemos clic en Serie --- Nuevo

2. En la Sección Identificación

   - Nombre: libros_por_categoria

3. En la sección Origen

   - Tipo: Consulta SQL

282

Consulta SQL:

```
select null, c.cat_description nombre, COUNT(l.book_id) valor
from lib_books l, lib_book_categories c
where c.cat_id = l.book_cat_id
and l.book_published_date between :P10_FECHA_INICIO and
:P10_FECHA_FIN
group by c.cat_description
```

4. En la sección Asignación de Columna

   * Etiqueta: NOMBRE

   * Valor: VALOR

5. Hacemos clic en el botón Guardar

2.2. Crear Botones

Creamos un botón en la región para generar el gráfico en APEX que lo llamaremos GENERAR_GRAFICO y otro botón para llamar al procedimiento que permita pasar los parámetros al reporte en iReport y mostrarlo en nuestra aplicación que lo llamaremos IMPRIMIR_GRAFICO.

Recordemos de colocar en atributos de la página, en la sección Avanzada: Volver a Cargar al Ejecutar: **Siempre**.

Ejecutamos la Página e ingresamos las fechas: 01-01-2012 y 12-31-2016 y hacemos clic en el botón "Generar Gráfico".

Figura 20.7. *Gráfico con Filtro de Fechas en APEX*

2.3. Crear el Procedimiento para Visualizar el Gráfico

Del mismo modo como hemos creado los procedimientos anteriores, creamos el procedimiento para generar el reporte de tipo Gráfico:
Código PL/SQL:

```
declare
```

```
   l_additional_parameters varchar2(32767);
BEGIN
  -- set the url for the j2ee application
  -- better retrieve that from a configuration table

xlib_jasperreports.set_report_url('http://localhost:8080/JasperReports
Integration/report');

  -- construct addional parameter list
  l_additional_parameters := 'Fecha_Inicio=' ||
apex_util.url_encode(:p10_fecha_inicio);
  l_additional_parameters := l_additional_parameters || '&Fecha_Fin='
|| apex_util.url_encode(:p10_fecha_fin);
-- call the report and pass parameters
  xlib_jasperreports.show_report (
          p_rep_name             =>
'oracleapex/grafico_libros_por_categorias',
          p_rep_format           =>
xlib_jasperreports.c_rep_format_pdf,
          p_data_source          => 'default',
          p_additional_params    => l_additional_parameters);

-- stop rendering of the current APEX page
  apex_application.g_unrecoverable_error := true;
end;
```

Especificamos que se ejecute el proceso cuando presionamos el botón "IMPRIMIR_GRAFICO", para ellos vamos a la Sección Condición de Servidor en el panel derecho de propiedades del procedimiento y en "Si Se Hace Clic en el Botón" seleccionamos IMPRIMIR_GRAFICO, finalmente guardamos los cambios haciendo clic en el botón Guardar.

Ejecutamos la aplicación e ingresamos el siguiente periodo de fechas:

- Fecha_Inicio: 01-01-2012 y Fecha_Fin: 12-31-2016

Hacemos clic en el botón Imprimir Gráfico para visualizar el reporte en PDF.

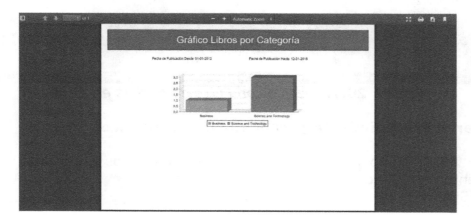

Figura 20.8. *Llamada del Reporte Gráfico desde APEX*

3. RESUMEN

Como podemos ver, la creación de diferentes tipo de reportes, ya sean de tipo listado o de tipo gráficos son muy sencillos de realizar en iReport y aún más sencillo de implementar su invocación en Oracle APEX usando el JasperReports Integration kit.

Parte

III

Ejemplos Prácticos

Capítulo 21

Crear y gestionar la Lista de Control de Acceso (ACL)

Es muy común en cualquier tipo de aplicación que necesitemos controlar el nivel de acceso de los usuarios a ciertas páginas o componentes de la aplicación dependiendo el privilegio otorgado a un usuario dado, es por ello que vamos a crear una Página de Control de Acceso.

Para este ejemplo vamos a tener tres niveles diferentes de usuarios, por ejemplo usuarios que solo pueden ver la información, usuarios que pueden ver y además editar la información de la aplicación y por último el usuario de tipo administrador.

1. GESTIONAR CONTROL DE ACCESO

1.1. Crear Página de Control de Acceso

Cuando se implementa el control de acceso en una aplicación Oracle APEX, el mejor enfoque consiste en utilizar un esquema de autorización definido a nivel de aplicación.

Lo primero que vamos a realizar es la creación de una página de control de acceso mediante la ejecución del Asistente para páginas de control de acceso.

Desde la página de inicio de Oracle APEX de nuestra aplicación demo hacemos clic en el botón Crear Página > y se abre el asistente de creación de páginas, seleccionamos la página Control de Acceso:

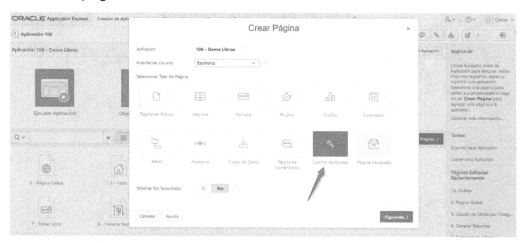

Figura 21.1. *Página Control de Acceso*

1. En Páginas

   • Número de Página de Administrador: 99

   • Modo de Página: Normal

   • Hacemos clic en el botón Siguiente.

2. En Menú de Navegación

- Preferencia de Navegación: Crear nueva entrada del menú de navegación

- Nueva Entrada del menú de Navegación: Administración

- Entrada de Menú de Navegación Principal: - No se ha seleccionado ningún principal -

- Hacemos clic en el botón Siguiente.

3. En Confirmación

- Hacemos clic en el botón Crear

1.2. Ejecutar Página de Control de Acceso

Ejecutamos la página y podemos ver que tenemos 2 regiones, en la cual en la primera región tenemos 4 niveles de control de acceso a la aplicación, por defecto está seleccionado Acceso completo a todo, es decir no se usa el ACL.

- Acceso completo a todos, no se utiliza la lista de control de acceso (ACL).

- Acceso restringido. Sólo se permite a los usuarios definidos en la lista de control de acceso.

- Sólo Lectura pública. Privilegios de edición y administración por lista de control de acceso.

- Sólo acceso administrativo.

En la región de abajo tenemos la lista de control de Acceso para añadir, suprimir o actualizar los diferentes usuarios de nuestra aplicación.

Vamos a seleccionar la segunda opción → "Acceso restringido: Sólo se permite a los usuarios definidos en la lista de control de acceso" y hacemos clic en el botón "Definir Modo de la Aplicación".

Figura 21.2. *Definir Modo de Aplicación*

1.3. Agregar Usuarios a la Tabla LIB_USERS

Antes de continuar con este ejemplo, vamos a eliminar los usuarios que tenemos en la tabla LIB_USERS desde el Taller SQL y ejecutar estas sentencias INSERT para agregar estos tres tipos de usuarios: Administrador, Desarrollador y Usuario.

```
Insert into LIB_USERS (user_id, user_name, user_password) values (1,
upper('Administrador'), my_hash(upper('Administrador'),'Admin'));
Insert into LIB_USERS (user_id, user_name, user_password) values (2,
upper('Desarrollador'), my_hash(upper('Desarrollador'),'Dev'));

Insert into LIB_USERS (user_id, user_name, user_password) values (3,
upper('Usuario'), my_hash(upper('Usuario'),'User'));
```

Figura 21.3. *Agregar Usuarios a la tabla LIB_USERS*

El manejo de usuarios se puede hacer desde la misma aplicación, creando su página con su Informe y Formulario, solo tener en cuenta que el password debe ser guardado encriptado en la tabla.

1.4. Añadir Usuarios a la Lista de Control de Acceso

Vamos a agregar los siguientes usuarios a nuestro ACL:

- ADMINISTRADOR - con privilegios de administrador.

- DESARROLLADOR - con privilegios de edición.

- USUARIO - con privilegios de visualización.

Para añadir usuarios a la Lista de Control de Acceso:

Dentro de la región Lista de Control de Acceso:

Hacemos clic en el botón Agregar Usuario y una nueva fila en blanco de usuario se va a mostrar.

- Ingresamos el primer usuario:

- Nombre de Usuario - ingresar ADMINISTRADOR.

- Privilegio - Seleccionar Administrador.

- Hacemos clic en el botón Aplicar Cambios.

Nuevamente hacemos clic en el botón Agregar Usuario y una nueva fila en blanco aparecerá para ingresar el siguiente usuario.

- Ingresamos el siguiente usuario:

- Nombre de Usuario - ingresar DESARROLLADOR.

- Privilegio - Seleccionar Editar.

- Hacemos clic en el botón Aplicar Cambios.

Finalmente agregamos el último usuario, hacemos clic en el botón Agregar Usuario y una nueva fila en blanco aparecerá para ingresar el siguiente usuario.

- Ingresamos el último usuario:

- Nombre de Usuario - Ingresar USUARIO.

- Privilegio - Seleccionar Ver.

- Hacemos clic en el botón Aplicar Cambios.

Figura 21.4. *Asignar Usuarios a la Lista de Control de Acceso*

1.5. Asociar Esquema de Autorización a la Aplicación

Desde la página de inicio de la aplicación demo, hacemos clic en el botón Editar Propiedades de la Aplicación. Luego hacemos clic en la ficha Seguridad y en la sección Autorización seleccionamos:

Esquema de Autorización → "control de acceso: visualización" y hacemos clic en el botón Aplicar Cambios.

Figura 21.5. *Asignar Esquema de Autorización a la Aplicación*

1.6. Asociar Privilegios de Edición en la Aplicación

Para mostrar el funcionamiento de lo que puede o no ver un tipo específico de usuario, vamos a asociar el enlace de edición del informe interactivo de Libros (Página 6) que sólo se active cuando el usuario tenga privilegio de edición y en el caso de que el usuario sólo tenga privilegios de visualización se esconda el enlace de edición del informe interactivo.

Ingresamos a la página del Informe Interactivo de Libros desde el diseñador de páginas de la página 6 y hacemos clic en la columna BOOK_TITLE del Informe Interactivo y pasamos al panel de propiedades de la derecha y seleccionamos en Esquema de Autorización → control de acceso: edición.

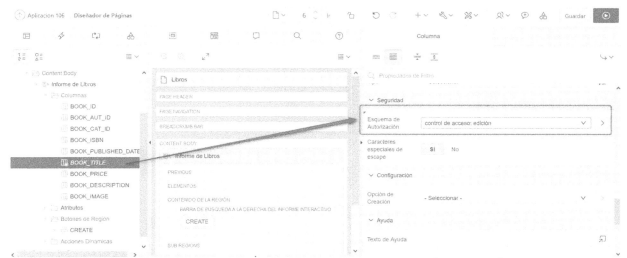

Figura 21.6. *Asignar Esquema de Autorización a la Página*

Y aplicamos los cambios haciendo clic en el botón Guardar.

De igual modo asociamos los permisos de edición al Botón CREATE y aplicamos los cambios.

1.7. Restringir Acceso a la Página de Administración

Para que la página de administración esté disponible solo para los usuarios con privilegios de administración necesitamos restringir el acceso a dicha página.

Abrimos la página desde el diseñador de páginas y hacemos clic en el título de la página en el panel izquierdo de Presentación, luego en el panel de la derecha de propiedades, en la sección de Seguridad, seleccionamos Esquema de Autorización → "control de acceso: administrador" y aplicamos los cambios.

1.8. Asociar el Menú de Navegación Administración al Privilegio de Administrador

Ingresamos a la página de inicio de la aplicación y hacemos clic en Componentes Compartidos, en la sección de Navegación hacemos clic en el enlace "Menú de Navegación", luego hacemos clic en el enlace "Escritorio Menú de Navegación" y hacemos clic en el enlace Administración:

Figura 21.7. *Asignar Esquema de Autorización al Menú de Navegación Administrador*

Hacemos clic en la ficha de Autorización y en Esquema de Autorización seleccionamos → "control de acceso: administrador", luego aplicamos los cambios.

1.9. Probar los Distintos Niveles de Acceso a la Aplicación

Ahora es momento de probar nuestra aplicación y verificar los controles de acceso de cada usuario.

Ingresamos con el usuario que tiene solo privilegios de visualización:

Nombre de usuario: USUARIO
Contraseña: User

Como podemos observar en la imagen de abajo, el usuario no puede visualizar el menú de Administración. Tampoco tiene acceso a la edición de registros del Informe Interactivo y no tiene acceso al botón Crear nuevo libro.

Figura 21.8. *Privilegios de la cuenta USUARIO*

Ahora ingresamos con el usuario que tiene privilegios de edición:

Nombre de usuario: DESARROLLADOR
Contraseña: Dev

En este caso el usuario DESARROLLADOR puede visualizar el enlace de cada libro para editar y también tiene acceso al botón Crear. De igual modo que el usuario anterior, no tiene acceso a visualizar el menú Administración.

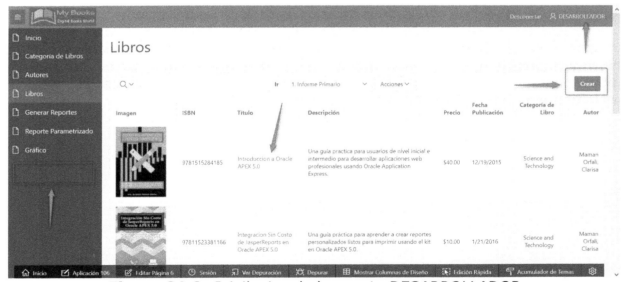

Figura 21.9. *Privilegios de la cuenta DESARROLLADOR*

Finalmente ingresamos con el usuario que tiene privilegios de administración:

Nombre de usuario: ADMINISTRADOR

Contraseña: Admin
En este caso el usuario administrador tiene habilitada todas las funciones de edición y además visualiza el menú de Administración.

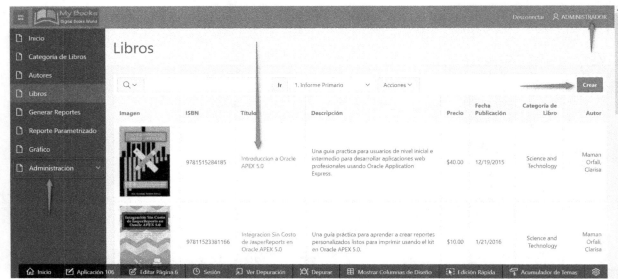

Figura 21.10. *Privilegios de la cuenta ADMINISTRADOR*

2. RESUMEN

En este capítulo hemos podido ver cómo implementar en APEX la Lista de Control de Acceso. Cabe destacar que es un trabajo muy puntual y de detalle ya que se debe determinar el nivel de acceso para los usuarios de sólo visualización, de edición de datos y el de nivel administración para toda la aplicación.

En este ejemplo hemos visto cómo implementarlo en una sola página con un informe interactivo pero está demás decir que para cada parte de nuestra aplicación debemos indicar el nivel de acceso de los usuarios si tenemos implementado la lista de control de acceso.

Capítulo 22

Crear y gestionar eventos en Calendarios CSS

Existe una gran variedad de aplicaciones que necesitan utilizar los calendarios, por ejemplo si queremos mostrar los eventos y cursos que tenemos disponibles en nuestra empresa, es muy útil disponer de un calendario que muestre a los visitantes nuestra disponibilidad académica y social.

1. CALENDARIO CSS

El Calendario es una integración nativa del FullCalendar que está basado en JQuery y que en APEX lo conocemos como el Calendario CSS.

El Creador de Aplicaciones trae un asistente integrado para generar un calendario con vistas mensuales, semanales y diarias.

En el ejemplo que trabajaremos en este capítulo vamos a crear una tabla referente a Eventos, que nos mostrará los eventos que tenemos disponibles según el formato de presentación (Clases en Aula, Conferencia, Clases Online, Webinar, Seminario, Recepción, Workshop) además de mostrar el instructor a cargo, fecha de inicio y fin del curso y el costo.

De este modo crearemos un Calendario que nos permita visualizar los eventos disponibles por mes diferenciando cada formato por un color diferente.

1.1. Crear Tabla en el Taller SQL

Ingresamos a nuestro Workspace en APEX.

Posteriormente, para crear la tabla LIB_EVENTS, ingresamos a la página de inicio de APEX, hacemos clic en el icono del Taller de SQL y seleccionamos Explorador de Objetos.

En la esquina superior derecha veremos un signo + que nos permitirá crear una nueva tabla por medio de un asistente.

Ingresamos los siguientes datos:

Nombre Tabla: LIB_EVENTS

```
ID (PK)             NUMBER(8,0)
NOMBRE_EVENTO       VARCHAR2(255)
FECHA_INICIO        DATE
FECHA_FIN           DATE
FORMATO             VARCHAR2(100)
INSTRUCTOR          VARCHAR2(50)
COSTO               NUMBER(8,2)
```

Continuamos con el asistente, asignando Clave Primaria como ID a partir de una nueva secuencia, no tenemos ninguna Clave Ajena, no hay restricciones y finalmente creamos la tabla.

1.2. Crear Página para el Calendario

Desde la página de inicio de nuestra aplicación demo creamos una página en blanco:
1. Modo de Página: Normal
2. Sin ruta de navegación asignada
3. Preferencia de Navegación: Crear nueva entrada del menú de navegación

Para visualizar mejor el calendario podemos excluir el componente Breadcrumb Bar "Menú Principal" de esta página y para ello seleccionamos la página global, seleccionamos el componente y en la propiedad Condiciones del Servidor agregamos el número de página que corresponde al calendario y guardamos los cambios.

1.3. Crear Región de tipo Calendario

Tenemos dos formas de crear el calendario, una es usando el asistente para crear un calendario en una página y la otra es creando un calendario en una región de una página.

En este capítulo vamos a crear un calendario en una región, ya que para crear el calendario de página es muy simple de realizar por medio del asistente.

Ingresamos al Diseñador de Páginas de la Página del Calendario, para este ejemplo estamos utilizando la página 2, y desde el panel izquierdo de Presentación, creamos una nueva Región.

Estando seleccionada la región Nueva, pasamos al panel de la derecha de propiedades, en la sección Identificación cambiamos el Título a Calendario y el Tipo a Calendario.

En la sección Origen, ingresamos la siguiente consulta SQL:

```
select
  id,
  nombre_evento,
  fecha_inicio,
  fecha_fin,
  formato,
  case FORMATO
  when 'Clases en Aula' then 'apex-cal-green fa fa-edit'
  when 'Conferencia' then 'apex-cal-blue fa fa-laptop'
  when 'Clases Online' then 'apex-cal-red fa fa-globe'
  when 'Webinar' then 'apex-cal-bluesky fa fa-globe'
  when 'Seminario' then 'apex-cal-black fa fa-laptop'
  when 'Recepción' then 'apex-cal-silver fa fa-edit'
  when 'Workshop' then 'apex-cal-yellow fa fa-edit'
  end as css_class,
  instructor,
```

```
    costo
from
    lib_events
```

En esta consulta SQL le estamos indicando que se presenten los eventos en distintos colores.

El Tema Universal dispone de los siguientes CSS para poder darle color a nuestros elementos:

```
apex-cal-red
apex-cal-cyan
apex-cal-blue
apex-cal-bluesky
apex-cal-darkblue
apex-cal-green
apex-cal-yellow
apex-cal-silver
apex-cal-brown
apex-cal-lime
apex-cal-white
apex-cal-gray
apex-cal-black
apex-cal-orange
```

Además el tema soporta *Font Awesome* y por ello hemos adicionado los iconos en cada uno de los eventos, para ser mostrados en el calendario.

En la sección Apariencia designamos la plantilla como: Blank with Attributes.

En la sección Diseño vamos a exponer el calendario dentro de las 10 primeras columnas y dejamos las últimas 2 para crear un contenido HTML y mostrar las leyendas del Calendario.

El template trabaja con 12 columnas y es por ello que vamos a distribuir la información de esta manera.

Para el Calendario en la Sección Diseño:

- Iniciar Nueva Fila: Sí

- Columna: 1

- Ampliación de Columna: 10

Ahora pasamos al panel de la izquierda de Presentación y seleccionamos Atributos del Calendario.

En la sección Configuración, designamos lo siguiente:

- Columna de Visualización: NOMBRE_EVENTO

- Columna de Fecha de Inicio: FECHA_INICIO

- Columna de Fecha de Finalización: FECHA_FIN

- Columna de Clave Primaria: ID

- Mostrar Hora: Sí

- Formato de Hora: 24 Hour

- Primera Hora: 9

- En el recuadro de Información Suplementaria, nos permite colocar la información que necesitemos mostrar en el caso que usemos el Tooltip.

> Por ejemplo podemos ingresar lo siguiente:
>
> ```
> Evento de Tipo: &FORMATO. </br>
> Instructor: &INSTRUCTOR. </br>
> Precio: US$ &COSTO. </br>
> Fecha Inicio: &FECHA_INICIO. </br>
> Fecha de Finalización: &FECHA_FIN. </br></br>
>
> Nota: Las fechas pueden ser cambiadas sin previo aviso.
> ```

- Navegación y Vistas de Calendario: Month, List, Navegation

1.4. Activar Opción Arrastrar y Soltar

En la opción Arrastrar y Soltar marcamos en Sí dicha opción, para que podamos tener esa funcionalidad en nuestro calendario.

Columna de Clave Primaria: ID

Código PL/SQL de Arrastrar y Soltar:

```
begin
   update "LIB_EVENTS"
     set "FECHA_INICIO" = to_date(:APEX$NEW_START_DATE,
'YYYYMMDDHH24MISS'),
       "FECHA_FIN" =
to_date(nvl(:APEX$NEW_END_DATE,:APEX$NEW_START_DATE),
'YYYYMMDDHH24MISS')
   where "ID" = :APEX$PK_VALUE;
end;
```

1.5. Crear la funcionalidad de Ver y Editar eventos del Calendario

Para crear la funcionalidad de Ver o Editar eventos del calendario necesitamos en primera instancia crear una página con el formulario de entrada de datos de la tabla LIB_EVENTS.

Desde la página de inicio de la aplicación, hacemos clic en el botón Crear Página y seleccionamos Pantalla para después seleccionar Crear Pantalla basada en Tabla o Vista, seguimos los pasos del asistente el cual al finalizar crea la página como Pantalla Basada en LIB_EVENTS.

Editamos los elementos de la página recién creada, en este ejemplo son los elementos P13_FECHA_INICIO y P13_FECHA_FIN colocando la Máscara de Formato como DD-Mon-YYYY HH24:MI:SS. Esto nos permitirá tener en el selector de fechas también la hora del día. Si no queremos cambiar el formato de nuestras fechas podemos crear un elemento de tipo oculto como fecha y transferir la fecha de inicio y fin al elemento oculto.

Regresamos a la Página del calendario, en atributos del Calendario, en el panel de la derecha de propiedades, en la sección de Configuración, hacemos clic en el botón que se encuentra al lado de **Ver/Editar Enlace**, se abre la ventana emergente e ingresamos:

1. Destino

   - Tipo: Página en esta aplicación
   - Página: 13

2. Definir Elementos:

   - Nombre: P13_ID
   - Valor: &ID.

3. Borrar Estado de Sesión:

   - Borrar Caché: 13

4. Aceptar

1.6. Crear la Funcionalidad de Añadir Eventos al Calendario

Para crear esta página podemos simplemente hacer una copia de la página 13 (formulario) y colocar que sea página número 14.

Estando en el Diseñador de Páginas de la página 13, en el menú Crear (+) hacemos clic y seleccionamos Página como Copia asignamos como página 14 y seguimos el asistente para duplicar la página.

Desde el Diseñador de Páginas de la página 14 en el panel derecho de propiedades, en la sección Seguridad, necesitamos indicar en "Protección de Acceso a Página" como No Restringido, luego guardamos la página.

Regresamos a la Página del Calendario y configuramos el acceso a la página 14. Para ello hacemos clic en Atributos del Calendario y luego pasamos al panel derecho de propiedades y en Crear Enlace hacemos clic en el botón para configurar los siguientes datos:

1. Destino

   - Tipo: Página en esta aplicación
   - Página: 14

2. Definir Elementos:

   - Nombre: P14_FECHA_INICIO
   - Valor: &APEX$NEW_START_DATE.
   - Nombre: P14_FECHA_FIN
   - Valor: &APEX$NEW_END_DATE.

3. Borrar Estado de Sesión:

   - Borrar Caché: 14

4. Aceptar

Con esto estamos permitiendo que el formulario cargue la fecha de inicio y la fecha de fin, según donde se haya hecho clic en el calendario. Está demás decir que la fecha fin será la misma que la de inicio, porque el clic se realiza para un día específico.

1.7. Estilos CSS de los Eventos del Calendario

Para que los estilos de la consulta SQL tengan efecto en el calendario necesitamos indicar la clase CSS, para ello en Atributos del calendario en la sección Configuración seleccionamos **CSS_CLASS** en la opción "Clase de CSS".

Tenemos la opción de mostrar o no los fines de semana, en este caso no vamos a mostrar los fines de semana porque no hay eventos asignados.

En Exportar podemos tildar las 4 opciones (CSV,PDF,iCal y XML).

Guardamos la página.

1.8. Crear Contenido Estático HTML para mostrar la Leyenda del Calendario

Desde el Diseñador de Páginas de la Página del Calendario creamos una nueva región que la llamaremos Leyendas del Calendario y en Tipo asignar Contenido Estático.

En el recuadro Texto ingresamos el siguiente contenido HTML, que simplemente es una tabla con dos columnas y 7 filas, en la cual la primera columna indica el color del evento y en la segunda columna nos indican el tipo de evento asociado al color.

```
<p> Cada evento o formación tiene un color específico dentro del
calendario. </p>

<table>
<tbody>
<tr>
<td style="background-color: #2ECC71; width: 30px;"></td>
<td style="padding-left: 8px;"> Clases en Aula </td>
</tr>
<tr>
<td style="background-color: #4183D7; width: 30px;"></td>
<td style="padding-left: 8px;"> Conferencia </td>
</tr>
<tr>
<td style="background-color: #D91E18; width: 30px;"></td>
<td style="padding-left: 8px;"> Clases Online </td>
</tr>
<tr>
<td style="background-color: #6BB9F0; width: 30px;"></td>
<td style="padding-left: 8px;"> Webinar</td>
</tr>
<tr>
<td style="background-color: #000000; width: 30px;"></td>
<td style="padding-left: 8px;"> Seminario </td>
</tr>
<tr>
<td style="background-color: #BDC3C7; width: 30px;"></td>
<td style="padding-left: 8px;"> Recepción </td>
</tr>
<tr>
<td style="background-color: #F1C40F; width: 30px;"></td>
<td style="padding-left: 8px;"> Workshop </td>
</tr>
</tbody>
</table>
```

```
<p style="text:align: center;">
<img src="#APP_IMAGES#apex-50.jpg" width="180px"/>
</p>
```

Para que dicho contenido estático se presente al lado del calendario debemos ir a propiedades y en la sección Apariencia:

Para el Texto de las Leyendas:

- Iniciar Nueva Fila: No

- Columna: 11

Ampliación de Columna: Automático

Guardamos la página y ejecutamos la aplicación.

Para ingresar eventos al calendario solo necesitamos hacer clic en el día que queremos ingresar dicho evento. Se abrirá una ventana modal para ingresar la información del evento.

Por ejemplo podemos ingresar el siguiente evento:

```
Nombre Evento: Introducción a Oracle APEX 5.1
Fecha Inicio: 2 de Mayo 2017
Fecha Fin: 5 de Mayo
Formato: Clases Online
Instructor: Ing. Clarisa Maman Orfali
Costo: 500
```

En el campo Formato es importante ingresar los textos correctos como hemos puesto en la consulta SQL, por ello en el formulario se puede asignar al elemento PX_FORMATO una lista de selección con los tipos de formato disponibles, porque el formato es lo que determina el estilo CSS del evento.

Ingresamos más eventos y nuestro Calendario se mostrará como sigue:

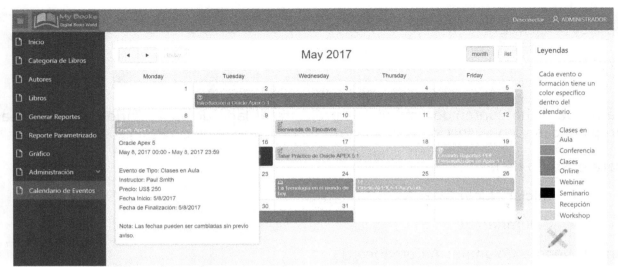

Figura 22.1. *Calendario de Eventos con Estilos CSS*

Podemos visualizar los diferentes tipos de eventos identificados por color. Además si pasamos el mouse por encima de algún evento podemos visualizar el tooltip con la información del mismo.

2. RESUMEN

Hemos aprendido en este capítulo a crear en forma muy sencilla un Calendario de tipo Región, además de aprender a asignarle color a los diferentes formatos de eventos usando CSS y a crear las páginas para editar y crear nuevos eventos.

Capítulo 23

Crear y personalizar Mapas

La creación de mapas en Oracle Application Express se basa en el componente AnyMap Interactive Maps, una extensión de AnyChart. AnyMap es una solución flexible basada en Macromedia Flash que permite a los desarrolladores visualizar datos geográficos relacionados. Los gráficos de mapas son representados por un navegador y requieren Flash Player 9 o posterior. Para obtener más información acerca de AnyMap, puedes ingresar la siguiente URL en tu navegador: http://6.anychart.com/products/anymap/overview/.

AnyChart almacena los datos de mapas en archivos que tienen una extensión *.amap y admite 298 archivos de mapas para los Estados Unidos de América, Europa, Asia, África, Oceanía, América del Norte y América del Sur. Para representar un mapa deseado, seleccionamos el origen del mapa en el asistente (por ejemplo, California) y el mapa XML hace referencia automáticamente al archivo .amap del origen del mapa deseado, ca.amap.

Para navegar por los mapas disponibles, podemos consultar la Lista de Mapas en la documentación de AnyChart, en el siguiente enlace: http://6.anychart.com/products/anychart/mapList/index.php

1. CREANDO MAPAS

1.1. Sintaxis de la consulta SQL para crear Mapas

Para crear un mapa en APEX nosotros definimos la consulta SQL usando el Asistente. Seleccionamos el tipo de mapa, el origen del mapa e ingresamos la consulta SQL respetando la siguiente sintaxis:

```
SELECT link, label, value

FROM    ...
```

Donde:

- Link es la URL.

- label Es el texto que identifica el punto en el mapa con el que deseamos asociar los datos. La ID de la región o el nombre de región del mapa se utilizará como etiqueta.

- value Es la columna numérica que define los datos a asociar con un punto del mapa.

1.2. Creando un Mapa de California

Seguidamente vamos a crear un ejemplo de mapa en nuestra aplicación demo en APEX.

1. Desde la página de inicio de la aplicación demo

2. Hacemos clic en el botón Crear Página

3. Seleccionamos Gráfico

4. Seleccionamos Gráfico de Mapa

5. Disponemos de 8 tipos de Gráficos: (Estados Unidos de América, Mapas de Mundo y de los Continentes, Europa, Norteamérica, Sudamérica, Asia, África, Oceanía y Mapas Personalizados). Seleccionamos la primera opción y hacemos clic en el botón siguiente

6. Estados Unidos de América tiene mapas agrupados en 4 secciones: Regiones, Subregiones, Mapas de Países, Estados. Expandimos el Árbol de Estados y luego expandimos el árbol de Mapas de Distritos o Regiones para los 50 Estados y seleccionamos California.

Figura 23.1. *Selección del Origen del Mapa*

7. En Atributos de Página, ingresamos la información del título, el modo de página que sea Normal y sin ruta de navegación

8. En Menú de Navegación, seleccionamos Crear nueva entrada del menú de navegación e ingresamos el nombre Mapa

9. En Atributos del Mapa seleccionamos los que deseamos, en mi caso dejaré los valores por defecto, hacemos clic en el botón Siguiente

10. Ingresamos la Consulta SQL de Origen

```
SELECT NULL LINK, COUNTY LABEL, PERSONAS POPULACION
FROM (
SELECT 'Los Ángeles' county, 9904341 personas
FROM dual
UNION ALL
SELECT 'Orange' county, 3054269 personas
FROM dual
UNION ALL
SELECT 'Santa Bárbara' county, 423800 personas
FROM dual
UNION ALL
SELECT 'San Diego' county, 3137431 personas
FROM dual
UNION ALL
SELECT 'San Luis Obispo' county, 271619 personas
FROM dual
UNION ALL
SELECT 'Santa Clara' county, 1819137 personas
FROM dual)
```

Nota: Usamos las referencias de mapa para conocer el nombre de la región

11. Hacemos clic en el botón Crear

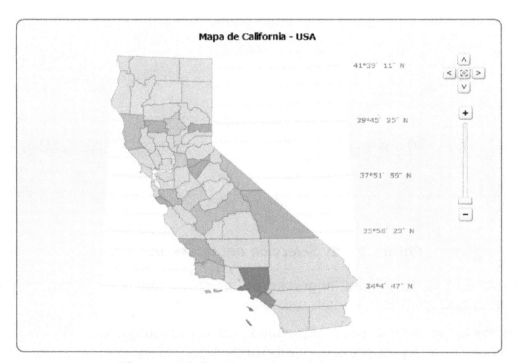

Figura 23.2. *Mapa de California - USA*

En el mapa podemos ver algunos distritos con su población, información que he recopilado del año 2012. Para este ejemplo he usado el estado de California, el cual resido en el Condado de Orange que se encuentra en el medio entre Los Ángeles (azul) y San Diego (amarillo).

Para colocar la leyenda del mapa a la derecha, necesitamos ir al Diseñador de Paginas, seleccionamos Atributos del mapa y en la sección Leyenda indicamos que se muestre por ejemplo a la derecha y que el Origen de Elemento de Leyenda sea Puntos.

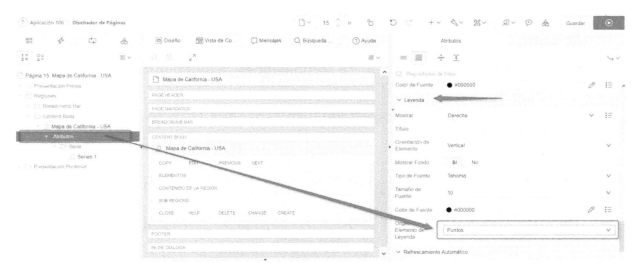

Figura 23.3. Atributos del *Mapa - Leyenda*

Si nosotros tenemos la información cargada en una tabla de nuestra base de datos, es muy importante que el nombre de la región se corresponda con el nombre de la región de las referencias de los mapas.

Como cualquier componente de AnyChart, fácilmente podemos personalizar nuestro mapa usando la sección de Atributos del mapa:

Figura 23.4. Opciones de Atributos del *Mapa*

Hay ciertas configuraciones del mapa que no podemos controlarlas usando los atributos estándar en la página de Atributos del Mapa. Para controlar aún más la apariencia de un mapa, podemos utilizar el XML Personalizado.

1.3. XML Personalizado

Para usar el XML personalizado del mapa:

1. Desde el Diseñador de páginas de la página del mapa hacemos clic en Atributos

2. En el panel de la derecha de propiedades expandimos la sección XML Personalizado

3. Seleccionamos SI en Personalizado y se expandirá el código XML

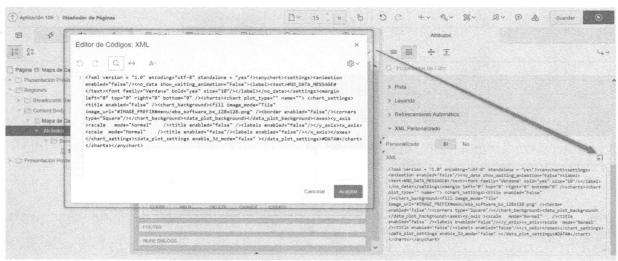

Figura 23.5. Opción XML Personalizado

1.4. Crear Mapa a partir de una tabla

En este apartado vamos a crear un mapa de Sudamérica basado en una tabla.

Los datos que toma el archivo south_america.amap del listado de mapas disponibles de AnyMap es como lo vemos en la siguiente imagen:

South America Map Reference

Map: South America

File Path: world\south_america.amap

Bounds: (-109.427780151367,12.460277557373,-34.8008346557617,-55.9197235107422)

Default Projection: orthographic

Map Built-In Data Table

REGION_ID (K)	REGION_NAME (K)	CENTROID_X	CENTROID_Y
AR	Argentina	-63.6166725158691	-38.4160976409912
BL	Bolivia	-63.5886535644531	-16.290153503418
BR	Brazil	-51.9252796173096	-14.2350039482117
CI	Chile	-87.9341735839844	-36.7125015258789
CO	Colombia	-74.2966156005859	4.57086849212646
EC	Ecuador	-83.4399871826172	-1.78567731380463
FG	French Guiana	-53.1257820129395	3.93388867378235
FK	Falkland Islands (Islas Malvinas)	-59.5236129760742	-51.7962532043457
GY	Guyana	-58.9301795959473	4.86041593551636

Figura 23.6. Referencias del Mapa de Sudamérica

Esta información la puedes ver en el siguiente enlace:
http://6.anychart.com/products/anychart/docs/users-guide/map_reference/World-World-and-Continent-Maps-South-America-Flash-Map.html

Creamos la tabla en nuestra base de datos, para ello, usamos el asistente del Taller de Datos -- Utilidades -- Taller de Datos:

En Carga de Datos seleccionamos Datos de Texto y se abre el asistente:

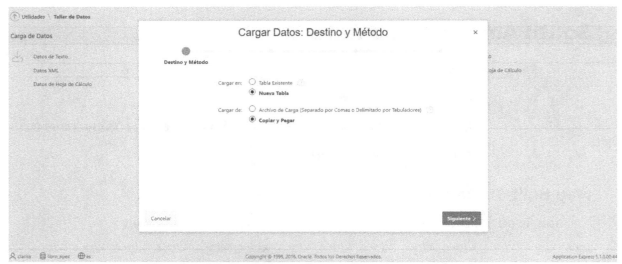

Figura 23.7. Cargar Datos Destino y Método

Seleccionamos **Nueva Tabla** y luego **Copiar y Pegar**, hacemos clic en el botón Siguiente.

Copiamos todos los datos que están abajo, observando que la primera fila corresponde a títulos de columnas y el símbolo para determinar la separación de columnas es la coma (,).

He agregado una columna a la tabla que hace referencia a la cantidad de habitantes de cada país.

```
REGION_ID,REGION_NAME,CENTROID_X,CENTROID_Y,HABITANTES
AR,Argentina,-63.6166725158691,-38.4160976409912,43823000
BL,Bolivia,-63.5886535644531,-16.290153503418,11066000
BR,Brazil,-51.9252796173096,-14.2350039482117,207012000
CI,Chile,-87.9341735839844,-36.7125015258789,18286000
CO,Colombia,-74.2966156005859,4.57086849212646,49067000
EC,Ecuador,-83.4399871826172,-1.78567731380463,16656000
FG,French Guiana,-53.1257820129395,3.93388867378235,746000
FK,Falkland Islands (Islas Malvinas),-59.5236129760742,-
51.7962532043457,3000
GY,Guyana,-58.9301795959473,4.86041593551636,746000
NS,Suriname,-56.0277824401855,3.91930508613586,570000
PA,Paraguay,-58.4438323974609,-23.4425029754639,6905000
PE,Peru,-75.0151519775391,    -9.18996698409319,31660000
UY,Uruguay,-55.7658348083496,-32.5227794647217,3487000
VE,Venezuela,-66.589729309082,6.42374992370605,31236000
```

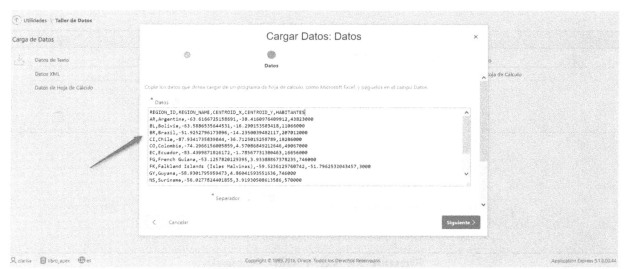

Figura 23.8. Cargar Datos

Hacemos clic en el botón Siguiente.

Ingresamos el nombre de la tabla como SOUTH_AMERICA y verificamos que todas las columnas estén correctamente seleccionadas.

Figura 23.9. Propiedades de Tabla

Hacemos clic en el botón Siguiente.

Figura 23.10. Clave Primaria

Indicamos que la clave primaria sea la columna REGION_ID y hacemos clic en el botón **Cargar Datos**.

De esa forma tendremos la tabla creada en nuestro esquema de la base de datos.

Figura 23.11. Tabla South_America con Datos

1.5. Crear Región con el Mapa de Sudamérica

Desde el diseñador de páginas de la página donde hicimos el primer mapa de California, creamos una nueva región de tipo Gráfico de Mapa.

- Título: Sudamérica
- Plantilla: Blank with Attributes

Cuadrícula:

- Iniciar Nueva Fila: No

- Columna: Automático

En la serie ingresamos la siguiente consulta SQL:

```
SELECT NULL link, REGION_NAME label, HABITANTES value
FROM SOUTH_AMERICA
```

En Atributos del Gráfico, seleccionamos en Mapa:

- Nivel 1: Mapas de Mundo y de los Continentes

- Nivel 2: Sudamérica

Columna de Región de Mapa: REGION_NAME

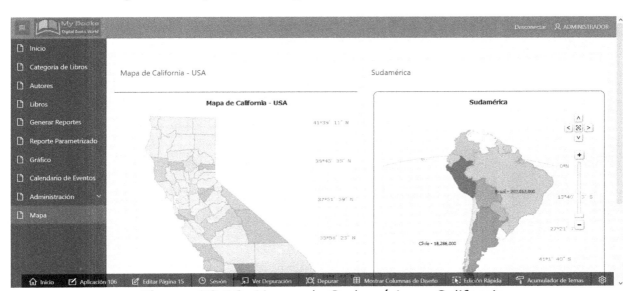

Figura 23.12. Mapas de Sudamérica y California

1.6. Definir intervalos de valores por medio de series

En este apartado veremos cómo podemos definir para nuestro mapa de Sudamérica tres series diferentes en las que especificaremos lo siguiente:

- La serie 1 mostrará los países que tienen menos de 15 millones de habitantes.

- La serie 2 mostrará los países que tienen entre 15 y 150 millones de habitantes.

- La serie 3 mostrará los países que tienen más de 150 millones de habitantes.

Desde el Diseñador de página ingresamos a la serie creada anteriormente para editarla:

Serie 1

- Nombre: Menor que 15 millones
- Consulta SQL:

```
SELECT NULL link, REGION_NAME label, HABITANTES value
FROM SOUTH_AMERICA
WHERE HABITANTES < 15000000
```

Creamos dos nuevas series:

Serie 2

- Nombre: Entre 15 y 150 millones
- Consulta SQL:

```
SELECT NULL link, REGION_NAME label, HABITANTES value
FROM SOUTH_AMERICA
WHERE HABITANTES BETWEEN 15000000 AND 150000000
```

Serie 3

- Nombre: Mayor que 150 millones
- Consulta SQL:

```
SELECT NULL link, REGION_NAME label, HABITANTES value
FROM SOUTH_AMERICA
WHERE HABITANTES > 150000000
```

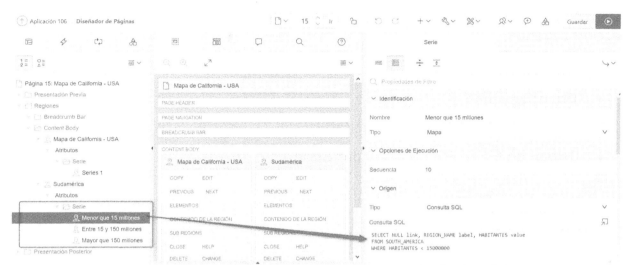

Figura 23.13. Series usadas en el Mapa de Sudamérica

Podemos definir los colores que queremos que muestre el mapa según el intervalo dado.

Para ello en Atributos del mapa nos dirigimos a la sección "Color de Región de Mapa Definida":

- Esquema: Personalizado

- Nivel: Serie

- Personalizado: #FF0000,#00FF00,#0000FF

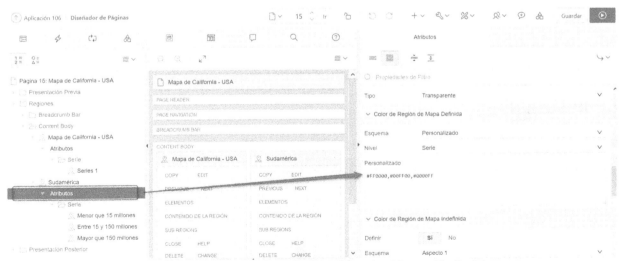

Figura 23.14. Color de Región de Mapa Definida

<u>Referencias</u>: #FF0000 rojo, #00FF00 verde, #0000FF azul.

Además podemos mostrar la leyenda en nuestro mapa, desde atributos, en la sección Leyenda, seleccionamos:

- Mostrar: Derecha

- Título: Leyenda

- Orientación de Elemento: Vertical

- Origen de Elemento de Leyenda: Serie

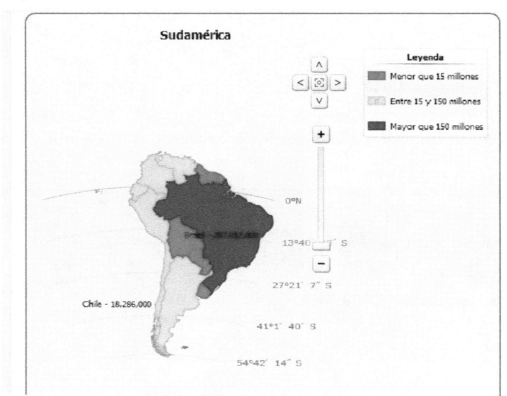

Figura 23.15. Mapa de Sudamérica definido con 3 series diferentes

2. RESUMEN

De esta forma podemos trabajar fácilmente con los mapas que nos provee APEX con el componente AnyMap de AnyChart.

Capítulo 24

Consumir RESTful Services Externos desde nuestra aplicación

La gran mayoría de las aplicaciones hoy en día de una u otra manera terminan consumiendo servicios web, es por ello que en este capítulo veremos que APEX nos provee todo lo necesario para poder consumir servicios web ya sea internos desde nuestra base de datos como también servicios web externos a nuestra aplicación.

Todas las grandes compañías ofrecen servicios web como Facebook, Flickr, YouTube, LinkedIn y muchas más, y a medida que más y más aplicaciones tienden a interconectarse con todos estos servicios, es necesario que podamos aprovechar todas estas funcionalidades para enriquecer nuestras aplicaciones y sin duda para eso necesitamos conocer cómo "consumir" o "producir" RESTful Web Services. Para la fortuna de todos, desde la versión de APEX 5.0 nos ofrece una manera simple y directa de consumir Servicios Web.

El ejemplo que veremos a continuación se basa en un servicio web externo y como con APEX podemos consumir los datos desde el archivo XML.

1. REST WEB SERVICES

1.1. Identificar el Servicio Web a Utilizar

Lo primero que necesitamos tener en cuenta es cuál es el servicio web que vamos a utilizar.

Para este ejemplo vamos a utilizar el servicio web que nos provee la "Federal Aviation Administration" del Departamento de Transporte de Estados Unidos. http://services.faa.gov/docs/services/airport/

Este Servicio obtiene el estado del aeropuerto para cualquier aeropuerto importante, incluyendo demoras conocidas y datos meteorológicos del NOAA. (National Oceanic and Atmospheric Administration).

Para utilizar un servicio web necesitamos de primera instancia conocer la URI. Un URI (Uniform Resource Identifier) que en español es un Identificador Uniforme de Recursos, sirve para identificar recursos en Internet. La URL es simplemente un subgrupo dentro de la URI.

El Servicio web nos provee de la siguiente información:

- URI: http://services.faa.gov/airport/status/airportCode

- Método HTTP: GET

- Parámetros:

- *Todos los siguientes parámetros son requeridos:*

- airportCode. Requerido. Es necesario ingresar el código del aeropuerto de tres letras para recuperar los datos y mostrarlos en la aplicación, por ejemplo, "SFO" que representa el aeropuerto "San Francisco International"

Ejemplo de Solicitud XML:

`http://services.faa.gov/airport/status/SFO?format=application/xml`

Cuando ingresamos la URI en nuestro navegador podemos ver el resultado del servicio web en formato XML y en base a dicha visualización podemos determinar qué datos vamos a mostrar en nuestra aplicación. Claro que lo más importante es que cuando consumimos servicios web estudiemos bien la API del servicio ya que allí podemos encontrar la información de los parámetros requeridos y los opcionales.

En la imagen de abajo, (resaltado con flechas naranjas), definimos los datos que vamos a mostrar en la aplicación.

Datos que consumiremos: Delay, IATA, State, Name, Visibility, Weather, Temp, Wind, City.

Figura 24.1. Archivo XML

Como podemos ver en el URI de ejemplo:

`http://services.faa.gov/airport/status/SFO?format=application/xml`

SFO representa el parámetro airportCode y necesitamos además indicar qué tipo de formato será usado, en este caso el tipo es xml, por ello vamos a tener otro parámetro llamado Format que utilizaremos como parámetros de entrada en nuestra aplicación para solicitar el servicio web.

1.2. Acceder a los Servicios RESTful

Los servicios RESTful permiten la asignación de la especificación declarativa de servicios RESTful a SQL y PL/SQL. Cada uno de los servicios RESTful llama a un módulo e identifica un prefijo de URI. Cada módulo puede tener una o varias plantillas.

Para acceder a los servicios RESTful lo hacemos desde el Taller de SQL.

Figura 24.2. Servicios Web RESTful

Para conocer en más detalle los Servicios RESTful, recordemos que tenemos la posibilidad de instalar la nueva app desarrollada de ejemplo en las aplicaciones empaquetadas de la versión 5.1 de APEX llamada "REST Client Assistant". Puedes ver en el Capítulo 10 de este libro información sobre la aplicación.

1.3. Crear Referencias de Servicios Web

Desde la página de inicio de nuestra aplicación nos dirigimos a Componentes Compartidos.

En la sección "Referencias de Datos" hacemos clic en "Referencias de Servicios Web".

Para crear una nueva Referencia de Servicio Web, hacemos clic en el botón Crear >

Se inicia el asistente para crear la Referencia de Servicio Web.

Figura 24.3. Asistente Crear Referencia de Servicio Web

Seleccionamos REST y hacemos clic en el botón Siguiente >

En Detalles de REST ingresamos los siguientes Datos:

Nombre: **AirportStatus**
URL: `http://services.faa.gov/airport/status`
Proxy:
Método HTTP: `GET`
Autenticación Básica: `No`

No agregamos ninguna cabecera

Figura 24.4. Detalles de REST

Hacemos clic en el botón Siguiente >

En Entradas REST vamos a añadir los dos parámetros que necesitamos para realizar la solicitud.

AirportCode: Cadena
Format: Cadena

Figura 24.5. Entradas de REST

Hacemos clic en el botón Siguiente >

En Salidas REST configuramos los siguientes datos:

- Formato de Salida: XML

- XPath a Parámetros de Salida: /AirportStatus

Es muy importante conocer el XPath a Parámetros de Salida, si observamos la salida XML de ejemplo podemos ver que la primer etiqueta se llama AirportStatus y luego se desprenden las demás etiquetas en jerarquía hacia abajo, el cual nos indica donde está el dato a consumir en el archivo XML, como vamos a mostrar datos de distintas partes del XML usaremos la primer etiqueta para que sea nuestro punto de partida del XPath.

Parámetros de Salida REST

Nombre	Ruta de Acceso	Tipo
State	/State	Cadena
City	/City	Cadena
Name	/Name	Cadena
IATA	/IATA	Cadena
Temp	/Weather/Temp	Cadena
Weather	/Weather/Weather	Cadena
Visibility	/Weather/Visibility	Cadena
Wind	/Weather/Wind	Cadena
Delay	/Delay	Cadena

Figura 24.6. Salidas de REST

Hacemos clic en el botón Crear

Podemos visualizar que se ha creado una nueva referencia de Servicio Web.

Figura 24.7. Referencia de Servicio Web: AiportStatus

1.4. Probar El Servicio Web

Podemos probar la referencia haciendo clic en el botón de "play"

Ingresamos los Parámetros de Entrada:

- AirportCode: SFO
- Format: Application/xml

Y hacemos clic en el botón Probar

En la ficha Respuesta podemos ver la salida del archivo XML.

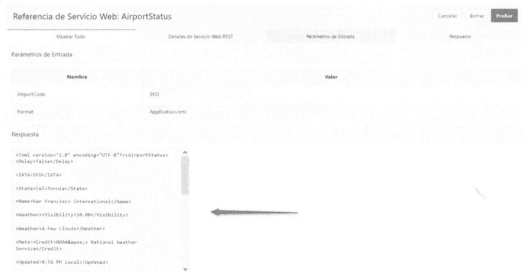

Figura 24.8. Probando el Servicio Web: AiportStatus

1.5. Crear Página Pantalla e Informe Basados en Servicio Web

Desde la página de Inicio de la Aplicación hacemos clic en el botón Crear Página > Interfaz de Usuario: Escritorio

Seleccionar Tipo de Página: Pantalla --- Informe y Pantalla Basados en Servicio Web.

1. En el paso "Seleccionar Servicio y Operación"

    - Referencia de Servicio Web: AirportStatus
    - Tipo de Referencia de Servicio Web: RESTful
    - Operación: doREST
    - Hacemos clic en el botón Siguiente

2. En el paso "Atributos de Página y de Región"

   - Aceptamos los valores por defecto y hacemos clic en el botón Siguiente

3. En el paso "Elementos de Entrada"

   - Nombre del Elemento: P2_AIRPORTCODE -- Crear: Sí

   - Nombre del Elemento: P2_FORMAT -- Crear: Sí

   - Hacemos clic en el botón Siguiente

4. En el paso "Parámetros del Informe"

   - Seleccionamos y tildamos todos los parámetros del Informe

Figura 24.9. Parámetros del Informe

   - Hacemos clic en el botón Siguiente

5. En el paso "Menú de Navegación"

   - Preferencia de Navegación: Crear nueva entrada del menú de navegación

   - Nueva Entrada del Menú de Navegación: RESTful Services

   - Entrada de Menú de Navegación Principal: --

- Hacemos clic en el botón Siguiente

6. En el paso "Confirmar"

- Verificamos los datos y hacemos clic en el botón Crear

1.6. Ejecutar la Aplicación

Desde la página de Inicio de la Aplicación hacemos clic en el icono "Ejecutar Aplicación"

Iniciamos la sesión ingresando nuestras credenciales y accedemos a la Página "RESTful Services".

Figura 24.10. Página 16 - Servicios RESTful

Es el momento de probar el consumo del Servicio Web que creamos, para ello ingresamos los siguientes parámetros de entrada:

- Airportcode: SNA

- Format: Application/xml

Hacemos clic en el botón Ejecutar

Figura 24.11. Resultado de la llamada y pasaje de parámetros

1.7. Ejemplo Archivo XML con atributos

Antes de terminar sólo quiero mostrar otro ejemplo de archivo XML el cual dentro de las etiquetas que representan los elementos del archivo XML podemos tener atributos que nos dan información adicional sobre el elemento por medio del valor que llevan asociado.

Tenemos esta URI para el consumo de Servicios Web:
`http://api.openweathermap.org/data/2.5/weather?q=London&mode=xml`

Que tiene dos parámetros:

- q = Ciudad

- mode = xml

El Archivo XML se muestra de la siguiente forma:

```
− <current>
    − <city id="2643743" name="London">
        <coord lon="-0.13" lat="51.51"/>
        <country>GB</country>
        <sun rise="2015-08-01T04:23:46" set="2015-08-01T19:48:57"/>
    </city>
    <temperature value="282.96" min="279.82" max="284.15" unit="kelvin"/>
    <humidity value="87" unit="%"/>
    <pressure value="1015" unit="hPa"/>
    − <wind>
        <speed value="2.1" name="Light breeze"/>
        <gusts/>
        <direction value="170" code="S" name="South"/>
    </wind>
    <clouds value="0" name="clear sky"/>
    <visibility/>
    <precipitation mode="no"/>
    <weather number="800" value="Sky is Clear" icon="01n"/>
    <lastupdate value="2015-08-01T02:31:08"/>
</current>
```

Atributos y Valores dentro de un Elemento

Figura 24.12. Archivo XML - Atributos y Valores dentro de un Elemento

Como podemos observar la estructura del archivo es diferente a la que vimos en el primer ejemplo.

Cuando estamos configurando la Referencia del Servicio Web en los Parámetros de Salida debemos ingresar la Ruta de Acceso, y en el caso de que el elemento contenga atributos varía la forma que en se representa el acceso a los datos, agregando la @ antes del nombre del atributo.

Por ejemplo para mostrar los parámetros de Salida de País, Temperatura, Temperatura Mínima, Temperatura Máxima, Longitud, Latitud y Velocidad del Viento, debemos configurarlos de la siguiente manera:

Nombre	Ruta de Acceso	Tipo
País	/city/country	Cadena
Temperatura	/temerature/@value	Cadena
Temp Min	/temerature/@min	Cadena
Temp Max	/temerature/@max	Cadena
Longitud	/city/coord./@lon	Cadena
Latitud	/city/coord./@lat	Cadena
Velocidad del Viento	/wind/speed/@value	Cadena

De esta forma podemos consumir los datos desde APEX según la estructura del Archivo XML.

2. RESUMEN

Finalmente, según mi opinión, lo más más importante en este caso es identificar el servicio web externo que vamos a usar e identificar la URI con sus respectivos parámetros de entrada requeridos porque todo lo demás, como pudimos observar, es muy simple de configurar, gracias a los asistentes que nos provee APEX.

Capítulo 25

Crear y utilizar la región
Carousel con contenido estático
y dinámico

En este capítulo vamos a aprender a implementar en nuestra aplicación la región de tipo Carousel que nos permite visualizar contenido en diferentes subregiones denominadas sliders.

Este tipo de región fue incorporada en el Tema Universal 42 en la versión 5.0 de APEX y de una forma muy sencilla podemos crear una manera muy atractiva de mostrar contenido estático en nuestras aplicaciones en APEX.

1. REGION CAROUSEL ESTATICO

1.1. Crear Región de Tipo Carousel con Contenido Estático

Para este ejemplo vamos a crear una nueva página en blanco en nuestra aplicación Demo y la llamaremos Carousel - Estático

Creamos una nueva Región, que la llamaremos Carousel y en la sección de Apariencia seleccionamos en Plantilla que sea "Carousel Container".

Hacemos clic en Opciones de Plantilla:

- Animation: Fade

- Timer: 5 Seconds

- Header: Hidden

- Style: Remove Borders

Aceptamos los cambios

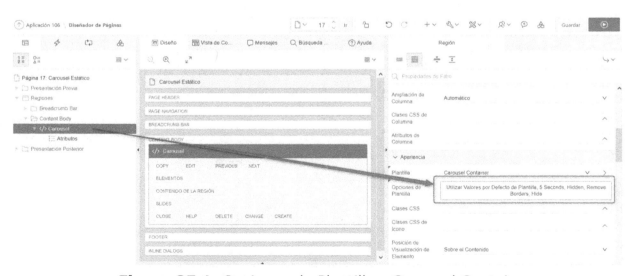

Figura 25.1. Opciones de Plantilla - Carousel Container

En este momento la región no tiene ningún contenido, ahora es momento de agregar el contenido y lo hacemos mediante la creación de subregiones. Cada subregión será una Slider de nuestro Carousel.

Vamos a crear tres subregiones a las cuales la vamos a llamar:

- Región A

- Región B

- Región C

Cada subregión será de contenido estático y la plantilla que sea "Blank with Attributes"

Figura 25.2. Subregiones A, B y C de Contenido Estático

En cada subregión vamos a colocar un contenido HTML.

Seleccionamos la Subregión A y en el panel de propiedades en la Sección Origen colocamos el siguiente contenido HTML:

```
<div>
<h1>ORACLE APPLICATION EXPRESS 5.1</h1>

<h3>Desarrolla</h3>

<p>Utiliza nuestro moderno, intuitivo y poderoso entorno de desarrollo
para construir e implantar aplicaciones rápidamente facilitando el
desarrollo iterativo.</p>
</div>
```

Seleccionamos la Subregión B y hacemos lo mismo, en el panel de propiedades en la Sección Origen colocamos el siguiente contenido HTML:

```
<div>
<h1>ORACLE APPLICATION EXPRESS 5.1</h1>

<h3>Personaliza</h3>

<p> Nuestras poderosas e intuitivas herramientas de diseño abren una
amplia gama de posibilidades para personalizar fácilmente la interfaz
gráfica de tu aplicación.</p>
</div>
```

Seleccionamos la Subregión C y colocamos el siguiente contenido HTML:

```
<div>
<h1>ORACLE APPLICATION EXPRESS 5.1</h1>

<h3>Entrega</h3>

<p> La implantación de aplicaciones no podría ser más fácil, tan sólo
comparte el URL de tu aplicación con tus usuarios.</p>
</div>
```

El contenido de cada subregión se basa en una caja usando las etiquetas
<div></div> con un título identificado por las etiquetas HTML <h1></h1>,
además de un subtítulo usando las etiquetas HTML <h3></h3> y de un texto
usando las etiquetas de párrafo <p></p>.

Si ejecutamos la página podremos ver que al no darle estilos el contenedor se ve
muy simple a la vista y los textos no se encuadran adecuadamente contenidos en el
contenedor.

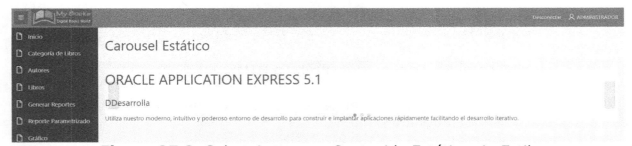

Figura 25.3. Subregiones con Contenido Estático sin Estilos

1.2. Crear Identificadores Estáticos de Región

En el caso que quisiéramos tener diferentes reglas CSS para cada subregión
(sliders), podemos crear diferentes identificadores estáticos, uno para cada
subregión.

Seleccionamos la Subregión A y desde el panel de la derecha de propiedades, en la
Sección "Avanzada", ingresamos en Identificador Estático: *miclasecssA*. Hacemos lo

mismo para la subregión B e ingresamos el nombre *miclasecssB* y en la subregión C ingresamos *miclasecssC*.

Para que nuestras sliders se vean más atractivas vamos a colocar los textos alineados al centro con diferentes tamaños de letra y a asignar diferentes colores de fondo para cada una de las slider.

1.3. Crear Reglas CSS

Desde el Diseñador de Páginas seleccionamos el título de la página.

Desde el panel de la derecha de propiedades ingresamos a la sección CSS en Línea y colocamos las siguientes reglas CSS:

```
#miclasecssA
div {background-color: #FF2D55; height:250px; color: #FFFFFF;}
h1 {font-size: 2.5em;text-align:center;}
h3 {font-size: 1.5em;text-align:center;}
p {font-size: 1.2em;text-align:center; padding:5px 50px 5px 50px;}

#miclasecssB
div {background-color: #007AFF; height:250px; color: #FFFFFF;}
h1 {font-size: 2.5em;text-align:center;}
h3 {font-size: 1.5em;text-align:center;}
p {font-size: 1.2em;text-align:center; padding:5px 50px 5px 50px;}

#miclasecssC
div {background-color: #FF9500; height:250px; color: #FFFFFF;}
h1 {font-size: 2.5em;text-align:center;}
h3 {font-size: 1.5em;text-align:center;}
p {font-size: 1.2em;text-align:center; padding:5px 50px 5px 50px;}
```

Para este ejemplo he colocado las mismas CSS para cada subregión pero está de más decir que podemos usar diferentes reglas CSS para nuestras subregiones.

En las CSS estamos indicando que cada slider tenga un color de fondo diferente, una altura de 250px y que el texto esté escrito en color blanco, además que el título sea de un tamaño de alrededor de 42px y el texto esté alineado al centro. De igual modo para el subtítulo estamos indicando que tenga un tamaño de alrededor de 24px y el texto esté alineado al centro. Y finalmente para el texto del párrafo estamos indicando que tenga un tamaño de alrededor de 19px, que el texto esté alineado al centro y agregamos un padding de 5px en la parte superior, 50px a la derecha, 5px abajo y 50px a la izquierda.

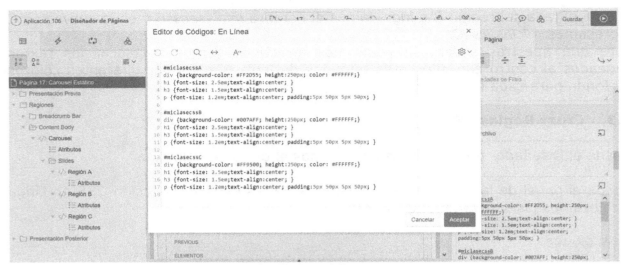

Figura 25.4. Estilos CSS para las Sliders

Con esta herramienta online:
http://www.rapidtables.com/web/color/RGB_Color.htm podemos encontrar el número RGB y el número Hex de los colores.

Ejecutamos la página y podremos ver nuestra región del Carousel con tres sliders que tienen contenido estático que realizan la transición cada 5 segundos.

Figura 25.5. Carousel con Estilos CSS

A continuación he creado una tabla de referencia para que puedas identificar algunos de los diferentes colores que puedes usar con su RGB y su número Hex correspondiente.

RGB	Hex #	Color
rgb(255, 45, 85)	FF2D55	
rgb(0, 122, 255)	007AFF	
rgb(255, 149, 0)	FF9500	
rgb(76, 217, 100)	4CD964	
rgb(142, 142, 147)	8E8E93	
rgb(52, 170, 220)	34AADC	
rgb(255, 204, 0)	FFCC00	
rgb(90, 200, 250)	5AC8FA	
rgb(255, 59, 48)	FF3B30	
rgb(88, 86, 214)	5856D6	
rgb(255, 87, 119)	FF5777	
rgb(51, 149, 255)	3395FF	
rgb(255, 170, 51)	FFAA33	
rgb(112, 225, 131)	70E183	
rgb(165, 165, 169)	A5A5A9	
rgb(93, 187, 227)	5DBBE3	
rgb(255, 214, 51)	FFD633	
rgb(123, 211, 251)	7BD3FB	
rgb(255, 98, 89)	FF6259	
rgb(121, 120, 222)	7978DE	
rgb(230, 41, 77)	E6294D	
rgb(0, 110, 230)	006EE6	
rgb(230, 134, 0)	E68600	
rgb(68, 195, 90)	44C35A	
rgb(128, 128, 132)	808084	
rgb(47, 153, 198)	2F99C6	
rgb(230, 184, 0)	E6B800	
rgb(81, 180, 225)	51B4E1	
rgb(230, 53, 43)	E6352B	
rgb(79, 77, 193)	4F4DC1	

Figura 25.6. Colores RGB y HEX

Puedes ingresar a este enlace para que veas online los colores:
https://www.toadworld.com/members/clarisa-maman-orfali/blogs#post-17930

También podemos ingresar imágenes a nuestra slider acompañando el texto simplemente necesitamos ingresar la imagen en nuestro Espacio de Trabajo y utilizar la variable de sustitución #WORKSPACE_IMAGES#mi_imagen.png o la variable #APP_IMAGES#mi_imagen.jpg (si la ingresamos solo para nuestra aplicación) y colocamos en el contenido estático dentro del párrafo, la etiqueta <img> para llamar a la imagen, como se muestra a continuación:

```
<img src="#WORKSPACE_IMAGES#mi_imagen.png"/>
```

1.4. Esquema de Colores en el Tema Universal 42

El Tema Universal utiliza un conjunto de colores (esquemas) entre los diferentes componentes. Estos colores se pueden agrupar en dos paletas: colores generales y colores con estado.

1.4.1. Colores generales

Los colores generales se utilizan para agregar color a varios componentes de la aplicación como gráficos, cards, carousel y más.

Hay 15 colores primarios que se modifican para convertirse en más claros o más oscuros para crear un total de 45 opciones de color. Podemos personalizar estos colores modificando la paleta de colores dentro del Theme Roller.

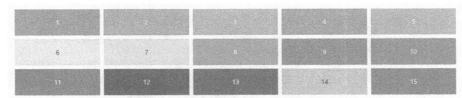

Figura 25.7. Colores Primarios

Figura 25.8. Colores Primarios - Más Claros

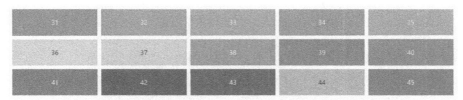

Figura 25.9. Colores Primarios - Más Oscuros

1.4.2. Colores con Estado

Los colores con estado se utilizan para transmitir significado adicional para un componente de interfaz de usuario dado. Por ejemplo, podemos elegir colorear una alerta de advertencia con un tinte amarillo.

Hay 6 colores con estado: normal, hot, informativo, peligro, advertencia y éxito. Podemos personalizar estos colores modificando los colores de estado dentro del Theme Roller.

Figura 25.10. Colores con Estado

1.4.3.   Utilidades de Colores Generales

Mientras que muchos componentes del Tema Universal hacen uso de estos colores automáticamente, también podemos usarlos en varios componentes personalizados.

El Tema Universal proporciona una serie de clases CSS que se pueden utilizar para aplicar esta paleta de colores a cualquier etiqueta HTML.

Reglas CSS del Tema Universal 42:

Block	Text	Background	Border
u-color-1	u-color-1-text	u-color-1-bg	u-color-1-border

La clase u-Color permite definir el esquema del color, hay definidas en el Tema Universal 42 una cantidad de 45 colores diferentes, el cual se definen del 1 al 45.

Por ejemplo, para usar estas clases en nuestras regiones del carousel y darle un color de fondo a cada slider, necesitamos quitar los estilos CSS de la caja, es decir de la etiqueta <div></div>

Nuestra Región A tendrá estas reglas CSS:

```
#miclasecssA
div {height:250px;}
h1 {font-size: 2.5em;text-align:center; }
h3 {font-size: 1.5em;text-align:center; }
p {font-size: 1.2em;text-align:center; padding:5px 50px 5px 50px; }
```

Lo mismo hacemos para la Región B y C.

Ingresamos a la Región A en propiedades de la región, nos ubicamos en la sección Apariencia y colocamos el siguiente CSS en "Clases CSS":

Para Región A:
```
dm-ColorBlock u-Color-4-BG--bg u-Color-4-FG--txt
```

Para Región B:
```
dm-ColorBlock u-Color-8-BG--bg u-Color-8-FG--txt
```

Para Región C:

```
dm-ColorBlock u-Color-10-BG--bg u-Color-10-FG--txt
```

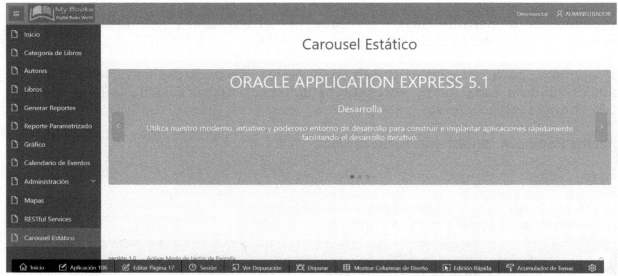

Figura 25.11. Utilizar Esquema de Color del Tema Universal 42 en Región

Al ejecutar la página podremos ver que las sliders toman el color del esquema asociado según el Tema Universal.

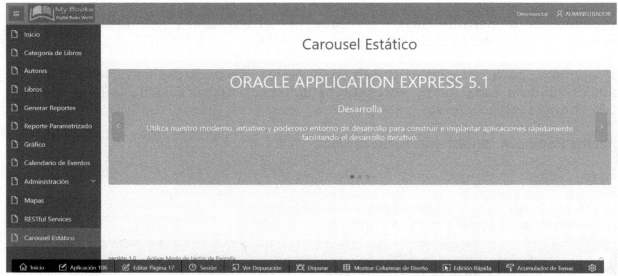

Figura 25.12. Uso de las clases de colores del Tema Universal

1.4.4.   Utilidades de Colores con Estado

El Tema Universal, como lo mencionamos antes, ofrece 6 colores con estado: normal, hot, informativo, peligro, advertencia y éxito. Estas son las clases CSS que podemos usar para aplicar estos estados a nuestros propios controles de interfaz de usuario.

344

Status	Block	Text	Background	Border
Normal	u-normal	u-normal-text	u-normal-bg	u-normal-border
Hot	u-hot	u-hot-text	u-hot-bg	u-hot-border
Warning	u-warning	u-warning-text	u-warning-bg	u-warning-border
Danger	u-danger	u-danger-text	u-danger-bg	u-danger-border
Info	u-info	u-info-text	u-info-bg	u-info-border
Success	u-success	u-success-text	u-success-bg	u-success-border

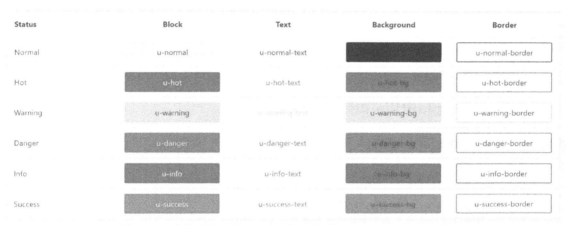

Figura 25.13. *Uso de los Colores con Estado*

2. REGION CAROUSEL DINÁMICO

Para poder crear una región de tipo carousel que tenga contenido dinámico, necesitamos realizar los siguientes pasos:

2.1. Crear copia de la plantilla de la región de tipo Carousel

Ingresamos a Componentes Compartidos, luego hacemos clic en Plantillas, el cual nos muestra el listado de todas las plantillas disponibles que tenemos en nuestra aplicación agrupada por tipo de objeto.

Buscamos la plantilla de región Carousel (Carousel Container) y realizamos una copia de la misma colocando el nombre: Región de Carousel Dinámica.

Abrimos la plantilla para editarla y en la sección de Definición, modificamos desde la línea 14-18 para que la variable de sustitución #BODY# este dentro del *div.t-Region-carouselRegions.*

Luego pasamos a la sección de Opciones de Plantilla y configuramos en 5 Segundos el Timer del Carousel, posteriormente hacemos clic en el botón Aplicar Cambios.

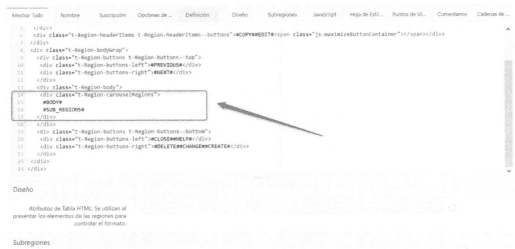

Figura 25.14. *Editar plantilla de Región de Carousel Dinámica*

2.2. Crear nueva plantilla de Informe

Desde la sección de Plantillas:

1. Hacemos clic en el botón Crear

2. Seleccionamos la opción Informe

3. Seleccionamos Nuevo

4. Hacemos clic en el botón Siguiente

5. Ingresamos un nombre: Carousel Reporte

6. Tema: 42 - Universal Theme

7. Clase de Plantilla: Personalizado 1

8. Tipo de Plantilla: Columna con Nombre (plantilla de fila)

9. Hacemos clic en el botón Crear

Refrescamos la página, seleccionamos la plantilla recién creada y la abrimos para editarla.

Reemplazamos el siguiente código de la casilla "Plantilla de Fila 1"

```
<tr><td>#1#</td><td>#2#</td><td>#3#</td><td>#4#</td><td>#5#</td></tr>
```

Por este otro código:

```
<div data-label="#TITLE#" id="SR_R#ID#">
    <div class="t-HeroRegion " id="R#ID#">
        <div id='wrap'>
```

```
<div class="left">
      #IMAGE#
</div>
<div class="right">
      <h2 class="title">#TITLE#</h2>
            <p style="text-align:center";>#DESCRIPTION#</p>
</div>
      </div>
   </div>
</div>
```

Este código representa la fila de nuestro informe que corresponderá a la slide de nuestro carousel.

Es muy importante tener en cuenta las variables de sustitución: #IMAGE#, #TITLE# y #DESCRIPTION# porque ellas serán las que mostraran la imagen, el título y la descripción de los registros contenido en la tabla de libros. Por ello cuando construyamos la consulta SQL del informe pondremos como alias de columnas el mismo nombre de las variables de sustitución.

Luego hacemos clic en el botón "Aplicar los Cambios"

De este modo hemos creado la plantilla que va a mostrar nuestro carousel, con contenido dinámico.

2.3. Crear Página para el Carousel

Creamos una página de tipo Informe Clásico en nuestra aplicación:

1. Crear Página: Informe

2. Tipo: Informe Clásico

3. Nombre de Página: Carousel Dinámico

4. Ruta de Navegación: Menú Principal

5. Hacemos clic en el botón Siguiente

6. Crear nueva entrada del menú de navegación

7. Hacemos clic en el botón Siguiente

8. Tipo de Origen: Consulta SQL

```
select BOOK_ID                       as id,
       BOOK_TITLE                    as title,
       BOOK_DESCRIPTION              as description,
       book_id,
       dbms_lob.getlength(BOOK_IMAGE) as image,
       'no-icon'                     as icon,
       null                          as link_url
```

```
from LIB_BOOKS
```
9. Hacemos clic en el botón Crear

He resaltado los alias de columnas title, description e image porque es muy importante destacar que dichos nombres son los que se encuentran en la plantilla como variables de sustitución.

Figura 25.15. *Consulta SQL para Carousel Dinámico*

Para que nuestro carousel se muestre en la página necesitamos cambiar la plantilla de región de informe que actualmente está seleccionada como "Standard" y seleccionar "Región de Carousel Dinámica" y luego pasamos a los atributos del informe y necesitamos cambiar la plantilla de la región de informe que actualmente está como "Standard" y seleccionar la que hemos creado, llamada "Carousel Reporte". Para que no se visualice el título de la región encima del Carousel podemos modificar las opciones de plantilla y el Header ocultarlo.

Además, estando en atributos del informe, en la sección de Paginación indicamos que no haya paginación y marcamos en No la opción de Refrescamiento de Página Parcial.

Finalmente, guardamos los cambios.

2.4. Crear Reglas CSS para nuestra Región de Carousel

Vamos a agregar unos estilos CSS para la región del contenedor del Carousel, para ello ingresamos al nombre de la página y nos dirigimos a la sección de estilos CSS en línea e ingresamos las siguientes reglas CSS:

```
#wrap {
width: 100%;
}

.left {
width: 30%;
height:300px;
float: left;
```

```
padding-left: 100px;
padding-top: 50px;
}

.right {
width: 50%;
height:300px;
padding-left: 50px;
padding-top: 50px;
float:left;
}

.title {
font-size: 28px;
font-weight: bold;
text-align: center;
}
```

2.5. Editar Columna de Imagen del Informe

Desde el Diseñador de páginas, seleccionamos la columna IMAGE y en propiedades de la columna, en la opción Tipo seleccionamos Mostrar Imagen.

Posteriormente ingresamos la información en la sección Atributos BLOB:

- Nombre de la Tabla: LIB_BOOKS

- Columna BLOB: BOOK_IMAGE

- Columna de Clave Primaria 1: BOOK_ID

Guardamos los cambios y ejecutamos la página para visualizar los resultados:

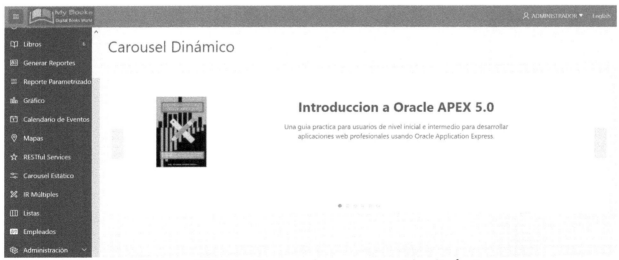

Figura 25.16. *Carousel con contenido dinámico*

3. RESUMEN

En este capítulo hemos aprendido a utilizar los diferentes esquemas de color en nuestros componentes personalizados de nuestra aplicación, como también a utilizar la región de tipo Carousel para darle un aspecto moderno y atractivo a nuestro contenido estático y dinámico.

Capítulo 26

Crear listas estáticas y dinámicas con imagen personalizada

En este capítulo aprenderemos a crear listas estáticas y dinámicas que usen imágenes personalizadas.

1. LISTA ESTÁTICA CON IMAGEN

En nuestras listas podemos usar iconos, pero que pasa si queremos usar nuestras propias imágenes?

Para contestar esta pregunta vamos a desarrollar un ejemplo para poder aprender como colocar en las listas nuestras propias imágenes.

Recordemos que el Tema Universal trabaja con Font Awesome, que es una librería de iconos que está disponible cuando se carga Oracle Application Express.

Primero de todo vamos a crear una lista estática que la llamaremos por ejemplo: "Lista Estática con Imágenes", en Componentes Compartidos, hacemos clic en Listas dentro de la sección Navegación que tenga las siguientes entradas: APEX, MySQL, PL/SQL, SQL, BI.

Posteriormente vamos a cargar las imágenes personalizadas que queremos colocar en nuestra lista, yo he creado cada imagen con un tamaño de 50px de ancho y 50px de alto.

Ingresamos a Componentes Compartidos y en la sección Archivos, seleccionamos "Archivos de Aplicación Estáticos" (podemos usar la otra opción si queremos que las imágenes estén disponibles para todas las aplicaciones del workspace, en caso contrario, usamos la opción mencionada).

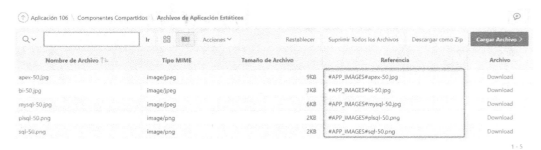

Figura 26.1. *Imágenes cargadas en nuestro espacio de trabajo*

Necesitamos editar el template de Lista que vamos a usar, para ello primero hacemos una copia del template original y le colocamos un nombre, en este ejemplo voy a trabajar con el template **Media List**.

En Componentes Compartidos, vamos a la sección Interfaz de Usuario --> Plantillas:

Se abre la lista de plantillas disponibles del Tema Universal, buscamos la plantilla Media List y realizamos una copia del mismo, haciendo clic en el icono copiar al

costado derecho y al abrirse la ventana modal colocamos el nombre **Media List with Image**.
Hacemos clic en el enlace "Media List with Image" para editar la plantilla:

En la sección Plantilla de Lista Actual, necesitamos reemplazar la etiqueta <span></span> por la etiqueta <img/>

Buscamos el siguiente código:

```
<span class="t-Icon #ICON_CSS_CLASSES# u-color #A06#"
#IMAGE_ATTR#></span>
```

Y lo reemplazamos por:

```
<img src="#IMAGE#" #IMAGE_ATTR#/>
```

Figura 26.2. *Edición de la plantilla Media List with Image*

De igual manera lo hacemos para la sección de "Plantilla de Lista No Actual" y guardamos los cambios.

Regresamos a Componentes Compartidos y seleccionamos la Lista Estática que hemos creado para editarla, para ello hacemos clic en el primer elemento APEX.

En la casilla Imagen/Clase ingresamos: `#APP_IMAGES#mi-imagen.jpg`

Donde `mi-imagen.jpg` es la imagen que nosotros queremos asignarle a este elemento, en mi caso es: apex-50.jpg, hacemos lo mismo para cada una de las entradas de la lista:

Figura 26.3. *Asignar la imagen a cada elemento de la lista*

Ahora ingresamos a una página en blanco de nuestra aplicación y creamos una región de tipo Lista y que el origen sea la lista que hemos creado "Lista Estática con Imágenes".

Hacemos clic en Atributos de la región de Lista y seleccionamos en Plantilla de Lista la plantilla que hemos creado llamada "Media List with Image".

Guardamos los cambios y ejecutamos la página para ver los resultados.

Figura 26.4. *Lista estática con imagen personalizada*

De igual modo podemos trabajar con los demás tipos de plantillas de lista, siempre haciendo una copia para mantener el original y de ahí podemos personalizar a nuestro gusto.

2. LISTA DINAMICA CON IMAGEN

Trabajaremos con las mismas imágenes de la sección anterior para este ejemplo de Lista Dinámica, teniendo las siguientes referencias:

```
#APP_IMAGES#apex-50.jpg
#APP_IMAGES#bi-50.jpg
#APP_IMAGES#mysql-50.jpg
#APP_IMAGES#plsql-50.png
#APP_IMAGES#sql-50.png
```

Ahora vamos a crear una tabla que tendrá la información de cada una de las entradas de la lista:

Ejecutamos el siguiente script en nuestro Taller de SQL:

```
CREATE TABLE "LIB_LISTS"
    ( "ID" NUMBER(8,0) NOT NULL ENABLE,
      "NAME" VARCHAR2(15),
      "NAME_IMG" VARCHAR2(25),
      CONSTRAINT "LIST_PK" PRIMARY KEY ("ID")
USING INDEX ENABLE
    )
/

CREATE sequence "LIB_LISTS_SEQ";
/

CREATE OR REPLACE TRIGGER "BI_LISTS"
before insert on "LIB_LISTS"
for each row
begin
if :NEW."ID" is null then
    select "LIB_LISTS_SEQ".nextval into :NEW."ID" from sys.dual;
end if;
end;
/

ALTER TRIGGER "BI_LISTS" ENABLE
/
```

Cargamos cada registro según la siguiente información:

ID	NAME	NAME_IMG
1	APEX	apex-50.jpg
2	MySQL	mysql-50.jpg
3	PL/SQL	plsql-50.png
4	SQL	sql-50.png
5	BI	bi-50.jpg

Tener especial cuidado de colocar el nombre de la imagen en la columna NAME_IMG sin espacios ni adelante ni atrás. Los nombres son exactamente el mismo nombre utilizado en las referencias de imágenes de nuestro espacio de trabajo.

Lo siguiente que vamos a hacer es crear una copia de la plantilla Media List.

Desde Componentes compartidos vamos a la sección Interfaz de Usuario y hacemos clic en Plantillas, buscamos la plantilla Media List y realizamos una copia que la llamaremos **Media Dynamic List with Image**.

Hacemos clic en el enlace del nombre de la plantilla "Media Dynamic List with Image" para editarla.

En la sección Definición de la Plantilla podemos visualizar el código que representa la plantilla Media List con los atributos opcionales:

```
<li class="t-MediaList-item is-active #A04#">
    <a href="#LINK#" class="t-MediaList-itemWrap #A05#" #A03#>
        <div class="t-MediaList-iconWrap">
            <span    class="t-MediaList-icon    u-color    #A06#"><span
class="t-Icon          #ICON_CSS_CLASSES#          u-color          #A06#"
#IMAGE_ATTR#></span></span>
        </div>
        <div class="t-MediaList-body">
            <h3 class="t-MediaList-title">#TEXT#</h3>
            <p class="t-MediaList-desc">#A01#</p>
        </div>
        <div class="t-MediaList-badgeWrap">
            <span class="t-MediaList-badge">#A02#</span>
        </div>
    </a>
</li>
```

Es importante destacar que en este ejemplo no estoy usando los atributos adiciones A01, A02, A03, A04, A05 y A06. Nosotros podemos cargar esa información como columnas en la tabla LIB_LISTS si quisiéramos usarlo, en este caso los valores serán Null.

Para saber a qué hace referencia cada atributo, podemos visualizar dicha información en la descripción de atributos de la plantilla Media List:

Descripción de #A01# *Description*
Descripción de #A02# *Badge Value*
Descripción de #A03# *Link Attributes*
Descripción de #A04# *List Item CSS Classes*
Descripción de #A05# *Link Class*
Descripción de #A05# *Icon Color Class*

A continuación, en la sección "Plantilla de Lista Actual" reemplazamos el siguiente código:

```
<span class="t-Icon #ICON_CSS_CLASSES# u-color #A06#"
#IMAGE_ATTR#></span>
```

Por este otro código:

```
<img src="#APP_IMAGES##IMAGE#" #IMAGE_ATTR#/>
```

Estamos agregando el path de la ubicación de nuestras imágenes usando la variable de sustitución de la referencia, que en este caso es #APP_IMAGES# y luego añadimos la variable #IMAGE# el cual alberga el nombre de la imagen guardada en la tabla LIB_LISTS.

Hacemos lo mismo para la sección "Plantilla de Lista No Actual".

Guardamos los cambios.

2.1. Crear Lista Dinámica

Para crear la lista dinámica necesitamos conocer la sintaxis correcta para la Consulta SQL que vamos a realizar.

En la documentación de Oracle podemos ver la sintaxis como sigue:

```
SELECT level, labelValue label,
[targetValue] target,
[is_current] is_current_list_entry,
[imageValue] image,
[imageAttributeValue] image_attribute,
[imageAltValue] image_alt_attribute,
[attribute1] attribute1,
[attribute2] attribute2,
[attribute3] attribute3,
[attribute4] attribute4,
[attribute5] attribute5,
[attribute6] attribute6,
[attribute7] attribute7,
[attribute8] attribute8,
[attribute9] attribute9,
[attribute10] attribute10
FROM ...
WHERE ...
ORDER BY ...
```

Donde:

- Level y Labelvalue - son requeridos

- Level - para las listas jerárquicas, el parámetro de nivel debe ser suministrado. Para listas no jerárquicas, este parámetro se puede establecer en NULL.

- Labelvalue - es el texto que aparece como entrada de la lista

- Targetvalue - es la URL de destino para trasladarse cuando se selecciona la entrada de lista

- Is current - controla el comportamiento de la entrada de la lista. Los valores que incluye son:

  o NULL - se basa en el target de la URL

  o YES - entrada de lista es siempre actual

  o NO - entrada de lista no es actual

- `imageValue` - El nombre de la imagen aparece en la entrada de lista

- `imageattributevalue` - es el valor de etiqueta alternativo, es necesario para los propósitos de accesibilidad en las plantillas donde el usuario debe hacer clic en la imagen.

- `Atribute1 al 10` - Estos atributos se relacionan con los 10 atributos de usuario existentes para las listas.

Vamos a crear nuestra lista dinámica que tome los datos de la tabla LIB_LISTS y los muestre usando la plantilla "Media Dynamic List with Image".

Para ello, regresamos a "Componentes Compartidos", en la sección "Navegación" y hacemos clic en "Listas".

1. Hacemos clic en el botón Crear

2. Crear Lista: Nuevo

3. Clic en Siguiente

4. Nombre: Lista Dinámica con Imágenes

5. Tipo: Dinámico

6. Clic en Siguiente

7. Consultar Tipo de Origen: Consulta SQL

8. Consulta SQL:

   ```
   SELECT
   ```

```
null lvl,
name label,
null targetvalue,
null is_current,
name_img imagevalue,
null imageattributevalue,
null imagealtvalue_alt,
null a01,
null a02,
null a03,
null a04,
null a05,
null a06
FROM
Lib_lists
ORDER BY 2
```

9. Clic en Siguiente

10. Clic en Crear

Finalmente vamos a crear una región de tipo Lista en nuestra página de APEX el cual le asignaremos la plantilla que hemos creado.

Hacemos clic en Atributos de la región de Lista para asignarle la plantilla que hemos creado "Media Dynamic List with Image" y en opciones de la plantilla seleccionamos en Layout: 5 Column Grid:

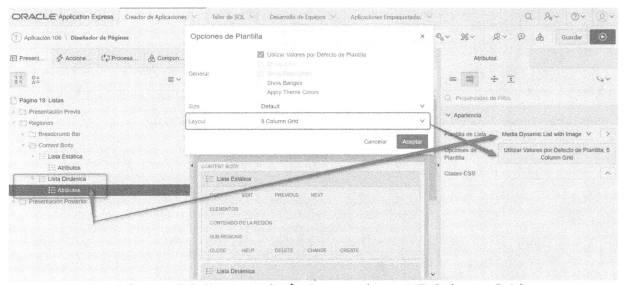

Figura 26.5. *Lista dinámica con layout 5 Column Grid*

Guardamos los cambios.

Ejecutamos la página y podemos ver los resultados, el cual en la parte superior esta la región con la lista estática que trabajamos en la sección anterior y en la parte inferior se muestra la lista dinámica recién creada ordenada por nombre.

Figura 26.5. *Lista dinámica con imágenes personalizadas*

3. RESUMEN

En este capítulo hemos visto como crear listas estáticas y dinámicas con imágenes personalizadas. También aprendimos a duplicar y editar plantillas para que se ajusten a nuestras necesidades, además de conocer la sintaxis de la consulta SQL para la creación de listas dinámicas.

Capítulo 27

Crear asistente de carga de datos

En este capítulo aprenderemos a crear un asistente de carga de datos, una de las características que Oracle APEX nos ofrece y que le permite a nuestros usuarios finales que puedan contar con la capacidad de cargar datos de forma dinámica para importar dichos datos en una tabla dentro de cualquier esquema al que el usuario final tenga acceso.

Es muy fácil de implementar esta operación en APEX y lo mejor de todo es que nos brinda a los desarrolladores una funcionalidad poderosa en pocos minutos dentro de nuestras aplicaciones ya que la importación de datos generalmente es un requisito muy pedido por nuestros usuarios finales.

Al usar esta funcionalidad para importar los datos, los usuarios finales podrán ejecutar un asistente de carga de datos dentro de la aplicación que le permitan cargar los datos desde un archivo o también podrán copiar y pegar los datos directamente en el asistente.

1. INTRODUCCION

Al crear el asistente de carga de datos, el desarrollador podrá incluir entre otras definiciones lo siguiente:

- **Definiciones de la tabla:** Esta definición especifica el nombre de la tabla de carga de datos con la columna o columnas de clave única.

- **Reglas de transformación de datos:** esto nos permite como desarrolladores dar un formato a alguna columna específica, como el cambio de los datos de importación a mayúsculas, minúsculas, sustituir, recorte, recortar a la izquierda, o a la derecha, consulta SQL, o expresión PL/SQL, etc. Y esto lo hacemos definiendo reglas de transformación de datos. Si el archivo de importación incluye datos de la columna con mayúsculas y minúsculas y la tabla de carga requiere todo en mayúsculas, nosotros podemos definir una regla de transformación de datos para insertar solamente mayúsculas en la columna durante la carga de datos. (En el ejemplo mostraremos una regla de transformación)

- **Consultas a tablas:** Si existen datos en el archivo de importación que se deben corresponder con los datos que se pueden encontrar en otra tabla, se podrá especificar una búsqueda en la tabla para realizar el mapeo. Por ejemplo, si el archivo de importación contiene un nombre de departamento para la columna DEPTNO pero la tabla de carga requiere el ID del departamento en esa columna, se podrá realizar una regla de consulta de tabla para encontrar el número de departamento correspondiente para el nombre del departamento en la otra tabla. (En el ejemplo mostraremos esta regla de consulta de tabla)

1.1. Crear Informe Interactivo de la Tabla EMP

Para elaborar este ejemplo vamos a crear un informe interactivo mostrando los datos de los Empleados de la tabla EMP y un botón que diga Cargar Datos Empleados.

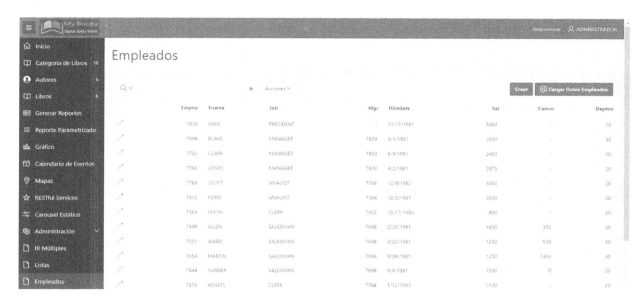

Figura 27.1. *Informe Interactivo de la tabla EMP*

Las tablas EMP y DEPT son tablas de ejemplo que vienen instaladas en el esquema de APEX cuando se instala la herramienta.

En el caso que no se cuente con ellas, les dejo los script de creación de las tablas (DDL) y las sentencias INSERT (DML) para cargar de datos cada una de ellas.

DDL

```
create table dept(
  deptno number(2,0),
  dname  varchar2(14),
  loc    varchar2(13),
  constraint pk_dept primary key (deptno)
);

create table emp(
  empno    number(4,0),
  ename    varchar2(10),
  job      varchar2(9),
  mgr      number(4,0),
  hiredate date,
  sal      number(7,2),
  comm     number(7,2),
  deptno   number(2,0),
  constraint pk_emp primary key (empno),
  constraint fk_deptno foreign key (deptno) references dept (deptno)
);
```

DML

```
insert into dept
values(10, 'ACCOUNTING', 'NEW YORK');
insert into dept
values(20, 'RESEARCH', 'DALLAS');
insert into dept
values(30, 'SALES', 'CHICAGO');
insert into dept
values(40, 'OPERATIONS', 'BOSTON');

insert into emp
values(
 7839, 'KING', 'PRESIDENT', null,
 to_date('17-11-1981','dd-mm-yyyy'),
 5000, null, 10
);
insert into emp
values(
 7698, 'BLAKE', 'MANAGER', 7839,
 to_date('1-5-1981','dd-mm-yyyy'),
 2850, null, 30
);
insert into emp
values(
 7782, 'CLARK', 'MANAGER', 7839,
 to_date('9-6-1981','dd-mm-yyyy'),
 2450, null, 10
);
insert into emp
values(
 7566, 'JONES', 'MANAGER', 7839,
 to_date('2-4-1981','dd-mm-yyyy'),
 2975, null, 20
);
insert into emp
values(
 7788, 'SCOTT', 'ANALYST', 7566,
 to_date('13-JUL-87','dd-mm-rr') - 85,
 3000, null, 20
);
insert into emp
values(
 7902, 'FORD', 'ANALYST', 7566,
 to_date('3-12-1981','dd-mm-yyyy'),
 3000, null, 20
);
insert into emp
values(
 7369, 'SMITH', 'CLERK', 7902,
```

```
 to_date('17-12-1980','dd-mm-yyyy'),
 800, null, 20
);
insert into emp
values(
 7499, 'ALLEN', 'SALESMAN', 7698,
 to_date('20-2-1981','dd-mm-yyyy'),
 1600, 300, 30
);
insert into emp
values(
 7521, 'WARD', 'SALESMAN', 7698,
 to_date('22-2-1981','dd-mm-yyyy'),
 1250, 500, 30
);
insert into emp
values(
 7654, 'MARTIN', 'SALESMAN', 7698,
 to_date('28-9-1981','dd-mm-yyyy'),
 1250, 1400, 30
);
insert into emp
values(
 7844, 'TURNER', 'SALESMAN', 7698,
 to_date('8-9-1981','dd-mm-yyyy'),
 1500, 0, 30
);
insert into emp
values(
 7876, 'ADAMS', 'CLERK', 7788,
 to_date('13-JUL-87', 'dd-mm-rr') - 51,
 1100, null, 20
);
insert into emp
values(
 7900, 'JAMES', 'CLERK', 7698,
 to_date('3-12-1981','dd-mm-yyyy'),
 950, null, 30
);
insert into emp
values(
 7934, 'MILLER', 'CLERK', 7782,
 to_date('23-1-1982','dd-mm-yyyy'),
 1300, null, 10
);
commit;
```

2. CREAR ASISTENTE DE CARGA DE DATOS

Desde la Página de Inicio de la Aplicación:

1. Hacemos clic en el botón "Crear Página".

2. Seleccione Tipo de Página: Carga de Datos

3. En Tabla de Carga de Datos:

   - Definición de Carga de Datos: Crear Nuevo

   - Nombre de la Definición: Cargar Datos Empleados

   - Propietario: [NOMBRE_ESQUEMA]

   - Nombre de la Tabla: EMP (tabla)

   - Columna Única 1: EMPNO (Number)

   - Hacemos clic en el botón "Siguiente".

4. En Reglas de Transformación (Reglas de Transformación permite modificar los datos que se van a cargar antes de insertarlos en la tabla base. Como ejemplo, pasaremos a mayúsculas el JOB)

   - Seleccione las columnas para crear una regla de transformación: JOB

   - Nombre de Regla: Pasa a Mayúsculas

   - Tipo: A Mayúsculas

   - Hacemos clic en el botón "Agregar Transformación".

   - Hacemos clic en el botón "Siguiente".

5. En Consultas de Tablas (Consultas de Tabla hace coincidir un valor cargado con otra tabla y permite utilizar el valor de clave asociado, en lugar del valor cargado)

   - Agregar Nueva Consulta de Tabla para la Columna:

     - Nombre de Columna: DEPTNO_ID

   - Definición de Columna:

     - Propietario de Tabla de Consulta: [NOMBRE_ESQUEMA]

     - Nombre de Tabla de Consulta: DEPT

     - Devolver Columna: DEPTNO (Number)

     - Cargar Columna: DNAME (Varchar2)

     - Hacemos clic en el botón "Agregar Consulta".

   - Hacemos clic en el botón "Siguiente".

6. En Atributos de Páginas:

- Paso 1:

  - Nombre de la Página: Origen de Carga de Datos

  - Número de Página: 22

  - Nombre de la Región: Origen de Carga de Datos

- Paso 2:

  - Nombre de la Página: Asignación de Datos/Tabla

  - Número de Página: 23

  - Nombre de la Región: Asignación de Datos/Tabla

- Paso 3:

  - Nombre de la Página: Validación de Datos

  - Número de Página: 24

  - Nombre de la Región: Validación de Datos

- Paso 4:

  - Nombre de la Página: Resultados de Carga de Datos

  - Número de Página: 25

  - Nombre de la Región: Resultados de Carga de Datos

- Modo de Página: Normal

- Ruta de Navegación: Menú Principal

- Entrada Principal: .Alumnos (Página 3)

- Nombre de Ruta de Navegación: Asistente Carga de Datos Empleados

- Hacemos clic en el botón "Siguiente".

7. En Menú de Navegación:

- Preferencia de Navegación: Identificar una entrada del menú de navegación existente para esta página

- Entrada de Menú de navegación Existente: Empleados

- Hacemos clic en el botón "Siguiente".

8. En Botones y Bifurcación:

- Etiqueta de Botón Siguiente: Siguiente >

- Etiqueta de Botón Anterior: < Anterior

- Etiqueta de Botón Cancelar: Cancelar --- Bifurcar a Página: X (página del IR)

- Etiqueta de Botón Terminar: Ver Empleados --- Bifurcar a Página: X (página del IR)

- Hacemos clic en el botón "Siguiente".

9. En Confirmar:

- Hacemos clic en el botón "Crear".

Figura 27.2. *Página Origen Carga de Datos.*

El asistente nos creó en forma rápida un conjunto de 4 páginas que conformarán el asistente de carga de datos en nuestra aplicación:

- **Origen de Carga de Datos**: es la página en el cual determinamos si la carga de datos se realizará a través de un archivo separado por comas (*.csv) o delimitado por tabuladores o por medio de la acción Copiar y Pegar. Además podemos indicar los símbolos que se usan como separadores, los valores por defecto son \t y opcionalmente las comillas dobles. Si nuestro archivo cuenta con la primera fila con nombres de columnas lo indicamos marcando la casilla de verificación, además de los otros parámetros de formato de fecha, caracteres de archivo y los parámetros de globalización. En el recuadro "Copiar y Pegar Datos Delimitados" se usa cuando tenemos marcado la opción de Importar como: "Copiar y Pegar".

- **Asignación de Datos/Tabla**: Esta es la segunda página del asistente donde asignamos la columna que corresponde a cada columna del archivo a importar.

- **Validación de Datos**: En la siguiente página el asistente verificará las validaciones que hayamos indicado a la hora de crear nuestro asistente.

- **Resultados de Carga de Datos**: Es la página final del asistente que muestra una tabla con los resultados finales de la importación.

2.1. Crear Región de contenido estático Datos de Ejemplo

Para este ejemplo vamos a crear en la página 22 de Origen de Carga de Datos una región con el formato de 5 registros el cual le mostrará al usuario cual es el formato que deberá tener en su archivo para que pueda importar los datos a la tabla EMP.

Desde el Diseñador de Páginas de la Página 22 en la ficha de Presentación:

1. Hacemos clic con el botón derecho del ratón sobre "Regiones" y seleccionamos "Crear Región".

2. En la sección Identificación del panel derecho de propiedades de la región:

   • Título: Datos de Ejemplo

   • Tipo: Contenido Estático

3. En la sección Origen:

```
<p>Seleccione del campo <strong>Importar de</strong> la opción
"Copiar y Pegar", ingrese en el <strong>Separador</strong> una "," y
asegúrese de que la opción <strong>La Primera Fila es Nombre de
Columna</strong> esté seleccionada.</p>
<p>Haga clic en el botón<strong> Insertar Datos de Ejemplo</strong>
y automáticamente se cargará los datos de ejemplo en el recuadro de
arriba o también puede seleccionar el texto de abajo, lo copia y
luego lo pega dentro del cuadro <strong>Copiar y Pegar Datos
Delimitados</strong>. </p>
<pre id="sampledata">
ENAME,JOB,MGR,HIREDATE,SAL,COMM,DEPTNO
Gerardo,Analyst,7698,,5000,35,ACCOUNTING
Marcelo,Salesman,7782,,3000,55,SALES
Gustavo,Manager,7782,,2000,75,RESEARCH
Clarisa,Analyst,7782,,300,25,ACCOUNTING
Fernando,Analyst,7566,,4000,45,ACCOUNTING
</pre>
```

4. En la sección Apariencia:

   • Plantilla: Collapsible

   • Opciones de Plantilla:

       -Default State: Collapsed

5. Hacemos clic en el botón "Guardar".

2.2. Crear Elemento de Página P22_ DATOS_EJEMPLO

Desde el Diseñador de Páginas de la Página 22 en la ficha de Presentación:

1. Hacemos clic con el botón derecho del ratón sobre la región "Datos de Ejemplo" y seleccionamos "Crear Elemento de Página".

2. En la sección Identificación del panel derecho de propiedades de la región:

   - Nombre: P22_DATOS_EJEMPLO

   - Tipo: Oculto

3. En la sección Origen:

   - Tipo: Valor Estático

   - Valor Estático:

   ```
   ENAME,JOB,MGR,HIREDATE,SAL,COMM,DEPTNO

   Gerardo,Analyst,7698,,5000,35,ACCOUNTING

   Marcelo,Salesman,7782,,3000,55,SALES

   Gustavo,Manager,7782,,2000,75,RESEARCH

   Clarisa,Analyst,7782,,300,25,ACCOUNTING

   Fernando,Analyst,7566,,4000,45,ACCOUNTING
   ```

4. Hacemos clic en el botón "Guardar".

2.3. Crear Botón de Región Insertar Datos de Ejemplo

Desde el Diseñador de Páginas de la Página 22 en la ficha de Presentación:

1. Hacemos clic con el botón derecho del ratón sobre la región "Datos de Ejemplo" y seleccionamos "Crear Botón".

2. En la sección Identificación del panel derecho de propiedades de la región:

   - Nombre del Botón: INSERTAR_DATOS_DE_EJEMPLO

   - Etiqueta: Insertar Datos de Ejemplo

3. En la sección Diseño:

   - Posición de Botón: Edit

4. En la sección Apariencia:

   - Plantilla de Botón: Text with icon

   - Directa: Sí

- Opciones de Plantilla - Icon Position: Left

- Classes CSS de icono: fa-cog

5. En la sección Comportamiento:

- Acción: Definida por Acción Dinámica

- Ejecutar Validaciones: Sí

6. Hacemos clic en el botón "Guardar".

2.4. Crear Acción Dinámica

Por otra parte, necesitamos crear una acción dinámica que, al hacer clic en el botón "Insertar Datos de Ejemplo", tome los datos del elemento P22_DATOS_EJEMPLO y los traspase al elemento Copiar y Pegar Datos Delimitados.

Para ello, desde el Diseñador de Páginas de la Página 22, en la ficha de Presentación:

1. Hacemos clic con el botón derecho del ratón sobre el botón INSERTAR_DATOS_DE_EJEMPLO y seleccionamos "Crear Acción Dinámica".

2. En Identificación:

- Nombre: Pegar Datos de Ejemplo

3. En Cuando:

- Evento: Clic

- Tipo de Selección: Botón

- Botón: INSERTAR_DATOS_DE_EJEMPLO

4. En Verdadero:

- Acción: Ejecutar Código JavaScript

- Configuración:

  - Código: set_item();

5. En Opciones de Ejecución:

- Disparar al inicializar: No

6. En Elementos Afectados:

- Tipo de selección: Botón

- Botón: INSERTAR_DATOS_DE_EJEMPLO

7. Hacemos clic en el botón "Guardar".

2.5. Editar Página 22 - Origen Carga de Datos

Desde el Diseñador de Páginas de la Página 22 en la ficha de Presentación:

1. Hacemos clic sobre el título de la página Origen de Carga de Datos.

2. En la sección JavaScript del panel derecho de propiedades:

   - Declaración de Función y Variable Global:

     ```
     function set_item()
     {
     $s('P22_IMPORT_FROM', 'PASTE');
     $s('P22_SEPARATOR',',');
     $s('P22_FIRST_ROW', 'Y');
     $('#P22_COPY_PASTE').val($('#P22_DATOS_EJEMPLO').val());
     }
     ```

3. Hacemos clic en el botón "Guardar".

2.6. Editar Botón de Región Cargar Datos Empleados

Ahora debemos configurar el botón "Cargar Datos Empleados" de la página 20 donde se encuentra nuestro informe interactivo de Empleados que cuando se pulse el botón llame a la página de inicio del asistente, que en nuestro ejemplo es la página 22:

Desde el Diseñador de Páginas de la Página 20 en la ficha de Presentación:

1. Hacemos clic con el botón derecho del mouse sobre el botón "CARGAR-DATOS_EMP".

2. En Comportamiento:

   - Acción: Redirigir a Página en esta Aplicación

   - Página: 22

   - Borrar Cache: 22,23,24,25

3. Hacemos clic en el botón "Guardar".

2.7. Probando el Asistente de Carga de Datos Empleados

Desde la página del informe interactivo de Empleados hacemos clic en el botón "Cargar Datos Empleados" el cual llamara a la página 22: "Origen de Carga de Datos".

Hacemos clic en el botón "Insertar Datos de Ejemplo" y podemos ver que los datos son incorporados a la casilla de texto "Copiar y Pegar Datos Delimitados"

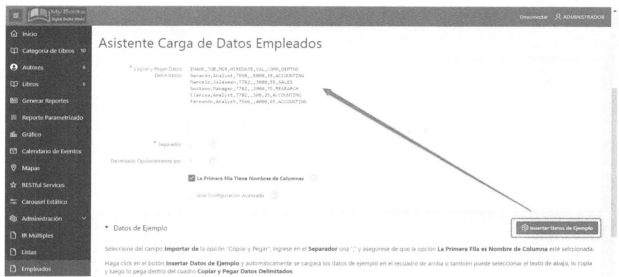

Figura 27.3. *Paso 1: Insertar datos de ejemplo en la casilla de texto.*

Verificamos todos los parámetros y hacemos clic en el botón Siguiente y llegamos a la segunda página del asistente llamada Asignación de Datos/Tabla y verificamos que cada columna de los datos importados esté correctamente seleccionada.

Figura 27.4. *Paso 2: Asignación de Datos/Tabla*

Como podemos ver en la última columna DEPTNO si bien estamos mostrando el nombre del departamento en los datos copiados y pegados, cuando se haga la importación de los datos por medio del INSERT, se tomará el nombre del departamento y se insertará en su lugar el ID que corresponde a ese departamento.

Hacemos clic en el botón Siguiente y en la página Validación de Datos nos indica si se realizará un INSERT, UPDATE o si se produjo un FALLO, en este ejemplo se realizarán 5 INSERT a la tabla EMP.

Figura 27.5. *Paso 3: Validación de Datos*

Claramente podemos ver cómo en la última columna se muestran los ID de los departamentos que reemplazan los nombres de departamentos y además en la columna JOB se aplicó la regla de transformación "Pasar a Mayúsculas".

Hacemos clic en el botón "Cargar Datos".

Figura 27.6. *Paso 4: Resultados de Carga de Datos*

El asistente al finalizar las operaciones nos muestra la página de Resultados de la Carga de Datos, el cual nos indica en este caso que se insertó en la tabla EMP 5 registros nuevos.

De igual modo podemos cargar datos en la tabla desde un archivo separado por comas CSV.

2.8. Limitaciones a la hora de cargar datos

El asistente de carga de datos utiliza colecciones en APEX para realizar las operaciones de INSERT o UPDATE.

Cada Colección en APEX cuenta con 50 atributos de caracteres (varchar2(4000)), 5 atributos numéricos, 5 atributos de tipo fecha, un atributo de tipo XML, un atributo BLOB y un atributo CLOB, y para manejar las colecciones usamos el PL/SQL API APEX_COLLECTION.

Con eso en mente, no podremos cargar datos usando este tipo de asistente si tenemos tablas por ejemplo que tienen más de 50 columnas de tipo VARCHAR2 porque está sujeto a la colección en APEX.

3. RESUMEN

En este capítulo hemos visto cómo, fácilmente con Oracle APEX, podemos crear un gestor de carga de datos para nuestras tablas en la base de datos. Esta característica que nos brinda APEX favorece que las aplicaciones desarrolladas por esta herramienta sean tan rápidas de crear y altamente atractivas tanto para el usuario como para el desarrollador.

Capítulo 28

Crear aplicaciones multilenguaje

En un mundo globalizado como en el que vivimos hoy en día es muy importante considerar el acceso multilenguaje a nuestras aplicaciones desarrolladas en APEX, ya que si nuestra aplicación se encuentra corriendo en la web es muy probable que personas de distintos lugares del mundo quieran visitar nuestra aplicación y es por ello que en este capítulo aprenderemos a utilizar la funcionalidad de "Traducir Aplicación" que nos ofrece APEX para concretar esta tarea y disponer de la funcionalidad de multilenguaje en nuestras aplicaciones web.

1. INTRODUCCION

Para llevar a cabo este ejemplo, vamos a trabajar con nuestra aplicación demo libros, y nos vamos a centrar en las siguientes páginas de la aplicación: Categorías de Libros, Autores y Libros.

Cuando ejecutamos la aplicación podemos ver que se ejecuta según el idioma determinado, que en mi caso es el idioma Español.

1.1. Configurar la aplicación para multilenguaje

Para que nuestra aplicación pueda manejar múltiples lenguajes necesitamos prepararla para la traducción y para ello necesitamos configurar la forma en que APEX determina el lenguaje de traducción.

Desde la página de inicio de la aplicación, hacemos clic en el botón "Editar Propiedades de la Aplicación".

Hacemos clic en la ficha "Globalización" y configuramos:

Idioma de Aplicación Derivado de: Sesión

Figura 28.1. *Ficha Globalización de la Aplicación*

Tenemos diferentes opciones de configuración para este atributo, el cual especifica la forma en que APEX obtiene el idioma de la aplicación traducida. El idioma primario de la aplicación puede ser estático, derivado del idioma del navegador web o se puede determinar a partir de un elemento o de una preferencia del usuario.

Las opciones disponibles incluyen las siguientes:

- **Sin NLS (Aplicación no traducida):** seleccionamos esta opción si no vamos a traducir la aplicación.

- **Usar Idioma Primario de la Aplicación:** se determina el idioma de la aplicación traducida según el atributo Idioma Primario de la Aplicación.

- **Explorador (usar preferencia de idioma de explorador):** se determina el idioma de la aplicación traducida según el idioma del navegador web del usuario.

- **Preferencia de Aplicación (usar FSP_LANGUAGE_PREFERENCE):** se determina el idioma de la aplicación traducida basado en un valor definido usando la API APEX_UTIL.SET_PREFERENCE. Esta opción puede ser usada para mantener las preferencias de lenguaje del usuario a través de múltiples conexiones.

- **Preferencia de Elemento (usar elemento que contenga la preferencia):** se determina el idioma de la aplicación traducida según un elemento de nivel de aplicación denominado FSP_LANGUAGE_PREFERENCE. Usando esta opción se requiere que APEX determine la preferencia de idioma adecuada en cada conexión del usuario.

- **Sesión:** se determina el idioma de la aplicación traducida a partir del valor de sesión. El idioma de sesión de APEX se puede definir mediante el procedimiento APEX_UTIL.SET_SESSION_LANG o con el parámetro P_LANG del procedimiento F en la URL. (Esto hace referencia a la sintaxis de la URL de APEX).

Muy bien, hasta este punto sólo hemos indicado a APEX que determine la traducción de la aplicación desde la configuración de sesión.

Para obtener el valor de sesión usamos el API APEX_UTIL.GET_SESSION_LANG o podemos usar la variable BROWSER_LANGUAGE.

Para resetear el valor de sesión del lenguaje podemos usar APEX_UTIL.RESET_SESSION_LANG, estas APIs pueden ser usadas en procesos de aplicación o en paquetes y procedimientos de la base de datos.

Antes de mostrar nuestra aplicación en otro idioma necesitamos crear las traducciones de las páginas.

2. PROCESO DE TRADUCCION DE APEX

El formato de archivos XLIFF significa: XML Localization Interchange File Format, es un archivo de formato XML estándar internacional que ha sido adoptado por APEX como el formato con el cual se puede exportar e importar archivos de diferentes lenguajes dentro de las aplicaciones en APEX.

En esta sección veremos cómo utilizar la funcionalidad de traducción que nos brinda APEX, para ello volvemos a la página de inicio de la aplicación:

1. Hacemos clic en "Componentes Compartidos"

2. En la sección "Globalización", hacemos clic en "Traducir Aplicación"

Se presenta la Página de Traducción con 6 pasos que debemos realizar para poder tener nuestra aplicación traducida.

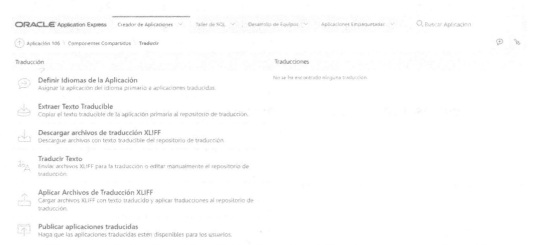

Figura 28.2. *Sección Globalización - Traducir una aplicación*

2.1. Paso 1: Definir Idioma de la Aplicación

Lo primero que necesitamos hacer es indicar o definir los idiomas en la Aplicación, para este ejemplo tendremos el idioma principal Español y traduciremos la aplicación a Ingles.

Para ello hacemos clic en el primer enlace: Definir Idiomas de la Aplicación

- Hacemos clic en el botón Crear

- Aplicación de Traducción: ingresamos un ID para la aplicación que no esté usado en nuestro entorno de trabajo. Una consideración es que el ID de traducción no debe terminar en cero.

- Idioma: seleccionamos el idioma que queremos traducir, en mi caso voy a elegir Inglés (en)

- Indicamos el directorio de imágenes de la aplicación, el cual todas las imágenes de la aplicación deberán estar en ese directorio lógico.

Figura 28.3. *Asignación de Idioma de Aplicación*

- Hacemos clic en el botón Crear

Regresamos a la página de traducción, haciendo clic en el enlace "Traducir" de la Ruta de Navegación.

2.2. Paso 2: Extraer Texto Traducible

Pasamos al siguiente paso y hacemos clic en el enlace "Extraer Texto Traducible"

Extraer: Al extraer la traducción, se copia todo el texto traducible en el repositorio de textos de traducción. Tras extraer el texto traducido, podemos comenzar el proceso de traducción de las cadenas de texto.

Seleccionamos la casilla de control de la aplicación del idioma recién creada y hacemos clic en el botón Extraer.

Figura 28.4. *Extraer Texto Traducible*

Los datos creados durante el proceso de extracción es parte de la metadata de traducciones de APEX y sólo pueden ser cambiados vía el proceso de traducción. Todas estas entradas creadas en el repositorio de APEX serán usadas más adelante para generar los archivos XLIFF.

2.3. Paso 3: Descargar archivos de traducción XLIFF

Volvemos nuevamente a la página de Traducir y hacemos clic en el link "Descargar archivos de traducción XLIFF"

Tenemos la posibilidad de exportar el archivo completo XLIFF de la aplicación o descargar los archivos por páginas.

Figura 28.5. *Exportación de XLIFF*

Si generamos el archivo completo hacemos clic en el botón azul "Exportar Archivo XLIFF para Aplicación" y lo guardamos en nuestra PC para después mandarlo a traducir por algún servicio de traducción.

En el otro caso si queremos descargar los archivos por página usamos el segundo recuadro de configuración. Como ejemplo vamos a descargar la página de conexión para visualizar el archivo XLIFF y poder editarlo.

```
f106_206_p101_es-us_en.xlf
```

f106 = la aplicación primaria
_206 = la aplicación traducida
_p101 = página de conexión
_es-us = idioma español
_en = idioma ingles

Abrimos el archivo con un editor de texto.

```
1   <?xml version="1.0" encoding="UTF-8"?>
2   <!--
3   ******************
4   ** Source      : 106
5   ** Source Lang: es-us
6   ** Target      : 206
7   ** Target Lang: en
8   ** Page        : 101
9   ** Filename:    f106_206_p101_es-us_en.xlf
10  ** Generated By: CLARISA
11  ** Date:        29-MAY-2017 13:51:39
12  ******************
13  -->
14  <xliff version="1.0">
15  <file original="f106_206_p101_es-us_en.xlf" source-language="es-us" target-language="en" datatype="html">
16  <header></header>
17  <body>
18  <trans-unit id="S-5-101-106">
19  <source>Página de Conexión</source>
20  <target>Página de Conexión</target>
21  </trans-unit>
22  <trans-unit id="S-6-101-106">
23  <source>Demo Libros - Conectar</source>
24  <target>Demo Libros - Conectar</target>
25  </trans-unit>
26  <trans-unit id="S-13-6418823608227313-106">
27  <source>Conectar</source>
28  <target>Conectar</target>
```

Figura 28.6. *Exportación de XLIFF de la página Conexión*

Aquí podemos editar el archivo colocando en las etiquetas <target> … </target> la traducción de las cadenas de texto.

En la imagen de abajo podemos ver el archivo editado y remarcado en un recuadro donde se muestra el origen del idioma del archivo que es el español y el objetivo es llevarlo al idioma inglés.

```
1   <?xml version="1.0" encoding="UTF-8"?>
2   <!--
3   ******************
4   ** Source      : 106
5   ** Source Lang: es-us
6   ** Target      : 206
7   ** Target Lang: en
8   ** Page        : 101
9   ** Filename:    f106_206_p101_es-us_en.xlf
10  ** Generated By: CLARISA
11  ** Date:        29-MAY-2017 13:51:39
12  ******************
13  -->
14  <xliff version="1.0">
15  <file original="f106_206_p101_es-us_en.xlf" source-language="es-us" target-language="en" datatype="html">
16  <header></header>
17  <body>
18  <trans-unit id="S-5-101-106">
19  <source>Página de Conexión</source>
20  <target>Login Page</target>
21  </trans-unit>
22  <trans-unit id="S-6-101-106">
23  <source>Demo Libros - Conectar</source>
24  <target>Demo Books - Login</target>
25  </trans-unit>
26  <trans-unit id="S-13-6418823608227313-106">
27  <source>Conectar</source>
28  <target>Login</target>
```

Figura 28.7. *Traducción de la página de conexión*

Guardamos el archivo `f106_206_p101_es-us_en.xlf` en nuestro sistema de archivos de nuestra PC.

2.4. Paso 4: Traducir Texto

Volvemos nuevamente a la página de Traducir y hacemos clic en el link "Traducir Texto"

Se muestra la siguiente pantalla:

Figura 28.8. *Traducir Texto*

El cual nos indica que normalmente, las traducciones se llevan a cabo mediante un servicio de traducción profesional. Se envía a traducir el archivo XLIFF a una empresa externa y, a continuación, se integran los archivos de traducción resultantes y se publican las aplicaciones traducidas.

También podemos editar el archivo XLIFF personalmente, o bien podemos ignorar la generación XLIFF y cargarlos todos juntos y editar el repositorio de traducción directamente.

Más adelante vamos a ver cómo realizar traducciones manualmente desde el repositorio de traducción de APEX.

La forma más práctica para traducir toda una aplicación es usando los archivos XLIFF ya que son un formato estándar internacional que pueden ser manejados por cualquier servicio de traducción.

Veamos el desglose del archivo f106_206_p101_es-us_en.xlf.

Todos los archivos XLIFF tienen el mismo formato: un encabezado (header) y un cuerpo (body), dentro del encabezado esta la información del archivo, como la información de la versión usada en los archivos xliff, si bien la última versión disponible es la 2, APEX utiliza la versión 1.0 por defecto y además se muestra información sobre el origen del idioma y el objetivo de traducción. Después se muestra el cuerpo del archivo donde básicamente se divide en bloques repetitivos entre las etiquetas **<trans-unit>...</trans-unit>** donde cada bloque es una cadena de texto a traducir.

```xml
<?xml version="1.0" encoding="UTF-8"?>
<!--
   ******************
   ** Source     :   106
   ** Source Lang:   es-us
   ** Target     :   206
   ** Target Lang:   en
   ** Page       :   101
   ** Filename:      f106_206_p101_es-us_en.xlf
   ** Generated By: CLARISA
   ** Date:          29-MAY-2017 13:51:39
   ******************
 -->
<xliff version="1.0">
<file   original="f106_206_p101_es-us_en.xlf"   source-language="es-us"
target-language="en" datatype="html">
<header></header>
<body>
<trans-unit id="S-5-101-106">
<source>Página de Conexión</source>
<target>Login Page</target>
</trans-unit>
<trans-unit id="S-6-101-106">
<source>Demo Libros - Conectar</source>
<target>Demo Books - Login</target>
</trans-unit>
<trans-unit id="S-13-6418823608227313-106">
<source>Conectar</source>
<target>Login</target>
</trans-unit>
<trans-unit id="S-20-6418551448227311-106">
<source>Demo Libros</source>
<target>Demo Books</target>
</trans-unit>
<trans-unit id="S-14-6418695706227312-106">
<source>usuario</source>
<target>user</target>
</trans-unit>
<trans-unit id="S-14-6418727308227313-106">
<source>contraseña</source>
<target>password</target>
</trans-unit>
<trans-unit id="S-396-6418695706227312-106">
<source>usuario</source>
<target>user</target>
</trans-unit>
```

```
<trans-unit id="S-396-6418727308227313-106">
<source>contraseña</source>
<target>password</target>
</trans-unit>
</body>
</file>
</xliff>
```

2.5.   Paso 5: Aplicar Archivos de Traducción XLIFF

Volvemos nuevamente a la página de Traducir y hacemos clic en el link "Aplicar Archivos de Traducción XLIFF".

Este paso nos permite cargar el archivo de texto traducido y luego que sea aplicado en el repositorio de traducción.

Hacemos clic en el botón Cargar Archivos y seleccionamos el archivo que hemos modificado.

Figura 28.9. *Carga de XLIFF*

Luego hacemos clic en el botón Cargar.

Seleccionamos el archivo activando la casilla de control y en la columna "Aplicar a Traducción" seleccionamos 106 >> 206(en) y luego hacemos clic en el botón Aplicar Selección.

Figura 28.10. *Archivos de Traducción XLIFF*

Volvemos a seleccionar el archivo y aplicar a traducción 106 >> 206(en) pero esta vez hacemos clic en el botón Publicar.

Todos los textos traducidos están guardados en el repositorio de traducciones de APEX, podemos ver dichos textos usando la utilidad Repositorio de Traducción.

2.6. Repositorio de Traducción

El repositorio de traducción nos permite ver los textos traducidos y además nos permite editar manualmente el texto traducido.

Desde la Página de Traducción, nos desplazamos hacia abajo, hasta "Utilidades de Traducción" y hacemos clic en el enlace "Repositorio de Traducción".

Nos muestra un Informe Interactivo al cual vamos a filtrarlo para que nos muestre los textos de la Página de Conexión 101.

Figura 28.11. *Repositorio de Traducción*

En la columna **Traducir de** muestra el texto original y en la columna **Traducir a** muestra el texto traducido, que en nuestro caso está en inglés.

De igual modo podemos recorrer todo el Informe Interactivo y editar cada cadena de texto introduciendo el texto traducido en la columna Traducir a.

Por ejemplo en la página 3 del informe interactivo de Categoría de Libros vamos a traducir los textos al inglés.

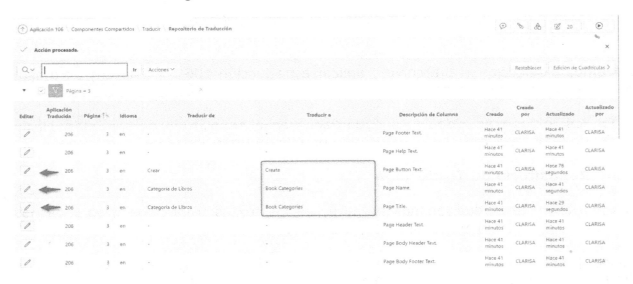

Figura 28.12. *Traducir Textos desde el Repositorio de Traducción*

Recordemos que hemos hecho unos cambios en el repositorio de traducción y necesitamos hacer la publicación de esos cambios.

Nota: Para este ejemplo he cambiado la mayoría de las cadenas de textos de las páginas de Categorías de Libros, Autores y Libros, para que se reflejen los cambios cuando implementemos el cambio de idioma en la aplicación.

2.7. Paso 6: Publicar aplicaciones traducidas

Este paso en el proceso de traducción nos permite tener la aplicación traducida disponible para los usuarios.

Volvemos nuevamente a la página de Traducir y hacemos clic en el link "Publicar aplicaciones traducidas".

Seleccionamos la casilla de control de la aplicación traducida y hacemos clic en el botón Publicar.

Figura 28.13. *Publicar aplicaciones traducidas*

Después de publicar podemos ver que en la columna "Necesita Sincronización" nos muestra un No.

Para finalizar esta parte es muy importante destacar que la aplicación traducida 206 no se muestra en el Creador de Aplicaciones ya que dicha aplicación esta oculta y el único modo de actualizarla es por medio de la herramienta de "Traducción de la Aplicación".

En esta segunda sección aprenderemos cómo implementar en nuestra aplicación el cambio de idioma y luego completaremos el recorrido a través de la sección Globalización para aprender a traducir textos usados en código PL/SQL y los mensajes internos usados por Oracle Application Express.

3. MANEJAR LOS IDIOMAS EN LA APLICACION

Vamos a crear un enlace de idioma en la aplicación para que el usuario pueda cambiar el idioma con el que desea ver la aplicación.

Anteriormente hemos configurado en atributos de Globalización de la Aplicación que se determine el idioma de la aplicación mediante la sesión, es por ello que lo que necesitamos hacer es cambiar el valor de sesión y refrescar la página que es mostrada en APEX.

Una forma de hacerlo es a través del uso de Acciones Dinámicas para que cambie el lenguaje en la sesión usando las APIs APEX_UTIL.GET_SESSION_LANG y APEX_UTIL.SET_SESSION_LANG y JavaScript para recargar la página, una solución presentada por Francis Mignault que me gustó mucho y por ello lo quiero compartir.

En nuestro caso tendremos la aplicación principal en español y queremos traducirla al inglés. Lo que necesitamos hacer es mostrar el link en nuestra aplicación del idioma disponible para poder cambiar de idioma, es decir, en la versión de la aplicación en español se mostrará el link del idioma Ingles y en la versión de la aplicación en ingles se va a mostrar el link del idioma español, de esa forma el usuario podrá cambiar de idioma muy fácilmente.

Para realizar la tarea de agregar el enlace en cada página vamos a realizar un pequeño cambio en la plantilla utilizada en la Barra de Navegación.

Primero de todo haremos una copia de la plantilla:
Desde la página de inicio de la aplicación:

1. Hacemos clic en "Componentes Compartidos"

2. En la sección "Interfaz de Usuario", hacemos clic en "Plantillas"

3. En el listado de plantillas buscamos la Lista que tiene el nombre "Navigation Bar" y hacemos una copia haciendo clic en el botón de copia y le colocamos el nombre por ejemplo: "Menú-Navegación-Demo"

4. Hacemos clic en la Plantilla de Lista recién creada para editarla.

En la ficha "Definición de la Plantilla" ingresamos un Identificador (ID) de clase CSS llamado *id=cambiaridioma* el cual usando este ID podremos asignarlo a la Acción Dinámica que crearemos más adelante, este cambio lo necesitamos realizar tanto en el recuadro de "Plantilla de Lista Actual" como en el recuadro de "Plantilla de Lista No Actual"

Para realizar esta añadidura en la plantilla vamos a hacer uso de una variable de sustitución disponible en la plantilla. Para ver qué variables de sustitución tiene la plantilla podemos hacer clic en la ficha "Cadenas de Sustitución" y allí visualizar el listado de las mismas. Para esta plantilla en particular contamos con 10 atributos opcionales, los cuales se están usando 2.

Nosotros vamos a utilizar el tercer atributo que lo identificaremos como "Cambiar Idioma ID".

Para ello en la sección "Plantilla de Lista Actual" ingresamos el **id=#A03#** dentro de la etiqueta `<button>` como se muestra a continuación:

```
<li class="t-NavigationBar-item is-active #A02#">
  <button class="t-Button--icon t-Button t-Button--header t-Button--
navBar js-menuButton" id=#A03# type="button" id="#LIST_ITEM_ID#" data-
menu="menu_#LIST_ITEM_ID#">
      <span class="t-Icon #ICON_CSS_CLASSES#"></span><span class="t-
Button-label">#TEXT_ESC_SC#</span><span class="t-Button-
badge">#A01#</span><span class="a-Icon icon-down-arrow"></span>
  </button>
```

De igual modo lo hacemos para la "Plantilla de Lista No Actual":

```
<li class="t-NavigationBar-item #A02#">
  <a class="t-Button t-Button--icon t-Button--header t-Button--navBar"
id=#A03# href="#LINK#" role="button">
    <span class="t-Icon #ICON_CSS_CLASSES#"></span><span class="t-
Button-label">#TEXT_ESC_SC#</span><span class="t-Button-
badge">#A01#</span>
  </a>
</li>
```

Figura 28.14. *Modificar Plantilla de Lista*

Nos desplazamos a la sección "Descripción de la Plantilla" y allí ingresamos en la fila que corresponde a la descripción de #A03# la siguiente descripción: Cambiar Idioma ID.

Figura 28.15. *Descripción del atributo #A03#*

Para finalizar, Aplicamos los cambios.

3.1. Asignar Plantilla de Lista a la Aplicación

Ahora necesitamos asignar la plantilla modificada a nuestra aplicación y para ello regresamos a la página de inicio de la misma y hacemos clic en el botón "Editar Propiedades de Aplicación".

1. Hacemos clic en la ficha "Interfaz de Usuario"

2. Hacemos clic en el icono de lápiz para editar la interfaz de usuario del Escritorio

3. En la sección Barra de Navegación indicamos en Plantilla de Lista que use "Menu-Navegacion-Demo"

4. Hacemos clic en el botón Aplicar Cambios

3.2. Crear nueva entrada en la Barra de Navegación

Desde la página de inicio de la aplicación:

1. Hacemos clic en "Componentes Compartidos"

2. En la sección "Navegación", hacemos clic en "Lista de Barra de Navegación"

3. Seleccionamos la barra de navegación "Escritorio Barra de Navegación"

4. Podemos ver que tenemos asignado dos entradas llamadas "Desconectar" y &APP_USER.

5. Hacemos clic en el botón "Crear Entrada"

6. En Etiqueta de Entrada de Lista colocamos: English

7. En Tipo de Destino: URL

8. En Destino de URL: javascript:void();

9. Nos desplazamos hacia abajo a la ficha "Atributos Definidos por el Usuario" y agregamos en el tercer recuadro el nombre **cambiaridioma**.

10. Hacemos clic en el botón Crear Entrada de Lista

3.3. Crear Acciones Dinámicas

Ingresamos al Diseñador de Páginas de la Página Global y hacemos clic en la ficha Acciones Dinámicas.

Añadimos una Acción Dinámica con el evento Clic basado en un Selector de jQuery con un selector de jquery igual a **#cambiaridioma**, y que tenga dos Acciones Verdaderas.

Figura 28.16. *Acciones Dinámicas*

En la Acción Verdadera "Ejecutar Código PL/SQL" ingresamos el siguiente código:

```
if  nvl(apex_util.get_session_lang,'es-us') = 'es-us'
then apex_util.set_session_lang('en-us');
else apex_util.set_session_lang('es-us');
end  if;
```

Y configuramos en la sección de "Opciones de Ejecución" --- Disparar al Inicializar = No.

En la Acción Verdadera "Ejecutar Código JavaScript" ingresamos en el recuadro Código, lo siguiente:

```
location.reload();
```

Y también configuramos en la sección de "Opciones de Ejecución" --- Disparar al Inicializar = No.

Hacemos clic en el botón Guardar.

3.4. Re-publicar la Aplicación traducida

Como hemos hechos cambios en la aplicación primaria necesitamos realizar las traducciones permitentes para que se actualicen las cadenas de traducción.

Si volvemos a la página de traducciones veremos que nos indica que el archivo XLIFF necesita una Sincronización.

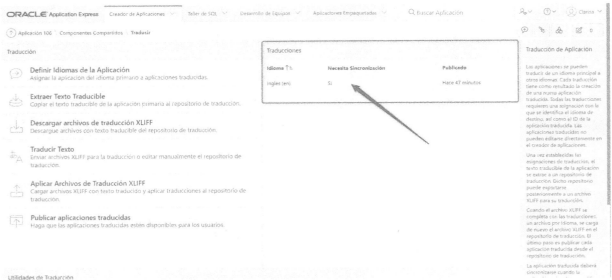

Figura 28.17. *Re-publicar traducciones*

Y es por ello que debemos volver a realizar el proceso de extraer, luego modificar el texto en el repositorio de traducciones y finalmente publicar las traducciones.

Hacemos clic en Publicar aplicaciones traducidas, seleccionamos la aplicación 206 y luego hacemos clic en el botón Extraer.

Posteriormente volvemos a seleccionar la aplicación 106 y luego nos vamos al repositorio de traducciones y allí modificamos las cadenas de textos nuevas.

Por ejemplo podemos buscar en el Informe Interactivo de Empleados (página 20) la palabra Buscar y editamos la frase "Cargar Datos Empleados" colocando en la columna Traducir a: "Upload Data Employees" y aplicamos los cambios.

Figura 28.18. *Editar Texto Traducible*

De igual modo necesitamos indicar en la Barra de Navegación que cuando la aplicación está en español la entrada se lea English y cuando la aplicación este en idioma inglés, la entrada se lea Español.'

Para ello buscamos en el listado del repositorio de traducciones la palabra English y en el texto a traducir ingresamos Español y aplicamos los cambios.

Una vez que tenemos hechas las traducciones de las cadenas de texto nuevas, regresamos a la Página de Traducciones y hacemos clic en el enlace "Publicar aplicaciones traducidas", seleccionamos la aplicación traducida marcando la casilla de control (veremos que nos indica que se necesita Sincronización) y hacemos clic en el botón Publicar. Después de la publicación la aplicación traducida nos indica que no necesita sincronización.

3.5. Ejecutar la Aplicación

Ahora es momento de ejecutar la aplicación y podemos observar en la Barra de Navegación el enlace del idioma English porque la preferencia de la aplicación mostró la aplicación en "Español". Podemos ver que todos los textos de la página están en español.

Si cambiamos el idioma a English, podemos observar que el idioma de nuestra página ha cambiado según las modificaciones que se hizo en el repositorio de traducciones de APEX. Como por ejemplo en el menú de navegación los nombres de Categoría de Libros, Autores y Libros están en inglés.

Figura 28.19. *Intercambiar idiomas*

Como hemos visto el proceso de traducción de una aplicación en APEX lleva unos simples pasos pero es muy importante ser ordenados al realizar estos pasos ya que la modificación de la aplicación original hará que se tenga que realizar de nuevo el proceso de extracción, que hará que todas las cadenas de texto de la aplicación sean cargadas en el repositorio de traducción de APEX y luego se debe hacer la edición desde el repositorio de traducciones de APEX o la descarga y edición de los archivos XLIFF para luego realizar la publicación de las traducciones de las cadenas de textos de la aplicación.

4. ATRIBUTOS DE GLOBALIZACION

Dentro de la sección de Globalización en Componentes Compartidos tenemos la posibilidad de ingresar directamente a los atributos de Globalización de nuestra aplicación para modificar cualquier valor de los atributos presentados.

Figura 28.20. *Atributos de Globalización*

Tenemos que tener en cuenta de activar la codificación de CSV Automática en Sí, ya que esto controla la codificación de toda la salida del CSV del informe en una aplicación. Es decir, la salida del CSV del informe se convertirá correctamente en un juego de caracteres compatible con las aplicaciones de escritorio localizadas. El juego de caracteres para la codificación de CSV estará determinado por el valor de idioma de la aplicación.

5. TRADUCIR MENSAJES USADOS EN CÓDIGO PL/SQL

Para completar el aprendizaje de toda la sección de Globalización veremos ahora la funcionalidad "Mensaje de Texto".

Podemos utilizar los mensajes de texto para crear cadenas de texto traducibles con variables de sustitución que se pueden llamar desde código PL/SQL, paquetes, procedimientos y funciones.

¿Cuándo necesitamos usar la funcionalidad "Mensajes de Texto"? básicamente cuando en nuestra aplicación tenemos regiones de PL/SQL, procesos, paquetes o funciones y seguramente necesitamos traducir el HTML generado.

También trabajaríamos con esta funcionalidad si estamos desarrollando nuestra aplicación en un idioma que no está dentro de los 10 idiomas con el cual Oracle Application está traducido.

Veamos un ejemplo básico de traducción de un mensaje de saludo inicial.

Desde la Página de Inicio de la Aplicación:

1. Hacemos clic en Componentes Compartidos

2. En la sección Globalización, hacemos clic en "Mensaje de Texto"

3. Hacemos clic en el botón "Crear Mensaje de Texto"

4. Nombre: GREETING_MSG

5. Idioma: Español (Argentina) (es-ar) - (Colocar su idioma determinado)

6. Texto: Buen día %0

7. Hacemos clic en el botón "Crear y Crear Otro"

8. Nombre: GREETING_MSG

9. Idioma: Inglés (Estados Unidos) (en-us)

10. Texto: Good morning %0

11. Hacemos clic en el botón "Crear Mensaje de Texto"

Figura 28.21. *Mensajes de Texto*

Para traducir los mensajes usamos la API APEX_LANG.MESSAGE, cuya sintaxis es:

```
APEX_LANG.MESSAGE   (
 p_name    IN    VARCHAR2 DEFAULT NULL,
 p0        IN    VARCHAR2 DEFAULT NULL,
 p1        IN    VARCHAR2 DEFAULT NULL,
 p2        IN    VARCHAR2 DEFAULT NULL,
 ...
```

```
p9         IN    VARCHAR2 DEFAULT NULL,
p_lang     IN    VARCHAR2 DEFAULT NULL)
RETURN VARCHAR2;
```

Donde:

p_name: corresponde al nombre de mensaje definido en Oracle APEX.

p0 .... p9: corresponde al valor de sustitución dinámica, p0 corresponde a 0% en el mensaje; p1 corresponde a 1% en el mensaje, p2 corresponde a 2% en el mensaje y así para los siguientes valores.

p_lang: corresponde al código del lenguaje para el mensaje que se necesita recuperar. Si no se especifica, APEX utiliza el idioma actual para el usuario tal como está definido en el "Idioma de Aplicación Derivado del atributo".

Ahora vamos a implementar el saludo en nuestra aplicación.

En la página de Inicio de la aplicación agregamos una región de contenido dinámico PL/SQL con el siguiente código:

```
begin
htp.p(apex_lang.message('GREETING_MSG', V('APP_USER')));
end;
```

Y guardamos los cambios realizados.

5.1. Re-publicar la Aplicación traducida

Como hemos hecho otra vez cambios en la aplicación original necesitamos realizar las traducciones permitentes para que se actualicen las cadenas de traducción.

Volvemos a realizar el proceso de extracción, modificación de las cadenas de textos nuevas y finalmente realizamos la publicación.

5.2. Ejecutamos la Aplicación

Al ejecutar la aplicación veremos nuestro saludo de bienvenida en el idioma Español.

Figura 28.22. *Mensajes de Texto en Español*

Y al cambiar el idioma a English, podemos ver que el mensaje de saludo ha cambiado usando el Mensaje de Texto.

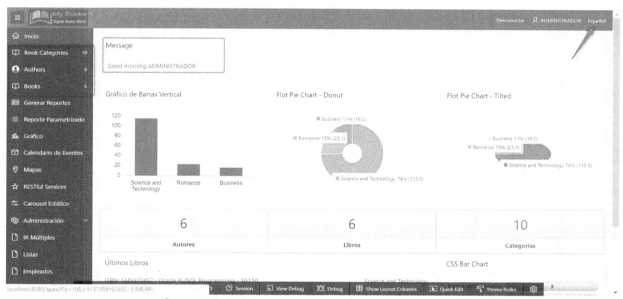

Figura 28.23. *Mensajes de Texto en Ingles*

También tenemos la opción de personalizar los mensajes usados internamente por APEX, con el solo hecho de encontrar el nombre del mensaje podemos ingresarlo como como un nuevo Mensaje de Texto y colocamos el texto personalizado según nuestros requerimientos de la aplicación.

5.3. Traducir Datos de Nuestra Aplicación

Para traducir los datos de las tablas ya se necesita un esfuerzo mayor ya que existen diferentes métodos de implementación, uno de ellos por ejemplo sería agregar una columna a cada tabla de nuestro esquema que sea la que guarde el lenguaje del registro (es/en) y luego cargar cada registro especificando el lenguaje que corresponde. Posteriormente seleccionar en la forma en que APEX determina el lenguaje la opción Sesión, como lo presentamos en este capítulo y en la consulta SQL del Informe Interactivo indicar en la cláusula WHERE que la columna lenguaje sea igual a APEX_UTIL.GET_SESSION_LANG.

6. RESUMEN

Hemos llegado al final de este capítulo, visitando cada una de las diferentes opciones que nos brinda APEX para traducir nuestras aplicaciones web.

A lo largo de todo el capítulo hemos cubierto el proceso completo de traducción de una aplicación, la configuración de los atributos de globalización y una de las tantas formas de implementar el cambio de idioma dentro de la aplicación como también el uso de la funcionalidad de "Mensaje de Texto" para personalizar los mensajes usados internamente en APEX como también para traducir mensajes de textos utilizados en código PL/SQL, procedimientos, paquetes y/o funciones.

Capítulo 29

Utilizar la plantilla Cards con datos dinámicos

En este capítulo aprenderemos a crear y utilizar la plantilla Cards la cual mostrará información dinámica desde una tabla.

1. PLANTILLA CARDS DE TIPO LISTA

1.1. Crear Copia de Plantilla Cards

Para trabajar y personalizar la plantilla Cards vamos a realizar en primera instancia una copia de la misma.

Ingresamos a "Componentes Compartidos" y en la sección "Interfaz de Usuario" seleccionamos "Plantillas".

Vamos a visualizar toda la lista de plantillas, buscamos en plantillas de **Listas** la que se llama "Cards" y realizamos una copia de la misma, ingresando el nombre "Cards Color".

1.2. Editar Plantilla Cards Color

1.2.1.   Agregar Opciones de Plantilla

Hacemos clic en el enlace Cards Color para editar la plantilla.

En la ficha "Opciones de Plantilla" vamos a agregar una opción más a la plantilla, para ello, hacemos clic en el botón "Agregar Opción de Plantilla", una vez abierta la ventana modal ingresamos lo siguiente:

- Secuencia de Visualización: 20

- Grupo: Animation

- Nombre Mostrado: Use RAG Colors

- Identificador de Opción: USE_RAG_COLORS

- Clases CSS: t-Cards--RAG

Hacemos clic en el botón Crear.

De esa forma veremos creada la nueva opción de la plantilla:

Figura 29.1. *Opciones de Plantilla de Lista Cards Color*

1.2.2.   Editar Definición de la Plantilla

La plantilla de Listas contiene 10 atributos adicionales que pueden ser usados para definiciones del usuario, en este caso podemos ver que tenemos definidos 6 atributos:

#A01# - representa la descripción

#A02# - representa la información secundaria

#A03# - representa las iniciales

#A04# - representa la clase CSS que corresponde al elemento de la lista

#A05# - representa el target de la URL

#A06# - representa la clase para el color del icono y el color fill.

Veamos el código HTML de la plantilla:

```
<li class="t-Cards-item #A04#">
  <div class="t-Card">
    <a href="#LINK#" class="t-Card-wrap" #A05#>
      <div class="t-Card-icon u-color #A06#"><span class="t-Icon
#ICON_CSS_CLASSES#"><span class="t-Card-initials"
role="presentation">#A03#</span></span></div>
      <div class="t-Card-titleWrap"><h3 class="t-Card-
title">#TEXT#</h3></div>
      <div class="t-Card-body">
        <div class="t-Card-desc">#A01#</div>
        <div class="t-Card-info">#A02#</div>
      </div>
      <span class="t-Card-colorFill u-color #A06#"></span>
    </a>
  </div>
</li>
```

Dependiendo lo que queramos colocar en nuestra cards nosotros podemos definir su significado usando las variables de sustitución.

1.2.3. Agregar estilos CSS Inline en la Plantilla

Para que las cards tomen los colores que le asignemos cuando hagamos la lista dinámica es necesario que tengamos las reglas CSS implementadas en nuestra plantilla.

Colocamos en la zona de "Hoja de Estilo en Cascada" (Cascading Style Sheet) en el recuadro de "En Línea" (Inline) las siguientes reglas CSS:

```css
/* Color para los Iconos */

.t-Cards .RAG-red .t-Card-icon .t-Icon {
background-color: #FF3B30;
}


.t-Cards .RAG-amber .t-Card-icon .t-Icon {
background-color: #FF9500;
}


.t-Cards .RAG-green .t-Card-icon .t-Icon {
background-color: #44C35A;
}


.t-Cards .RAG-blue .t-Card-icon .t-Icon {
background-color: #007AFF;
}


/* Color del borde superior del elemento de lista */


.t-Cards .RAG-red .t-Card .t-Card-wrap
{
border-style: solid;
border-top-color: #FF3B30;
border-top-width: 2px;
}


.t-Cards .RAG-amber .t-Card .t-Card-wrap
{
border-style: solid;
border-top-color: #FF9500;
border-top-width: 2px;
}
.t-Cards .RAG-green .t-Card .t-Card-wrap
{
border-style: solid;
border-top-color: #44C35A;
border-top-width: 2px;
```

```
}

.t-Cards .RAG-blue .t-Card .t-Card-wrap
{
border-style: solid;
border-top-color: #007AFF;
border-top-width: 2px;
}

/* Color del fondo cuando pasamos el ratón por encima del elemento de
lista */

.t-Cards .RAG-red .t-Card .t-Card-wrap:hover
{
    background-color: #ffd7d5;
}

.t-Cards .RAG-amber .t-Card .t-Card-wrap:hover
{
    background-color: #ffe9cc;
}

.t-Cards .RAG-green .t-Card .t-Card-wrap:hover
{
    background-color: #d9f3de;
}

.t-Cards .RAG-blue .t-Card .t-Card-wrap:hover
{
    background-color: #cce4ff;
}
```

Aplicamos los cambios para cerrar la plantilla.

Ahora estamos en condiciones de crear nuestra lista para mostrarla usando la plantilla Cards Color.

Primeramente necesitaremos crear una tabla que contendrá los datos de nuestra lista para que pueda ser mostrada dinámicamente en nuestra página.

1.3. Crear Tabla DEMO_CARDS

En este ejemplo vamos a crear una tabla que contendrá el Titulo, link, icono y las variables A01, A02, A03, A04, A05, A06.

Ejecutamos los siguientes scripts en el Taller de SQL por separado:

```
CREATE TABLE  "DEMO_CARDS"
("ID" NUMBER(8,0) NOT NULL ENABLE,
```

```
"TITULO" VARCHAR2(25),
"LINK" VARCHAR2(100),
"FA_ICON" VARCHAR2(30),
"A01" VARCHAR2(250),
"A02" VARCHAR2(250),
"A03" VARCHAR2(250),
"A04" VARCHAR2(250),
"A05" VARCHAR2(250),
"A06" VARCHAR2(250),
CONSTRAINT "DEMO_CARDS_PK" PRIMARY KEY ("ID") ENABLE
    )
/

CREATE SEQUENCE   "DEMO_CARDS_SEQ"  MINVALUE 1 MAXVALUE
9999999999999999999999999999 INCREMENT BY 1 START WITH 8000 CACHE 20
NOORDER   NOCYCLE
/

CREATE OR REPLACE TRIGGER  "BI_DEMO_CARDS"
  before insert on "DEMO_CARDS"
  for each row
begin
  if :NEW."ID" is null then
    select "DEMO_CARDS_SEQ".nextval into :NEW."ID" from sys.dual;
  end if;
end;

/
ALTER TRIGGER  "BI_DEMO_CARDS" ENABLE
/
```

Para cargar los registros de la tabla, he creado un Informe Interactivo el cual he cargado la información desde un archivo CSV que estará disponible para su descarga en la página del libro (http://www.introduccionaoracleapex5.com) junto con todos los recursos del libro.

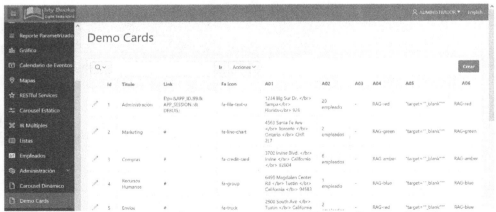

Figura 29.2. *Informe Interactivo Tabla Demo Cards*

Esta tabla contiene 10 registros el cual son departamentos de una empresa en el que se corresponden los campos A01, A02, A03, A04, A05 y A06 con las variables de sustitución que representan atributos adicionales de la plantilla de Listas.

#A01# - Description
#A02# - Secondary Information
#A03# - Initials
#A04# - List Item CSS Classes
#A05# - Link Attributes
#A06# - Card Color Class

En la siguiente tabla podemos visualizar los datos del primer registro de la tabla DEMO_CARDS y como se corresponden a las variables de sustitución de la plantilla de Lista "Cards Color".

Definición Tabla	Registro 1 de la tabla	Variables de Sustitución
ID	1	No se muestra en el Card
TITULO	Administración	#TEXT#
LINK	f?p=&APP_ID.:99:&APP_SESSION.::&DEBUG.:	#LINK#
FA ICON	fa-file-text-o	#ICON_CSS_CLASSES#
A01	Big Sur Dr. </br> Tampa</br> Florida</br> 926	#A01#
A02	20 empleados	#A02#
A03	-	#A03# (no lo usamos)
A04	RAG-red	#A04#
A05	target="_blank"	#A05#
A06	RAG-red	#A06#

Tabla 1.1. Correspondencia de campos de tablas con variables de sustitución

En esta instancia tenemos todo lo necesario para crear nuestra página usando las Listas, por ello ahora vamos a crear una lista dinámica que tome los datos de la tabla DEMO_CARDS y los muestre usando la plantilla "Cards Color".

1.4. Crear Lista Dinámica

Vamos a crear nuestra lista dinámica para ello, regresamos a "Componentes Compartidos", en la sección "Navegación" y hacemos clic en "Listas".

1. Hacemos clic en el botón Crear

2. Crear Lista: Nuevo

3. Clic en Siguiente

4. Nombre: DEMO_CARDS

5. Tipo: Dinámico

6. Clic en Siguiente

7. Consultar Tipo de Origen: Consulta SQL (en el capítulo 26 hemos visto la sintaxis para crear una lista dinámica)

```
SELECT
null lvl,
'<h5>' || titulo || '</h5>' label,
link targetvalue,
null is_current,
fa_icon imagevalue,
null imageattributevalue,
null imagealtvalue_alt,
a01,
a02,
a03,
a04,
a05,
a06
FROM
    demo_cards
ORDER BY 1
```

8. Hacemos clic en el botón Siguiente

9. Hacemos clic en el botón Crear

1.5. Crear Región de Lista en una Página

Creamos una página en blanco en nuestra aplicación y agregamos una nueva región:

1. Sección Identificación:

   • Título: Cards

   • Tipo: Lista

2. Sección Origen

   • Lista: DEMO_CARDS

3. Sección Apariencia

   • Plantilla: Blank with Attributes

Hacemos clic en Atributos de la región Cards:

1. Plantilla de Lista: Cards Colors

2. Opciones de Plantilla:

   • Style: Compact

   • Icons: Dispaly Icons

- Layout: 5 Columns

- Body Text: Auto

- Color Accents: Use RAG Colors

Guardamos los cambios y ejecutamos:

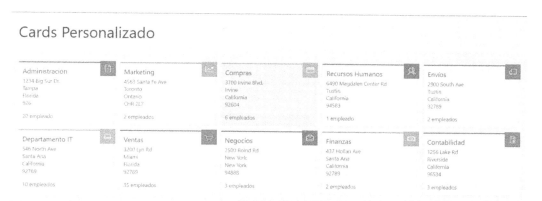

Figura 29.3. *Región Cards personalizada con contenido dinámico*

2. PLANTILLA CARDS DE INFORME

2.1. Crear Informe Clásico con Plantilla Cards

En este ejemplo, vamos a aprender a crear un informe clásico que utilice la plantilla Cards. Para ello vamos a crear una página que sea de tipo Informe Clásico con la siguiente consulta SQL de Origen:

```
Select book_id
, book_title titulo
, book_description descripcion
, to_char(book_price, '$9,999.99') precio
, dbms_lob.getlength('BOOK_IMAGE') imagen
from lib_books
order by 1
```

Visualizaremos la información de la tabla books como la siguiente imagen:

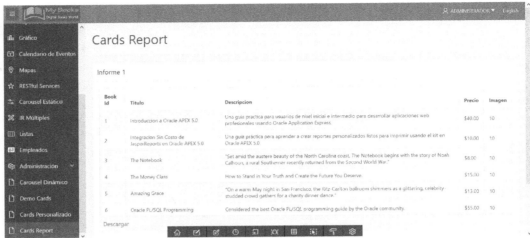

Figura 29.4. *Informe Clásico*

Antes de continuar personalizando nuestro informe clásico, es necesario que comprendamos el formato de consulta para utilizar la plantilla cards de informe. Para ello, primero indicamos al reporte que use la plantilla cards, vamos a los atributos del informe y seleccionamos que la plantilla sea "Cards" y luego regresamos al informe y en propiedades del informe seleccionamos en plantilla que sea "Blank with Attributes".

Ejecutamos la página y podemos visualizar las variables de sustitución y su posición en las cards.

Cards Report

#CARD_TITLE#	#CARD_TITLE#	#CARD_TITLE#
#CARD_TEXT#	#CARD_TEXT#	#CARD_TEXT#
#CARD_SUBTEXT#	#CARD_SUBTEXT#	#CARD_SUBTEXT#
#CARD_TITLE#	#CARD_TITLE#	#CARD_TITLE#
#CARD_TEXT#	#CARD_TEXT#	#CARD_TEXT#
#CARD_SUBTEXT#	#CARD_SUBTEXT#	#CARD_SUBTEXT#

Figura 29.5. *Informe Clásico usando plantilla Cards*

Como podemos visualizar, tenemos las siguientes variables de sustitución en la plantilla: #CARD_TITLE#, #CARD_TEXT#, #CARD_SUBTEXT#, que son las que visualizamos, pero además tenemos otras variables de sustitución que usa esta plantilla.

También disponemos de la parte donde se muestra el icono, el cual usa la variable de sustitución #CARDS_INITIALS#.

Para que los datos de nuestra tabla se muestren en las cards, necesitamos construir adecuadamente la consulta SQL de origen.

Para ello, modificamos nuestra consulta SQL del informe clásico, por la siguiente:

```
Select book_id
, book_title card_title
, book_description card_text
, to_char(book_price, '$9,999.99') card_initials
, dbms_lob.getlength('BOOK_IMAGE') card_subtext
from lib_books
order by 1
```

El cual hemos modificado los alias de columna colocando el nombre de las variables de sustitución según donde queremos visualizar los datos de nuestra tabla.

Guardamos los cambios y ejecutamos la página:

Figura 29.6. *Alias de Columna referenciando las variables de sustitución*

Podemos visualizar en la imagen Figura 30.6 que el título y la descripción se visualizan correctamente, pero el precio y la imagen no. Eso es así porque necesitamos para mostrar el precio cambiar los atributos de la plantilla de opciones.

Seleccionamos Atributos de Informe y en la sección de Opciones de Plantilla, configuramos lo siguiente:

- General: Apply Theme Colors

- Style: Basic

- Icons: Display Initials

- Layout: 3 columnas

- Body Text: Auto

- Animation: Color Fill

Guardamos los cambios, ahora podemos ver que el sector de las iniciales se muestra con el precio del libro.

Nos resta, configurar la columna imagen para que se muestre en la cards, para ello seleccionamos la columna CARD_SUBTEST y en tipo seleccionamos "Mostrar Imagen".

En la sección BLOB configuramos la siguiente información:

Nombre de tabla: LIB_BOOKS
Columna BLOB: BOOK_IMAGE
Columna de Clave Primaria 1: BOOK_ID

Guardamos los cambios y ejecutamos la página:

Figura 29.7. *Informe Clásico de tipo Cards*

Lo último que nos queda aprender en este capítulo es cómo redirigir a una página de detalle del libro cuando hacemos clic en un libro.

Creamos una página en blanco que la llamaremos "Detalle Libro" y en ella creamos una región de informe con la siguiente consulta SQL:

```
Select b.book_id id
, b.book_isbn ISBN
, b.book_title Título
, b.book_description Descripción
, b.book_published_date "Fecha de Publicación"
, to_char(b.book_price, '$9,999.99') Precio
, (a.aut_first_name || ' ' || a.aut_last_name) Autor
, c.cat_description Categoría
from lib_books b, Lib_authors a, lib_book_categories c
where a.aut_id = b.book_aut_id and b.book_cat_id = c.cat_id
order by 1
```

Lo que vamos a hacer es que cuando hacemos clic en una card de un libro, nos filtre el informe de la página recién creada y sólo nos muestre la información del libro seleccionado.

En la página del informe de "Detalle Libro" creamos un elemento de página oculto que lo llamaremos PX_BOOK_ID.

Modificamos la consulta SQL y agregamos la cláusula WHERE para que filtre el Informe, según el libro seleccionado:

```
Select b.book_id id
, b.book_isbn ISBN
, b.book_title Título
, b.book_description Descripción
, b.book_published_date "Fecha de Publicación"
, to_char(b.book_price, '$9,999.99') Precio
, (a.aut_first_name || ' ' || a.aut_last_name) Autor
, c.cat_description Categoría
from lib_books b, Lib_authors a, lib_book_categories c
where a.aut_id = b.book_aut_id and b.book_cat_id = c.cat_id
and b.book_id = :PX_BOOK_ID
order by 1
```

Siendo PX_BOOK_ID el elemento recién creado.

Al ejecutar la página nuestro informe no cargará ninguna información.

Regresamos a la página del Informe Clásico de Cards y modificamos la consulta SQL de origen agregando la columna CARDS_LINK:

```
Select book_id
, book_title card_title
, book_description card_text
,
apex_util.prepare_url('f?p='||:APP_ID||':35:'||:APP_SESSION||':::::P35_
BOOK_ID:'||book_id) card_link
, to_char(book_price, '$9,999.99') card_initials
, dbms_lob.getlength('BOOK_IMAGE') card_subtext
from lib_books
order by 1
```

Podemos ver que en la consulta SQL se prepara el enlace y estamos pasando el valor del ítem que lleva el book_id del libro seleccionado.

Guardamos los cambios y ejecutamos la página de Cards, y cuando hacemos clic en un libro nos lleva a la página "Detalle Libro" y nos muestra sólo el libro seleccionado.

Id	Isbn	Título	Descripción	Fecha de publicación	Precio	Autor	Categoría
1	9781515284185	Introduccion a Oracle APEX 5.0	Una guía practica para usuarios de nivel inicial e intermedio para desarrollar aplicaciones web profesionales usando Oracle Application Express.	19/12/2015	$40.00	Clarisa Maman Orfali	Science and Technology
							1 - 1

Figura 29.8. *Informe Clásico "Detalle Libro"*

3. RESUMEN

En este capítulo hemos aprendido a utilizar la plantilla Cards tanto en componentes de tipo lista como de tipo Informe. Además hemos mostrado la información en las cards en forma dinámica mostrando los datos de nuestras tablas del modelo de datos.

Capítulo 30

Desplegar una aplicación APEX
en otro espacio de trabajo

En este capítulo veremos cómo podemos desplegar nuestra aplicación completa en otro Espacio de Trabajo dentro de nuestro APEX. Para ello aprenderemos a exportar la aplicación y todos los componentes que utiliza y luego crearemos un nuevo Espacio de Trabajo para importar la aplicación en él.

1. DESPLIEGUE DE LA APLICACIÓN

El proceso para realizar el despliegue de la aplicación en otro Espacio de Trabajo consta de 2 pasos principales: Exportar el script de la aplicación y los componentes que utiliza y luego importar el script y los componentes en el nuevo espacio de trabajo.

Podemos pensar que hemos terminado de trabajar en el desarrollo de la aplicación y queremos desplegarla en otro equipo con una instancia de APEX corriendo. Para ello es que vamos a realizar este proceso para aprender a realizar los diversos pasos que necesitamos conocer para desplegar nuestra aplicación en otro espacio de trabajo como si fuera que estamos desplegando la aplicación en otro equipo.

1.1. Exportar Aplicación

Antes de realizar el Export de la Aplicación, vamos a la aplicación y en la página de Administración y configuramos que se tenga "Acceso completo a todos, no se utiliza la lista de control de acceso".

Para exportar la aplicación, realizamos los siguientes pasos:

1. Iniciamos sesión en la aplicación y hacemos clic en el Creador de Aplicaciones.

2. Hacemos clic en la aplicación 106 - Demo Libros. (seleccionar tu propia aplicación)

3. Hacemos clic en el icono Exportar/Importar

4. En la siguiente página hacemos clic en el ícono Exportar

5. En la ficha Aplicaciones:

- En la sección Exportar Aplicación

o Formato de Archivo: DOS

- En la sección Preferencias de Exportación

o Exportar Definiciones de Objeto de Soporte: Sí e Instalar al Importar Automáticamente

6. Exportar Informes Interactivos Públicos: Sí

7. Hacemos clic en el botón Exportar

8. Guardamos el Archivo f106.sql en nuestra PC local

1.2. Exportar Datos

Cuando estuvimos trabajando en el desarrollo de la aplicación hemos ingresado datos de ejemplo en las tablas de nuestro modelo de datos. Para llevar estos datos a un nuevo esquema de una base de datos necesitamos exportarlos y para ello vamos a usar una herramienta de Oracle llamada Export and Import Data Pump.

Esta herramienta incluye las utilidades **expdp** y **impdp** que habilita la exportación e importación de datos y metadata de una base de datos a otra base de datos. Para utilizar esta herramienta necesitamos primero crear un objeto de directorio para poder acceder. El objeto de directorio es simplemente un puntero al directorio físico, el cual crearemos a continuación.

1. Desde nuestro Explorador de Objetos en Windows, creamos un directorio dentro de la carpeta oraclexe, llamado datapump. El path se visualiza de la siguiente forma: C:\oraclexe\datapump.

2. Conceder permiso de escritura al directorio recién creado.

3. Abrir una ventana de Comandos DOS como Admin y abrir el SQLPlus como sys dba.

4. Ingresar la siguiente sentencia:
   ```
   create directory datapump as 'C:\oraclexe\datapump';
   ```

5. Le concedemos los permisos de lectura y escritora al usuario:
   ```
   Grant Read, Write on DIRECTORY Datapump to LIBRO_APEX;
   ```

6. Salir del SQLPlus escribiendo Exit

7. Nos ubicamos en la carpeta datapump, el promp se debería visualizar de la siguiente forma: C:\oraclexe\datapump>

8. Ingresamos la siguiente sentencia para exportar los datos:

9. ```
   ExpDP libro_apex/libroapex schemas=LIBRO_APEX directory=datapump
   dumpfile=LIBRO_APEX.dmp logfile=LIBRO_APEXExp.log
   ``` y presionamos enter

La utilidad ExpDP exporta todos los objetos de la base de datos al archivo LIBRO_APEX.DMP el cual lo podemos ver dentro de la carpeta datapump, el otro archivo LIBRO_APEXExp.log es un archivo de log que contiene la información de exportación.
   ```

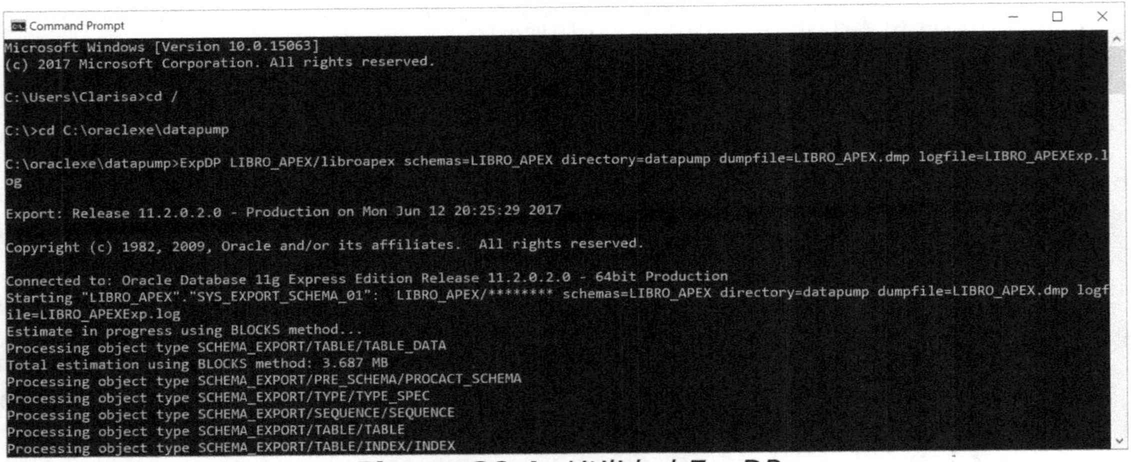

Figura 30.1. *Utilidad ExpDP*

1.3. Exportar Componentes

En nuestra aplicación tenemos imágenes las cuales necesitamos exportar.

Para ello, vamos a la página principal de nuestra aplicación:

1. Hacemos clic en Componentes Compartidos

2. Seleccionamos en la sección Archivos, la opción que corresponda: Si guardamos los archivos para que sean usados solamente en nuestra aplicación, seleccionamos "Archivos de Aplicación Estáticos" en cambio si guardamos las imágenes en nuestro Espacio de Trabajo para ser compartidas con otras aplicaciones, seleccionamos "Archivos de Espacio de Trabajo Estáticos"

3. Hacemos clic en el botón Descargar como Zip

4. Guardamos el archivo Zip en nuestra PC Local

1.4. Crear un Nuevo Espacio de Trabajo

Vamos a crear un nuevo espacio de trabajo para poder importar la aplicación dentro de él.

1. Iniciamos sesión como administrador del espacio de trabajo INTERNAL

2. Seleccionamos el ícono Gestionar Espacios de Trabajo

3. Desde la sección "Acciones de Espacio de Trabajo" hacemos clic en el enlace Crear Espacio de Trabajo

4. En Identificar Espacio de Trabajo

   - Nombre del Espacio de Trabajo: LIBRO_APEX_PROD

- Hacemos clic en el botón Siguiente

5. En Identificar Esquema:

- Desea volver a utilizar un esquema existente?: No

- Nombre de Esquema: LIBRO_APEX_PROD

- Contraseña del Esquema: libroapexprod

- Hacemos clic en el botón Siguiente

6. En Identificar Administrador:

- Usuario Administrador: ADMINPROD

- Contraseña: abc123

- Correo electrónico: miemail@dominio.com

- Hacemos clic en el botón Siguiente

7. En Confirmar Solicitud

- Hacemos clic en el botón Crear Espacio de Trabajo

8. Hacemos clic en el botón Listo

Figura 30.2. *Nuevo Espacio de Trabajo Creado*

Nos desconectamos del espacio de trabajo INTERNAL y nos conectamos al nuevo espacio de trabajo recién creado, el cual nos va a solicitar el cambio de contraseña.

Espacio de Trabajo: LIBRO_APEX_PROD
Usuario: ADMINPROD
Contraseña: libroapexprod

Si ingresamos al Taller de SQL y visualizamos el Explorador de Objetos, podremos observar que solamente tenemos los objetos de la aplicación demo de APEX.

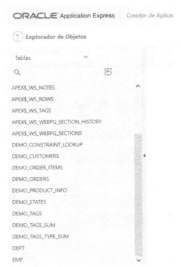

Figura 30.3. *Explorador de Objetos - Taller de SQL*

1.5. Importar la Aplicación al nuevo Espacio de Trabajo

Ya hemos creado el espacio de trabajo, ahora podemos hacer la importación de la aplicación usando el script f106.sql

1. Ingresamos al Creador de Aplicaciones

2. Hacemos clic en el ícono Importar

3. Seleccionamos el script de nuestra aplicación (f106.sql)

4. Tipo de Archivo: Exportación de Aplicación, Página o Componente de Base de Datos

5. Hacemos clic en el botón Siguiente

6. Volvemos a hacer clic en Siguiente

7. Esquema de Análisis: LIBRO_APEX_PROD

8. Estado de Creación: Ejecutar y Crear Aplicación

9. Opciones de Instalación de Aplicación: Asignar Automáticamente Nuevo identificador de Aplicación

10. Hacemos clic en el botón Instalar Aplicación

11. Instalar Objetos de Soporte: Sí

12. Hacemos clic en el botón Siguiente

13. Hacemos clic en el botón Instalar

14. Hacemos clic en el botón Editar Aplicación (para ingresar a la página de inicio de la aplicación)

1.6. Importar las imágenes al Espacio de Trabajo

1. Desde la página de Inicio de la Aplicación Demo Libros

2. Hacemos clic en el ícono Componentes Compartidos

3. Hacemos clic en Archivos de Espacio de Trabajo Estáticos

4. Hacemos clic en el botón Cargar Archivo

5. Seleccionamos la carpeta zip que descargamos con todas las imágenes y archivos (static_workspace_files.zip)

6. En descomprimir Archivo: Sí

7. Hacemos clic en el botón Cargar

Figura 30.4. *Carga de Archivos Estáticos en el Espacio de Trabajo*

1.7. Importar datos

Todos los datos que hemos trabajado de ejemplo en la aplicación de desarrollo lo importaremos en la nueva aplicación.

1. Abrimos una ventana de comandos del DOS como administrador

2. Ingresamos al SQLPlus con el usuario sys dba

3. Escribimos: `drop user LIBRO_APEX_PROD cascade;`

4. Escribimos: `create user LIBRO_APEX_PROD identified by libroapexprod default tablespace apex;`

5. Escribimos: `grant connect, resource to LIBRO_APEX_PROD;`

6. Escribimos: `Grant read, write on Directory datapump TO LIBRO_APEX_PROD;`

7. Concedemos permiso para tablespace ilimitado para el usuario: `grant unlimited tablespace to LIBRO_APEX_PROD;`

8. Escribimos: Exit

9. Escribimos: cd c:\oraclexe\datapump

10. Escribimos:

11.
```
ImpDP libro_apex_prod/libroapexprod
    remap_schema=LIBRO_APEX:LIBRO_APEX_PROD
    remap_tablespace=apex:apex directory=datapump
    dumpfile=LIBRO_APEX.DMP logfile=LIBRO_APEXImp.log
```

Nota: *Todas las sentencias SQL realizadas en esta práctica son solo a modo de ejemplificación porque estamos trabajando en un entorno puramente de desarrollo y aprendizaje, ya que son ejecutadas como SYS DBA. Cuando se trabaja en producción, es necesario trabajar en forma conjunta con el DBA y aplicar todas las políticas de seguridad de la organización.*

Ejecutamos la aplicación 200 para ver los resultados de la importación de datos:

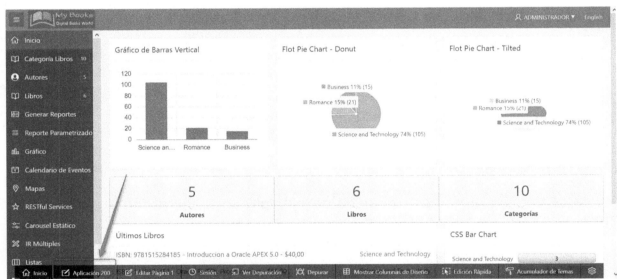

Figura 30.5. *Aplicación Importada 200*

Para que la traducción de la aplicación se actualice necesitamos publicar los cambios realizados.

Para ello nos dirigimos a Componentes Compartidos, en la sección Globalización hacemos clic en "Traducir Aplicación". Luego hacemos clic en "Publicar aplicaciones traducidas", seleccionamos la aplicación oculta y hacemos clic en el botón Publicar. De ese modo podemos visualizar que nos muestra en la columna "Necesita Sincronización" = No.

Ejecutamos la aplicación y podemos ver la traducción de la aplicación cuando hacemos clic en el enlace "English/Español".

1.8. Quitar la Barra de Herramientas del Desarrollador

Para quitar la barra de herramientas del desarrollador ingresamos a la Página de Inicio de la Aplicación:

1. Hacemos clic en el botón "Editar propiedades de Aplicación"

2. En la Ficha principal de Definición, en la sección Disponibilidad:

    • Estado: Disponible

    • Estado de Creación: Sólo Ejecutar Aplicación

3. Hacemos clic en el botón Aplicar Cambios

Ingresamos en la barra de direcciones del navegador:
`http://localhost:8080/apex/f?p=200`

Iniciamos sesión y podemos ver nuestra aplicación sin la barra de menú del desarrollador y en modo sólo ejecución.

1.9. Habilitar el Modo Edición de la Aplicación

En el caso que necesitemos volver a disponer de la aplicación en modo de edición, debemos realizar los siguientes pasos:

1. Iniciamos sesión en el Espacio de Trabajo INTERNAL

2. Hacemos clic en el icono Gestionar Espacios de Trabajo

3. En la sección Gestionar Aplicaciones, hacemos clic en el enlace Estado de Creación

4. En la casilla de búsquedas ingresamos LIBRO_APEX_PROD, podemos ver que el reporte se filtra mostrando dos filas, una fila corresponde a la aplicación demo de ejemplo de APEX y la segunda fila corresponde a nuestra aplicación importada.

5. Hacemos clic en el lápiz para editar el estado de creación:

    • Estado de Creación: Ejecutar y Crear Aplicación

6. Hacemos clic en el botón Aplicar Cambios

7. Nos desconectamos del Espacio de Trabajo INTERNAL

Iniciamos sesión en el espacio de trabajo LIBRO_APEX_PROD y ahora podemos editar la aplicación "Demo Libros" como lo podíamos hacer en el Espacio de Trabajo de desarrollo.

1.10. Habilitar la Barra de Herramientas del Desarrollador

Para habilitar la barra de herramientas del desarrollador ingresamos a la Página de Inicio de la Aplicación:

1. Hacemos clic en el botón "Editar propiedades de Aplicación"

2. En la Ficha principal de Definición, en la sección Disponibilidad:

   - Estado: Disponible con Barra de herramientas de Desarrollador

   - Estado de Creación: Ejecutar y Crear Aplicación

3. Hacemos clic en el botón Aplicar Cambios

2. RESUMEN

En este capítulo final hemos podido aprender cómo desplegar una aplicación en APEX en otro Espacio de Trabajo, exportando e importando la aplicación, imágenes y datos.

Para realizar un trabajo óptimo a la hora de instalar una aplicación APEX es muy necesario conocer cómo trabaja los Objetos de Soporte y cómo se puede crear un paquete personalizado de instalación de la aplicación, donde se puede determinar los requisitos de instalación, las cadenas de sustitución que utiliza la aplicación, las opciones de creación, las validaciones previas a la instalación, los scripts de instalación como así también manejar los scripts de desinstalación y mensajes de instalación, actualización y desinstalación de la aplicación.

Anexo

Descarga los Códigos usados en el libro

Todo el código SQL y PL/SQL presentados en el libro han sido creados por la autora basándose originalmente en los códigos de la aplicación de ejemplo de Oracle APEX y han sido adaptados al modelo de datos de ejemplo de este libro. Los códigos se encuentran disponibles para su descarga en:
www.introduccionaoracleapex5.com.

De parte de la autora:

Este libro ha sido realizado con mucho esfuerzo y dedicación, pero no estamos exentos de errores, por eso le pido al lector que si encuentra algún tipo de error mientras lee el libro, me lo pueda hacer saber, ingresando al formulario de contacto del sitio web del libro, o desde el siguiente email: info@introduccionaoracleapex.com, desde ya estoy muy agradecida por su amable colaboración.

Atentamente

Ing. Clarisa Maman Orfali
Oracle ACE